开疆拓土

尹文勋 著

辽宁人民出版社

© 尹文勋 2024

图书在版编目（CIP）数据

元朝原来是这样 . 开疆拓土 / 尹文勋著 . —沈阳：
辽宁人民出版社，2024.4
ISBN 978-7-205-10891-5

Ⅰ . ①元… Ⅱ . ①尹… Ⅲ . ①中国历史—元代—通俗读物　Ⅳ . ① K247.09

中国国家版本馆 CIP 数据核字（2024）第 030399 号

出版发行：辽宁人民出版社
　　　　　地址：沈阳市和平区十一纬路 25 号　邮编：110003
　　　　　电话：024-23284191（发行部）　024-23284304（办公室）
　　　　　网址：http：//www.lnpph.com.cn
印　　　刷：河北朗祥印刷有限公司
幅面尺寸：165mm×235mm
印　　张：18.5
字　　数：260 千字
出版时间：2024 年 4 月第 1 版
印刷时间：2024 年 4 月第 1 次印刷
责任编辑：赵维宁
助理编辑：姚　远
封面设计：乐　翁
版式设计：一诺设计
责任校对：郑　佳
书　　号：ISBN 978-7-205-10891-5
定　　价：68.00 元

《开疆拓土》内容简介

威名赫赫、令世人闻风丧胆的一代天骄成吉思汗薨逝了,他的子孙承继其衣钵,与大蒙古帝国的老东家大金国的战争仍在继续。世人不了解的大元朝已经初具规模,面对自己的老东家,毫不犹豫出手,吊打一顿后,把大金国广大疆域收入囊中。但是,想实现中华一统伟大梦想,他们不得不面对一个事实:中华大地除金国外,还有乌思藏、大理国,尤其是偏安一隅的南宋王朝,并不是我们平时认为的那样任人宰割,可以说是最难啃的骨头。这些马背上的漠北汉子们,敢不敢和大宋朝这个庞然大物一较高下?与此同时,西征也拉开序幕。

自此,蒙古人开疆拓土,问鼎中原……

目　录

第一回　四十年伤疤	001
第二回　"忽里台"闹的	008
第三回　做"治天下匠"	014
第四回　请来砸场子	020
第五回　窝阔台践祚	026
第六回　颠覆了认知	032
第七回　打工仔跑路	038
第八回　蒙金再约架	044
第九回　岳鹏举穿越	049
第十回　完颜陈和尚	056
第十一回　宋理宗赵昀	062
第十二回　宋蒙秀恩爱	068

第十三回	杀人到手软	074
第十四回	还乡团还乡	080
第十五回	二十索比尔	086
第十六回	长生天宠儿	092
第十七回	蒙宋约架了	098
第十八回	孟珙知黄州	104
第十九回	苦难大益州	110
第二十回	太宗山陵崩	117
第二十一回	红顶子商人	123
第二十二回	老牙的心思	129
第二十三回	幸福的泪水	135
第二十四回	是天命所归	142
第二十五回	天子的家产	149
第二十六回	此子聪大师	156
第二十七回	拳击手登场	162
第二十八回	两省回华夏	167
第二十九回	血战大四川	174

第三十回　旭烈兀西征　　　　　　　　　　180

第三十一回　这是"胜利病"　　　　　　　186

第三十二回　汉化的王爷　　　　　　　　192

第三十三回　没有虎，有肉　　　　　　　198

第三十四回　遭遇滑铁卢　　　　　　　　204

第三十五回　文人贾制置　　　　　　　　210

第三十六回　魂归钓鱼城　　　　　　　　216

第三十七回　有两个太阳　　　　　　　　224

第三十八回　矫诏杀都帅　　　　　　　　231

第三十九回　大位归明主　　　　　　　　238

第四十回　　鸡蛋上跳舞　　　　　　　　244

第四十一回　各怀心腹事　　　　　　　　251

第四十二回　大师变太师　　　　　　　　257

第四十三回　高手阿合马　　　　　　　　263

第四十四回　藩属国闹腾　　　　　　　　268

第四十五回　内斗几时休　　　　　　　　274

第四十六回　追求大一统　　　　　　　　282

第一回

四十年伤疤

天似穹庐，疾风胡杨；苍狼巨雕，骏马弯弓；绿草如茵，牛羊成群；俊男靓女，情歌如酒。

抑或是西风猎猎，残阳如血；兵甲相连，烟火蔽天；杀声阵阵，哀鸿遍野；血流成河，横尸枕藉。

这就是一千年前蒙古高原的真实景象，这两种景象交替并存了几百年。而在大金国大定二十九年（1189），一位青年做了蒙古乞颜部的首领，他的目标就是统一漠北，更大的杀戮开始了，前一种景象不见了，整个漠北高原成了血肉横飞的战场。

我们一起来盘点一下发生在漠北高原的几件大事：

十三翼之战。

斡里扎战役，横扫东蒙古，灭掉克烈部。

接下来灭乃蛮部，杀札木合。

先后征服了蔑儿乞、鞑靼。

用了十余年的时间，统一了整个漠北地区。

在斡难河（今鄂嫩河）建九角白旄纛旗，登上大汗宝座。

这就是孛儿只斤·铁木真，蒙古汗国的成吉思汗，他被大元朝追谥为法天启运圣武皇帝，庙号太祖。这是一个弯弓射大雕的英雄。可是为了这个宝座，有多少无辜之人做了刀下之鬼，多少孩子沦为孤儿，多少妇女沦为驱口（奴隶）。

都说战争也是止战的一种手段，这句话也有一定道理，蒙古高原最后统一了。百姓是不是应该安居乐业啦？非也，在太祖的宏图伟业里，这才是万里长征刚刚走完的第一步。

我们再看他的下一步。

他率领蒙古铁骑横扫西域，征服中亚、西亚；

征辽东，使高丽臣服；

灭掉西夏；

两次伐金，迫使大金国迁都汴京（今河南开封）；

中华大地狼烟四起，民不聊生。在这血与火的岁月里，诞生了古今中外闻名的"黄金家族"。然而，不管你是天潢贵胄还是市井小民，最终都难逃天地人寰。

成吉思汗二十二年（蒙古汗国和中原一样，也按生肖纪年，这一年是丁亥年、猪年）、宋理宗宝庆三年、金哀宗正大四年（1227）夏天，一个重磅消息震惊了世界，大蒙古汗国可汗，尊号为"成吉思汗"的孛儿只斤·铁木真（下文皆称为太祖）殁了，或者说与世长辞了。

太祖的一生，可谓是战斗的一生，是血雨腥风的一生，也是在他无比尊崇的长生天（也称腾格里）注视下嗜血和杀戮的一生，不过不管怎样评价他，都抹杀不掉他的历史功绩。

太祖的殂逝，几家欢喜几家悲愁。当时中华大地上的几个王朝和整个亚洲地区可谓喜出望外。而蒙古汗国，沉浸在巨大的悲痛之中（也未必，史书上也不乏溢美之词）。他的第一斡鲁朵（大帐，相当于后宫）的哈敦（皇后）弘吉剌·孛儿帖以及儿女们，他们应该做什么？那一定是化悲痛为力量，继承太祖的遗志，把他未竟的事业进行到底。

可这些贵族，出身天家，这样想他们你就错了。太祖的这些儿子们首先想的可不是这些，他们想的是太祖他老人家留下的那四个大斡鲁朵（可汗金帐）和里面的那把椅子。当然了，他们还不至于像齐桓公的儿子们那样，来个五子闹朝，其实不是不想，而是不敢。因为大汗死了，大斡鲁朵的一把手、他们的母后孛儿帖还在。

大蒙古汗国虽然号称建国了，但还是停留在比较原始的生活习惯中，因此不管是可汗还是普通的宗王、那颜（贵族），死后财产和女人们都得陪葬。只留下每个斡鲁朵的首席，其他人不管有没有儿子都得陪葬。这不见于正史记载，是讹传也未可知。

咱们得先介绍一下太祖的继承人。

太祖有九个儿子，孛儿帖生了四个儿子，术赤（也称拙赤）、察合台（也称察阿歹）、窝阔台（也称斡歌歹）和拖雷；第二斡鲁朵首席汗妃忽兰生一子，阔列坚。此外太祖还有四个儿子，都没有地位，据说他们的母亲也都殉葬了。

现在能觊觎大位的只有这五人，四个嫡子，一个庶子（庶子一般不参与）。搞不好这不正是五子闹朝吗？有人会问了，太祖没安排接班人吗？问得好！安排了，问题就出在这里。

蒙古人的习惯是"幼子守产"，意思是最小的儿子继承家产，不论宗王、那颜还是平民。

那时的家庭中孩子比较多，一家子五六个儿子都正常。将其他儿子都安排完以后，只剩下最小的，家里的这些东西就都归他了，免得再去张罗，其他的儿子也都没意见。天长日久，约定俗成。

可话又说回来，可汗天家，可不是市井百姓、升斗小民，既然是天家，总得有别于其他人吧。靠近中原的两个大国，大宋和大金都讲究"父死子继，兄终弟及，立嫡立长"，这些都可以借鉴。立下规矩，以后就好办了。

太祖的雄才大略是天生的，他继承了漠北高原的传统，并将之发扬光大。不管他什么"立嫡立长"，他讲究的是"立贤"。这不失为一个好的传统。中原古代帝王倒是遵循"立嫡立长",只是太教条了,结果出了多少位傻子皇帝,"官私蛤蟆""何不食肉糜"的晋惠帝司马衷就是活生生的例子。

这么说"立贤"最好啦?"立贤"当然好,谁"贤"谁"不贤"?这很难把握好尺度。"立贤","此起争之道也"。朝野上下拉帮结派,君臣猜忌,朋党林立,甚至祸起萧墙,血染六宫。新君登基,大开杀戒,又是一场血雨腥风,站错队的文武大臣们被屠戮殆尽。

大蒙古汗国就是这样,一直这样。这是后话。

这么说,就没有非常好的办法?那时候别人没有,太祖有。他们确立了一整套选举制度。首先确定人选。太祖一直在观察大儿子术赤,有心把这万里江山托付给他。其实,这个术赤的出身有问题,人们都在私下议论他。

术赤是一个直性子的人,也不知道人们在议论他。如果说是直性子也可以,可他偏偏又脾气暴躁、心狠手辣。下人们经常不知道原因就丢了性命,没有人敢和他说实话。

他这样的脾气和兄弟也处不好。当然了,生在天家,兄弟之间过得去就可以了。可是他和二弟察合台那是水火不容。

早在几年前,大汗就想立储,他的部下们一直在提醒他,他的哈敦孛儿帖也经常提起。成吉思汗十四年(1219),太祖准备西征,临行之前,第三斡鲁朵的妃子也遂向他进言立储,这引起了太祖的重视。

可是这里有一个问题,蒙古高原的这支劲旅南征北战,所向披靡,靠的是团队精神,他们有一套严密的制度,不是可汗一个人说了算,他们有一个忽里台会议(也称作忽里勒台)。

尤其是立储这样的大事,必须经过这个会议,但是可汗可以提名。太祖觉得自己提名不合适,于是让他的好兄弟来说,那时哲别、博尔术和木华黎都活着,太祖想让他们在会上提出候选人。

这几个人都知道大汗主张立术赤,他们不同意,他们几个意属拖雷,太祖的两个兄弟斡赤斤和别里古台也意属拖雷。因为他们都在怀疑术赤不是孛儿只斤的儿子。为什么这么说呢？

那是许多年前的事了，新婚燕尔的太祖在婚后的第五天晚上，遭到了仇家蔑儿乞部的袭击。蔑儿乞部的目标非常明确，抢新娘子。原因是太祖的老爸也速该抢过人家的妻子，人家要还回来。抢去新娘作为羞辱。

蔑儿乞部发动袭击，太祖听到警报，他的第一想法就是一个字——逃。"好汉不吃眼前亏""留得青山在，不怕没柴烧"。说好听了，"君子报仇，十年不晚""识时务者为俊杰"，总之保命要紧。

过了一段时间，太祖去了克烈部，向义父、酋长王罕借兵，打败了蔑儿乞部，抢回了妻子，顺便还捎带了两个女子，也算是把这种羞辱扔了回去。

但是这时候已经过去几个月了，大家可以想象太祖的心情。

问题不在这儿，而是在他的老婆身上，孛儿帖怀孕了。又过了几个月孛儿帖生了一个男孩儿，就是术赤。术赤的蒙古语意思是"客人"，这太祖是有意还是无意，我们不得而知，总之感觉有些意味深长。

有的史书记载，蔑儿乞部被打败后，把孛儿帖送给了王罕，王罕是太祖的干爸，这也算是他的儿媳妇，他马上派人把人给太祖送了回来。书中强调，孛儿帖被掠去时已经怀孕，这也许是为了不损害这位大汗的光辉形象。

太祖也有几分疑虑，孛儿帖信誓旦旦地说这是太祖的孩子。太祖也有自己的办法，就是滴血认亲。太祖大张旗鼓地搞了一个仪式，成功了，两人的血融在了一起——亲儿子！

其实大伙都知道这个办法不一定那么百验百灵。等孩子长大了，不管咋看，都像太祖，不论相貌还是形体。尤其有一项最令太祖满意，术赤和太祖一样，能打仗，几乎所向披靡，总是能以最小的代价，换取最大的胜利。

几十年过去了，太祖再也没怀疑过他会是别人的孩子，事实证明也不可能是蔑儿乞部的孩子。不仅是太祖，几乎所有人都忘了这茬。

可是现在不一样啊，这是要把蒙古汗国的万里江山交给术赤，不怕一万，就怕万一。倘若是真的，那这江山可就变色了，可就成了被自己灭掉的仇敌蔑儿乞部的了，毕竟孛儿帖被抢是事实。这几个人虽然是安答（铁哥们儿），有的还是亲兄弟，可这事谁能说实话啊。这么多年过去了，还揭伤疤！

三个结义兄弟装聋作哑，斡赤斤和太祖虽然是同母兄弟（有的记载是异母），但是关系并不好，这时根本指望不上这位老兄弟。

另一位异母兄弟别里古台本来和大汗的关系最好，做了太祖多年的怯薛长（亲兵队长）。后来由于别里古台无意中泄露了军事机密，太祖逐渐地疏远他。别里古台有一个最大的优点，你不问我我就不讲，你问我了，讲不讲还不一定呢！他是一个十分豁达的人，要不然能活到近九十岁吗？这是后话。

出征前，太祖在大斡鲁朵召开了忽里台，明白了谁也指望不上，于是自己开了金口。他提出由长子术赤为太子。此话一出口，连平时主张立储的部将们都沉默了，大帐里死一般的寂静。

这次主持会议的是一个大家都耳熟能详的人物：耶律楚材。

事先大汗也征求过他的意见，被他轻轻推过：“这是大汗的家务事，我是一个外邦投诚过来的，怎么能参与呢（此大汗之家事，臣乃外邦，何得以议也）？”这是打太极拳、柔术。耶律楚材倒不是因为术赤血统不纯的缘故。他是辽国人，自幼习汉文化，饱读诗书，不想参与天家之事，尤其是参与讨论接班人的问题。

会议已到这种程度，不能这么冷场。按蒙古人历次忽里台的惯例——齐纳森玛哈（撒豆抓阄）。一切准备就绪，正要准备抓阄，察合台站了起来，大喊道：“启禀父汗，儿臣有话说。”

耶律楚材看太祖点头，示意察合台说话。察合台走到太祖座前，把右手放在胸口上，弯腰施了一礼，又单膝跪下，挺直胸膛，左手抚胸，大声奏道：“父汗，儿臣有话在心里憋了三十多年，今天不吐不快，请父汗恕儿臣无罪，儿臣才敢说。"

众文武大臣都知道他要说什么，尤其是他的两个弟弟窝阔台和拖雷，兴奋得小心脏都要蹦出来了。太祖看有人说话当然高兴，捋着长胡子，笑着说："今天是忽里台大会，言者无罪，随便说。"

察合台说："谢父汗。儿臣是个直肠子，有几道弯都瞒不过父汗。儿臣觉得大哥不适合做太子，这是因为，因为……"

整个大帐死一般寂静。太祖抚在胡子上的手停了一下，也没打断他，下意识地看了一下满帐文武，忽然明白了儿子要说啥，也一下子醒过神来，今天为什么这些"议员"们都不发一声。察合台看父汗没有什么不对，大着胆子继续说："大哥的身世是个谜。"说完直挺挺地单膝跪着。

这句话犹如一声惊雷，霎时间炸晕了所有的"议员"们。这是说术赤是野种，大汗曾经被……别忘了，这里还坐着孛儿帖呢，他是术赤的亲妈，当然，也是察合台的亲妈。

这察合台是真豁出去了，拼了。

大家看大汗褐红色的脸变成了猪肝色。这是被人狠狠地打脸，打得啪啪响。这么多年了，还有人记着，还是一个那时没出生的、自己的儿子。但是刚刚自己说过，言者无罪。他只好强压怒火，刚要说话，术赤早已跑了过来，大喊道："察合台，我和你是同父同母的弟兄，你这么糟蹋我！咱俩别在这儿扰父汗，到大校场真刀真枪地打几个回合！射箭，我要是输给你，就剁掉我的大拇指；摔跤也成，我要是输给你，就永远趴在地上，让父汗圣断！"说着术赤就冲了过去，所有"议员"都惊呆了。

窝阔台平时和二哥走得很近，大概是同病相怜吧，他们两人有时很谈得来。看术赤朝察合台冲过去，怕察合台吃亏，自己又不想掺和，大喊拖雷。拖雷似乎被吓傻了，没听见（百分之百装的，只盼着让暴风雨来得更猛烈些吧）。

第二回

"忽里台"闹的

窝阔台大声喊:"拦住大王子!"众文武们虽然也都跟着喊,但是心里想:和你在一起,你都不拦着,喊谁呢?喊谁呢?大家招呼着,雷声大雨点小(根本就没雨点)。这时还是老六阔列坚和木华黎跑出来死死抱住术赤。

再看察合台,死一般的僵在那里,心里却明白,完事了,解决了。虽然这事做得下作,但你术赤和太子这个位子没缘了是真的。

其实他也不想一想,你这一闹,这宝座还有你的份儿?只不过是给别人做嫁衣裳。大汗心里像吃了苍蝇,一直反胃,他看大帐里已经乱成一锅粥,朝耶律楚材挥了一下手。耶律楚材宣布暂时休会,明天继续,让阔列坚和怯薛歹(相当于带刀侍卫,有时也相当于中原王朝的太监)扶着大汗走出大帐,大家恭送大汗。

太祖那时已经是快六十岁的老人了,近四十年的伤疤还有人揭。大汗走到大帐门口,回头看了一下,没人吵了,大家都在目送自己,他意味深长地看了打架的两个儿子一眼,走了。

孛儿帖有意留在后面,她环视了一下众人,走到察合台跟前,默不作声地打了他一个嘴巴,又默不作声地走出大帐。

从那以后，立储的事被搁置起来。太祖是英雄，大英雄，可他不是圣人，察合台的话起了作用，他知道众文武也都在考虑这事，但是又无法证明。大家早就忘了，术赤曾经滴血认亲过。

大汗准备再议时，又出了大状况，花剌子模（中亚地区，今哈萨克斯坦、吉尔吉斯斯坦）杀了蒙古汗国的使者和商人，公然和蒙古汗国叫板。太祖早就对这片肥田沃土垂涎三尺，没事还想找事，这下正好有了借口收拾花剌子模。太祖带领四个儿子西征，一路横扫，立储这事就一拖再拖，一直拖到他临终之时。

这事以后，太祖已经在心里定下来接班人了，三儿子窝阔台，这也是耶律楚材的意思。这是一件在历史记载中有争议的事。

在嫡子中，窝阔台排在第三，不上不下的，太祖为什么把这万里江山交给他？这不也是"起争之道"吗？

术赤的事不论真假，总是让人心存疑虑，谁敢冒这个险啊？何况这术赤在两年前就死了。这长子不行，那就按蒙古人的习俗"幼子守产"吧，给拖雷就是了，一切都迎刃而解了。

我们想得倒是简单！这里再交代一句，老四和老二关系也很僵，虽然还不至于势同水火，一旦幼子拖雷登基，老二这一支还有命吗？搞不好和察合台关系好的老三一系都得跟着陪葬，这是一；另外一点，从史料记载看，拖雷虽然是一位军事天才，但是在政治上还是差得很远。老二察合台，太祖回头的一瞥，就给察合台判了死刑：成事不足，败事有余，不长脑子，术赤的那件事你能在这忽里台大会上讲出来，打你老子和老娘的脸？这万几宸翰之宝能交给这样一个无脑的人吗？

想来想去，只有老三窝阔台了。

太祖打下西域几百万平方公里的土地，分封给几个儿子。太祖觉得亏欠老大术赤和四子拖雷，把水草丰美的钦察地区和康国故里，给了术赤做兀鲁思（封地）。把本土斡难河流域封给了拖雷，并让拖雷统领怯薛军（都城卫戍部队）。

这个怯薛军是太祖建立的，因为早期蒙古地区没有城郭，太祖组织这些人用来保护大斡鲁朵和自己的家人，他们就像城郭一样把大帐团团围定。开始时只有一千多人，太祖分封完千户、万户之后，马上着手扩建中军护卫怯薛军。

由于怯薛军分四班轮番入值，习惯上称其为四怯薛，由太祖的四杰博尔术、博尔忽、木华黎和赤老温分别率领，后来成为这四个大家族的专职工作，一代代传下去。其中的护卫人员称怯薛歹，从事宫廷服役的怯薛歹称为怯薛执事（相当于太监）。怯薛歹从万户官、千户官、百户官、十户官和自由民的儿子中挑选，这是为了保障这支队伍的可靠性。

太祖规定，怯薛军的主要职责有三项：一是护卫大汗的金帐；二是"战时在前为勇士"，充当大汗亲自统率的作战部队；三是分管汗廷的各种事务。因此可以说，太祖建立的怯薛军既是由大汗直接控制的常备武装，又是一个分管中央日常事务的行政组织，它已发展成为蒙古汗国中枢庞大的统治机构，怯薛者成了类似宋朝的宫廷侍卫加太监（类似明朝的二十四衙门）。

太祖给了他们优越的地位：怯薛的地位高于在外的千户官；怯薛的部下，地位在百户官、十户官之上。怯薛军由拖雷掌管，显见是小儿子的家产了。

而察合台被封在西辽（由辽国耶律阿保机第八世孙耶律大石缔造，在今天的新疆大部，吉尔吉斯斯坦和乌兹别克斯坦等大部分地区，后来被蒙古汗国所灭，历史称西辽）和畏兀儿故地，窝阔台在乃蛮故地。

谁知过了几年术赤一病不起，英年早逝，有人说他是因为受父汗猜忌，郁郁而终。这个史书没有记载，不敢妄言。但是他有一个嫡子拔都，活脱脱是一个小太祖，是一只草原上的雄鹰。拔都马术精湛，箭法百步穿杨，又识文断字，会说汉语和少数民族语言。且气量恢宏，人品贵重。

《元史》记载他不主张杀戮（和西方记载有冲突），这在当时的蒙古汗国确实难得。他袭了爵位，在钦察拳打脚踢，开创了一片新天地。这是后话。

太祖又封了功臣，那时哲别、博尔术、赤老温和木华黎等老兄弟都逝世了。他不顾六十五岁高龄，亲征大夏国，大夏亡国。当时正值盛暑，大汗在六盘山行宫避暑，感觉身体不适（帝不豫），几天后太祖去世了，有的史书上记载了他逝世的原因，说得挺不堪，但那是野史，不足为信。

太祖大行前下令传位于三子窝阔台，由小儿子拖雷监国。有人会有疑问，这是为什么？窝阔台持有遗诏，就应该立即登基。用汉人朝廷的话讲，"朝廷不可一日无君，生民不可一日无主"，毕竟监国还不是皇帝。

还是这个大忽里台闹的。这样的大事得在忽里台上通过，才能确定合法的继承人。那也应该让窝阔台监国，他已经是储君了，大位早晚都是此人的（天命所归），干吗还要拖雷监国呢？用史书的话讲，此起争之道也。

太祖征西夏时，窝阔台没有随征，他正在自己的兀鲁思吃酸汤、喝葡萄酒呢，去国万里，一时半会儿也回不来，此其一；其二，这也显现出了太祖的矛盾心理。

上文交代过，幼子守产，这是蒙古人的传统。拖雷身为幼子（严格意义讲，他不是最小的，只因为是嫡出），理应得到他老子的家产。他老子的家产是啥？是万里江山。可是父汗却把江山给了窝阔台。那怎样才算是继承家产呢？他老子自有他的妙招。除了上文提到的蒙古高原的兀鲁思（封地），还把自己的十万大军给了拖雷统领。

蒙古汗国一共有十三万大军，拖雷几乎都占了，而且他手下的军队大多数是精锐，是纯正的蒙古铁骑。蒙古汗国有这么多人的军队已经不错了。起初蒙古部落是全丁募兵制度，成丁上马为兵、下马为民。这么说应该有很多兵啊，其实不然，虽然那时的人们生育能力很强，可是在那极寒的大漠以北的高原地区，不仅气候条件恶劣，食物也不足，又没有好的医疗和卫生条件，幼儿存活率不高，寿命也不长。因此蒙古汗国的人口并不多，蒙古人口包括在漠北的所有部落，在太祖时代不会超过五十万。

那他们就这十几万军队吗？不然。这十几万怎么能敌得过大辽、西夏和金国的上百万大军，还把西域各部和花刺子模等打得满地找牙？除了蒙古军外还有探马赤军，这是由蒙古人、色目人、汉人等组成的军队；此外还有各国投降的军队。后来又组成了汉军和南军（新附军）。这是后话。

到了拖雷监国时期，蒙古汗国相对稳定，没有发生太大规模的战争。拖雷想完成他老子的遗志，首先把金国灭掉，也可以在这些权臣当中大显身手。这样，大忽里台召开时，一不小心，大伙儿会推举自己，那自己就可以名正言顺地摘掉这顶监国的帽子，理直气壮地登上汗位。

拖雷是一个在政治上比较幼稚的王子，但他也是先经过多方权衡的，然后调兵遣将，等待时机。但是他的老婆克烈·唆鲁禾帖尼不同意他的想法。

这个女人不寻常。虽是女流之辈，却见识不凡，拖雷非常敬重她。她出身高贵，是克烈部王罕的弟弟札合敢不之女，是拖雷的正妻，生了四个儿子：蒙哥、忽必烈、旭烈兀、阿里不哥。他的这四个儿子都是人中龙凤。

唆鲁禾帖尼对拖雷说："监国雄才大略，征讨金国自然不在话下。但是战场无常，自古没有百胜将军。监国未经忽里台，擅自出兵，倘若战败，自此以后，我辈在朝中再无话语权。召开忽里台，窝阔台一定会赶回来，那时候夫君还有什么理由不交印信呢？"

拖雷也在考虑这件事，听她谈起这件事，马上请教。

唆鲁禾帖尼接着说："我们与大金国有过协约，现在两家互市，民人往来，各得其利。大金国并无过错，出师无名。以妾身之见，为今之计，只有一个字：拖。在此期间，广施惠泽，与人结恩，并以父汗宾天为由大赦天下。等过了三年五载，民心渐附，夫君即是人们心目中的大汗，可谓水到渠成也。"拖雷大喜，遂以各种理由推托召开忽里台大会。已经过了一年有余，拖雷丝毫没有开会之意。各个派系各怀心腹事，谁也不想卷入这些是是非非。

这里急坏了一个人，也可以说惹恼了他，谁？大胡子耶律楚材。是时候说一下耶律楚材了。

史料记载，耶律楚材在金明昌元年（1190）生于燕京（今北京）。他出身于契丹贵族家庭，我们看一下人家的姓氏就知道了，耶律，正宗的大辽国的天潢贵胄。他是辽太祖耶律阿保机的九世孙、金朝尚书右丞耶律履之子。

耶律楚材出生这年，他老爸已经六十岁了（也许不是嫡子，是庶出）。耶律楚材的父亲耶律履通数术，尤其精通太玄，就是会相面，会看八字。他曾私下对人说："此子吾家千里驹也，他日必成伟器，且为异国所用。"他的父亲用《春秋左氏传》中的"虽楚有材，晋实用之"的典故，给儿子起名为"楚材"。

这件事不见于正史记载，却被后人广为传颂，不管真假，有的人听了耶律履的话，难免会说，他应该先想想自己是哪国人，他分明是辽国的世家子弟，是耶律阿保机的直系后代，是阿保机的第八代玄孙，这不会错。但是他不也在辽国的死敌——金国那里任官吗？并且史书记载，耶律楚材的爷爷就已经在燕京为官，燕京是金国的中都，他当然是在金朝做官了。

耶律楚材青出于蓝而胜于蓝，反正都不是为自己国家效力。于是他索性到了蒙古汗国，他不是自己去的，是被太祖他老人家抢去的，或者说是做了太祖他老人家的俘虏，投降了。太祖攻破中都时，耶律楚材被俘，差点被杀了。

蒙古汗国早期军兵破了城池一顿猛杀狂抢，这和他们的分配制度有关。

第三回

做"治天下匠"

前文提到过,蒙古汗国的士兵没有军饷,上马为兵、下马为民,出去征战,是玩命的差事。被杀了,这辈子就算是到头了;侥幸不死,那总得弄点金银财宝,出去一趟,总不能两手空空而归。

太祖在当初被拥戴为首领时,就曾对着长生天发誓:"和强敌交战时我做前哨,抢来美女和良马都分给诸位;围猎时,我一马当先,得到的猎物都分给诸位。"

他们的目的非常明确。但是那时有比较公平而又严格的分配制度。不管是谁抢的,都不准私自留下,如果独吞了,那可要军法从事。所获的战利品要一级一级地报上去,然后再一级一级地分下来。当然,往上报时越报越多;往回返时越返越少。但总的说来抢得越多分得就越多。

而且当文官的也没有俸禄,这武官好办,有刀把子,胳膊粗、拳头硬,还愁没有金银和女人!可是文官怎么办?肩不能担担、手不能提篮,几乎手无缚鸡之力。

有人问了,这蒙古汗国也有文人?当然了,而且不比汉人朝廷少太多。他们每天在公廨里等着,等部队班师,可谓是翘首以盼、望穿秋水、想断柔肠啊，一大家子人嗷嗷待哺呢。大札撒（律法）规定，战利品要留出百分之二十给官员们。

在这种情况下，蒙古军队攻破燕京，谁能约束？财富和女人都被抢掠一空。可耶律楚材是个男人，抢他干吗？耶律楚材这个人名声在外啊，史书记载，他"博及群书，旁通天文、地理、律历、术数及释老医卜之说，下笔为文，若宿构著"。

想一想，这是什么人，高级知识分子。再加上耶律楚材身材高大，满面虬髯，声音洪亮（身长八尺，美髯洪声）。没有那满面书卷气，特别符合太祖的胃口。太祖称呼他为吾图撒合里（美髯公，大胡子）。他是契丹人，那时候的契丹人和汉人已经融为一体了，蒙古人把他们统称为汉人。

太祖召见耶律楚材时对他说："辽为金所灭，你们是世仇，我如今要灭金，是为你的家族报仇（辽金世仇，朕为汝雪之）。"

耶律楚材却不买账，回答："我的家族从祖父以来就侍奉金国，既为臣子，岂敢再怀二心，以君主为仇呢（臣父、祖尝委质事之，既为之臣，敢仇君也）？"耶律楚材这心胸，大有天下一统的架势。当然，他说得也算诚恳。其实他的仇敌也是太祖的仇敌。因为漠北高原本身就是大辽国的地盘。大辽国的统治疆域东到鲸海（今日本海），西到按台山（也称金山，今阿尔泰山），北到也里古涅河（今额尔古纳河）、大兴安岭一带，南到现在冀南地区的白沟河。

蒙古各部都是如假包换的辽国臣民，包括太祖的祖宗。

其实自从唐朝以后，蒙古高原大多数时期都是华夏的地盘，唐朝设有安北都护府。虽然蒙古高原时归时叛，但一直没有脱离华夏。只是大金国和大宋朝死磕，给了漠北机会，太祖这才统一了漠北。其实太祖也是金国的官员。

单说耶律楚材，他的态度很受太祖赏识，于是太祖对他厚加赏赐，把他留在身边做参赞。史上没有准确地记载他这时是什么官职，蒙古汗国那时也没有什么明确的官制。当然，后来官制也不是很健全。这时，蒙古汗国有的官职是随心所欲设置的，只要高兴，想起来什么官就封一个，不行再换，反正都是太祖说得算。

耶律楚材这时是唐宋的秘书少监一类（从五品）的官职，时刻在大汗左右，以备垂询。太祖给他的待遇是所有文官中最高的，这在当时的漠北高原已经很了不起了。这就让一些出兵放马的将士们心里很不爽了：我们在死人堆里摸爬滚打，你信任一个这样的人，虽然他长了一个大个子、一副大胡子，却是一个银样镴枪头，骑不得烈马，拉不得硬弓。

就连一个西夏投诚过来、制造弓箭的工匠都瞧不起耶律楚材，很不满耶律楚材得到厚待，他当着大汗的面提出质疑："现在最重要的是打仗，不知道要先生你这样的读书人有什么用处？"

太祖装作听不见，耶律楚材知道大汗的意思，这是在考察自己如何回答这个问题。耶律楚材没有正面回答，而是反问了一句："造弓还需要工匠，治理天下难道就不需要'治天下匠'吗？"

这个匠人瞠目结舌，什么是治天下？天下需要治吗？

但是这话说到了太祖的心里。这时大蒙古汗国已经建国十几年了，这庞大的汗国机器把太祖这位老人家搞晕了，怎么转也转不好。人家中原的几个国家，皇上每天吃喝玩乐，国家机器照样运转。自己的国家呢？自己身为大汗，弄得一地鸡毛，没有一项不找他的，这大汗当得没意思，那人家是怎么治理的呢？

这时他明白了，需要一些懂治国之道的文臣，需要治天下的工匠。自那以后大汗更加倚重耶律楚材。这位大辽国耶律家族的"伟器"，以治天下为己任，也不管大辽国（这时在西域重新立国，史称西辽）和大金国这个天下了。立志要做蒙古汗国的"治天下匠"。

也许是如常言所说"良禽择木而栖、良臣择主而事"吧，因为他一到漠北就被惊住了。

"山川相缪，郁乎苍苍，车帐如云，将士如雨，马牛被野，兵甲赫天，烟火相望，连营万里，千古之盛，未尝有也。"这几句话就是这位耶律楚材所写，是发自肺腑还是吹捧，不得而知。

上文提到过，他爷爷从辽国转到金国做官，他的父亲在金国做官，他又转到蒙古汗国做官。

事实证明，多亏他投靠了蒙古汗国，才使许多生灵免遭涂炭。他反对杀戮，尤其是反对屠城，他对蒙古汗国的官制和薪酬制度尤为不齿。耶律楚材想方设法地制止杀戮和屠城。他随太祖西征时，一路走来，看着蒙古大军杀人如麻，屠城就如家常便饭，拿平民当挡箭牌，当炮灰。而且还"筑京观"，就是把杀掉的人堆成山丘或排在路旁。耶律楚材心里着急，经常劝谏太祖，只是效果甚微。但是，这个大胡子自有办法。

这天蒙古西征大军到了中亚"铁门关"，有人看到一个鹿形马尾、绿色独角的怪兽，捉来献给大汗。人们从来没见过，大伙都在猜测。这时耶律楚材不失时机地说："这个名叫甪端，一天能走一万八千里，会说四方语言，是好生恶杀的神兽。它的出现是长生天在告诉陛下——停止杀戮。"

太祖不太相信，耶律楚材让这个怪兽说了一句话，大家面面相觑，听不懂，不知道是哪国语言，这事还得找大胡子，大家都知道大胡子也会四方语言。

耶律楚材听得清楚，但还是问了一下谁能听得懂，大家都说听不懂。耶律楚材松了一口气，都不懂就好办了，我懂，于是说："你们的大汗应该早早班师（汝主宜早还）。"这耶律楚材太厉害了，公冶长似的人物，连我都不信了，何况大汗呢。大汗又让随军巫师卜筮，巫师所说的话和耶律楚材所说的如出一辙，太祖马上下诏——班师回国。

就这样，耶律楚材制止了一场更大的杀戮。

但是他的喋喋不休、妇人之仁还是让一些宗王和那颜们心生反感（本来也没有过好感），太祖在一些大事上也不太询问他，但他善卜并且识星象，这让太祖离不开他。

成吉思汗十五年（1220，下文都使用蒙古纪年）冬，雷声滚滚，此时是农历十一月，已经是天寒地冻，白雪皑皑了。人们心里恐慌，太祖心里也犹疑，为什么冬天打雷，其实应该反省一下，也许杀戮太重，长生天发怒了（这是笔者的调侃）。

大汗让耶律楚材占卜一下，大胡子可不敢说长生天发怒了。这么说，没等长生天发怒，他的大汗可就先发怒了。耶律楚材占卜的结果，是回鹘王梭里檀将死，不过一月，梭里檀果然死了。

还有一次，太祖十七年（1222），长星（彗星）在西方出现。汗廷的文武大臣们慌了，那时人们深信这是天象示警。当时人们对宇宙中的各星系有了一定的了解，尤其是五行七曜、二十八星宿，但也只是一知半解，有些现象他们解释不了，就认为是长生天示警。太祖问耶律楚材，耶律楚材说："大金国当易主。"过了不到一年，金宣宗便去世了。

还有很多类似的事，尤其是他对星象的了解，不禁让大汗惊呼："你连天上的事都无所不知，何况人间的事呢？"

耶律楚材不免洋洋得意，本人这么厉害了，得有什么表示吧？大汗可不那样想，这是个人才啊，好好地给我当秘书吧。其实这也是别人几辈子都巴结不上的。

可这大胡子不是，他不远万里，跑到漠北来，还和你打到了西域、打到了花剌子模，把自己的祖国西辽都灭了，不还是个秘书吗？只是多了两个兼职，一个是中原的钦天监正；另一个就是巫师。

再看看，过几年如果还这样，那就对不起了，我有事先走了。

然而也不都是坏事，大汗让耶律楚材多教导他的儿子们。太祖曾经对着自己的儿子嘱咐道："大胡子是长生天赐给咱们家的。以后军政大事，都让他来裁决（此人天赐我家，而后军国庶政，悉当委之）。"

大胡子这才明白，原来他是大汗留给后人的。这还好，只为这一句，断肠也无悔，熬吧。

言归正传。耶律大胡子看出了拖雷的意图（其实明眼的吃瓜群众都看出来了）。看出来也没办法，这件事拿不到台面上。他本不想参与天家争储位的事，但是他总不能就这样看着吧。

他为什么这么着急呢，原因有三：一是他的职责，他现在是朝中举足轻重的人物；二是大汗临崩前一年，和他聊了，大有托孤之意；三是他也看好窝阔台。

窝阔台和他走得很近，而且也经常非常虚心地向他请教一些问题（估计是窝阔台笼络他的一种手段）。如果窝阔台继位，不用说，大胡子一定会实现自己的政治抱负。

因此耶律楚材比任何人都着急，最后他有了办法。他想起一个人来，太祖的长房长孙、正在高加索地区纵横驰骋的孛儿只斤·拔都。他想请拔都出面召开忽里台大会，因为他是长房长孙，和窝阔台系的关系也还说得过去。如果他回来召开忽里台大会，这事就成了。耶律楚材心里清楚，如果拔都也在觊觎大位，这不仅是与虎谋皮，很有可能是引狼入室。但是从他平时对拔都的了解，觉得还不至于。这个刚刚二十岁出头的年轻人是一个正直的人。拔都为人坦诚，没有凶狠贪婪的一面，从不滥杀无辜（中原历史记载）。

事到如今，只好一试了。

耶律楚材有一个家奴，其实是他的侍卫，名字叫得力哈拉丁，是金国人，比楚材小几岁，三十五六岁，身高八尺有余，也是络腮胡子，文武双全，他也是耶律楚材的心腹。耶律楚材想让他带人速去钦察地区见拔都。下面就是找什么借口去的问题了。他清楚，绝对不能偷偷去，那无疑会给自己种下祸根，世上没有不透风的墙，尤其是这样的大事，雪里埋尸一样，用不了多久，肯定会传到拖雷的耳朵里。

第四回

请来砸场子

事有凑巧，拔都派人送来了战利品。顺便说一句，现在已经不用战利品作为官员的薪酬了。耶律楚材已经制定了比较完善的薪酬制度。

前方送来了战利品，那证明拔都又打了胜仗，拖雷作为监国，不能没有回音，大家商量着派人回礼。耶律楚材趁机向拖雷推荐得力哈拉丁。这事谁也没多想，于是，就让得力哈拉丁带人去慰问。耶律楚材亲笔书信，对得力哈拉丁千叮咛、万嘱咐，一定要亲自交到拔都手里。就是命不要了，也不能丢了这封信。

送走了信使，耶律楚材每天在焦虑中度过，又怕信丢失，走漏风声；又怕拔都见位忘义，那自己就粉身碎骨了。毕竟大斡鲁朵和那把椅子令人神往，保不齐拔都就动心了。

半年过去了，拖雷丝毫没有召开忽里台的意思。耶律楚材在焦虑中盼回了得力哈拉丁。得力哈拉丁没有带回信件，拔都只是口头上说："先生尽管放心，本王不日即将回到哈剌和林（蒙古汗国首都）。我已经给各处王爷、那颜们发了信件。"

又过了一个月，已经是炎炎夏日，拖雷忽然找耶律楚材议事，他老婆唆鲁禾帖尼也在。拖雷看耶律楚材进来，递给他一卷纸，说："先生，这是拔都送来的，五天后他回来，半月后召开忽里台大会，你看一下吧。"

楚材迅速地看了一遍，从信中可以看出，两人已经书信来往了很多次，当然了，拖雷是亲叔叔，又是监国，拔都的语气还算谦卑。原来忽里台的日期是他们两个人定的。这让耶律楚材对拔都更加刮目相看，别看此人年轻，真有其祖风范。拔都觉得自己毕竟年轻又是小辈，上书劝叔叔自己召集大会。

耶律楚材明白，这个法子好，拖雷心里非常清楚，自己不想召集，拔都作为嫡长孙，有权召集忽里台。让自己召集，是为了保全自己的面子，最起码在外人看来他拖雷不是恋着位子不撒手。

耶律楚材突然心里有一种莫名其妙的轻松的感觉，他自己也说不清。这大胡子也是近四十岁的人了，从辽东到中都燕京，又多次到中原学习孔孟之道，久历人情，经历丰富。原来的担心都不翼而飞了，这个词用得好，真的是不翼而飞了，就是那短短的一瞬间。只要这次忽里台顺利召开，不管谁接任汗位都无所谓了。拔都要想自己登基，现在来看，也未必不是好事。这个年轻人能担得起蒙古汗国的重担；而自己又已经派人联络，无疑也是送上了"投名状"，他登基对自己未必是坏事。

这位大儒也得为自己的政治抱负和政治前途着想啊。大老远地跑到漠北高原来，干啥来啦？不就是要施展一下平生所学嘛。耶律楚材对拖雷说："臣已经拜读，不知监国要微臣做什么，请监国下谕旨。"

这时监国夫人唆鲁禾帖尼说话了："先生，你是我们最尊敬的人，你是草原上最明事理的哲人。今天监国殿下找你来，以先生之睿智，一定知道所为何事，还请先生不吝赐教。"

耶律楚材对唆鲁禾帖尼也比较了解，知道她的见识不在拖雷之下。大胡子说："尊贵的王妃殿下，您的话就像是草原上清晨的甘露，微臣听得清楚，只是不知道需要臣做什么，还请明示。"

监国夫人听到这里，一下子怔住了，恨不能一脚踢飞这个大个子。装糊涂，明明是装糊涂。她无可奈何，只好明说了："先生到和林时间也不短了，对草原的风俗也了如指掌，对先皇的王子们也都比较熟悉。当然也明白草原上幼子守产的习俗。再者，先皇的四个嫡子哪个更似先皇，先生也非常清楚，还盼先生在忽里台会上帮监国一把，我们没齿不忘先生大德。"

耶律楚材听后心里吃了一惊，这监国夫人也太直爽了，这话都敢明说出来，正在他思考如何回答时，拖雷说话了："先生，你虽为臣下，可你在朝的这些年，本王一直以师礼事先生。先生大才，正可在大漠一展身手。忽里台过后，本监国委任先生做札鲁忽赤（大断事官）。"

这可是一人之下，万人之上。耶律楚材心里清明着呢，官是不小了，条件也高啊，那就是监国得真正成为大汗。那自己就得违背良心，违背先皇意旨，最后还不一定能成功。耶律楚材清楚，拖雷还有两个嫡出的哥哥，还有拔都。更有一个厉害的角色，窝阔台的夫人乃马真，这也是一个难缠的主儿，才智不在唆鲁禾帖尼之下。另外也不能忘了，还有在东蒙古的斡赤斤，那可是先皇的老兄弟，拖雷的亲叔叔。

耶律楚材想到这里，说："微臣先谢过监国，微臣一定尽力周旋。只是在忽里台会议上，微臣不是宗王、那颜，恐怕没有资格说话，即使允许微臣说话，恐怕也无人赞许，还请监国和夫人早做打算。"

这夫妻两人一听，他说的确实是实话，参加这个大会的都是孛儿只斤家族和"大根脚（十八家贵族）"，用蒙古人的话说，都是宗王和那颜们，外人说话肯定不行，只是耶律楚材是大家都尊敬的人，说话还是管用的。二人听他把话说到这份儿上，也不能再往下说了，只能开始商议一下忽里台的细节问题。

召开忽里台大会的日期到了，一切按预期举行，好在这次出席忽里台的人很全，在各处兀鲁思的宗王都赶了回来。大家互相嘘寒问暖，一团和气。几天过去了，也没有谈到正题。

直到第六天，拖雷才说话："各位王叔、王兄们，我们已经聚了几日了，大家也都体会到了天伦之乐。这常言说得好，雁无头不飞。本王监国两年，在诸位的帮衬下，差事办得还可以，本监国在这里谢过了。"说罢，拖雷站起来施了一礼，大家知道这是要说到正题上了，都赶忙还礼。拖雷接着说："我们的家族，就像草原上不落的太阳，普照草原万物。父汗安详地归天之后，谁来主宰这家国山河？现在四周强敌环伺，臣民们都在盼望推举一位贤明的大汗，请大家集思广益，推举一位。"

这话一落地，大家面面相觑，这是什么意思？先皇已经提出新汗人选，是窝阔台，怎么监国只字未提？其实细想一下，也就明白了。拖雷这招并不高明，这是"司马昭之心，路人皆知"。窝阔台听到这里，真是"蓝瘦香菇"。

这时有人说话了，谁啊，当然是察合台了。他走上前说："禀监国，父汗临行时已经推举了三弟窝阔台，现在只需要大家最后敲定就是了。不知道我说的对否？"

拖雷不假思索地说："二哥言之有理，只是忽里台的程序得走完，三哥你说对不对？"

窝阔台不紧不慢地说："监国言之有理，我们洗耳恭听。"

大家沉默了一阵子，因为都在等斡赤斤和拔都说话，一位是长辈，皇叔；另一位是先皇的长房长孙。其实还有耶律楚材，他的话也是举足轻重的。

斡赤斤知道，孛儿只斤家族的贵族们都想推举拖雷，这是他们根深蒂固的想法，他自己呢？有人会问了，难道他就不想登上这个宝座吗？

可以负责任地告诉大家，他那怎么能叫想呢，那是相当地想！几乎做梦都惦记着大帐中的那把座椅。但他也不能大声说，这个大汗位子是我的。何况又有先皇遗命呢，没到关键时刻大家都想留几分尊严和面子。

他扫视了一眼，说话了："各位，本王是先皇的亲兄弟，按理说应当按先皇的遗旨来推举，但是……"他轻咳了一下，又扫视了一下众人，看到众人急切的目光，尤其是看到了窝阔台的不满和拖雷的兴奋，他的自尊心得到了满足。接着说："先皇之意是推举窝阔台，这本王没意见。可是大家想一想，这监国的嫡幼子拖雷怎么办，按我们蒙古人的习惯，应该是嫡幼子守业的。"

话说到这里，大家都以为他要推举拖雷，都以为他是拖雷这"猴哥"请来的救兵呢。看他又停了下来，意属拖雷的都说他说得有道理。拖雷夫妇互相看了一眼，意思是，这个斡赤斤是个好叔叔，平时照顾不够，心里惭愧啊，老叔汗，看我们以后的表现吧。

斡赤斤接着说："本王作为长辈，得为他们的未来着想，免得两家失了和气，伤了面皮。咱们都是草原人，本王对着长生天说，本王出于公心，推举先皇长房长孙孛儿只斤·拔都。"

这像是一声惊雷，炸响在宽敞的大帐中，大家刹那间愣住了。只有大胡子耶律楚材心里明白，斡赤斤开始讲话时他也以为斡赤斤要推举拖雷，也以为他是拖雷请来的救兵，后来耶律楚材听明白了，全明白了。这大胡子高智商也是高情商，这足足比别人的判断提前了几分钟，什么救兵！他是来砸场子的，搅局的，他想浑水摸鱼而已，是他自己想登基。

耶律楚材心里更清楚，这下子麻烦了，推举的结果更充满了不确定性。大家的目光都转向了拔都，拔都只当作没看见、没听见，在把玩一个鼻烟壶，好像此事与他一点关系都没有。大家看他这个做派，都以为是他们已经串通好的。

窝阔台夫妇气得脸色都变了，拔都我和你老子有点过节是真的，但是这章也早都揭过去了，你没事来搅什么局！

拖雷夫妇看在眼里，这样也好，总之否定了先皇的说法，自己这系和术赤系的关系向来不错，如果拔都登基，也好过窝阔台登基。但是他们现在还不能表态，只能静观其变。

这时有人沉不住气了，谁啊？大家一猜就知道，术赤的仇人、亲弟弟察合台。这拔都倒是不错，他老子归老子，察合台还是挺欣赏拔都的，但这是两码事。察合台站起来大声说："王叔，按理说我们不应该驳你，可这是先皇的意旨，我们怎么能随意改动呢？是孛儿只斤家族的，就推举窝阔台。"

斡赤斤大怒："你这狼崽子，草原的一块乌云就想遮住太阳？你说哪个不是孛儿只斤的种？你说出来，你说不出来你就不是我大哈（大哥）的种！"

大家都听明白了，这明明是在转移视线，挑拨离间呢。再看拔都，对这件事充耳不闻。大帐里都吵成了一锅粥，拔都一言不发，起身走出大帐，有许多人也跟着他一起走了。

耶律楚材看在眼里，心里冒出两个字：豪杰。拖雷宣布休会，让大家私下商量，分组讨论，十天后再重新召开大会。

大家可以想象，这十天会是什么情况，可以说暗流涌动。大汗留下的这把交椅，就像有人扔出的一块骨头，大家就像是一群争抢的饿狼，全没了平日贵族的斯文，也没有了平时貌似温馨的亲情。只有拔都，闭门谢客，也不准自己一系的人外出。

过了十天，毫无结果，又过了十天，也是如此。这是拖雷夫妇的计策，时间拖得越久对自己越有利。最好是拖黄了，夭折了，那就是天公作美。

这拖雷也是想得美。

第五回

窝阔台践祚

一个月过去了,大忽里台重新召开,大家都知道,这次还得是无疾而终,可是没有人缺席,都怕这趟马车甩下自己。难道他们都没事啦?不去打仗啦?

这个季节还真没事,此时正是他们歇马的季节,在这里汗廷好吃好喝地供着,而且对这些"议员"们都笑脸相对,最后还有一份精美的礼品相送,最后,新任大汗还有大把的金银赏赐。要不是开忽里台大会,哪里有这特遇!享受几天再说。

会议又开始了,还像每次一样,拖雷煞有介事地开场,然后斡赤斤推举拔都。大家明白,准备休会吧。

就在这时,一个月以来一言不发的孛儿只斤·拔都说话了:"大家都静一下,小王说一下我的意思。这大忽里台开了一个月了,各处汗王都被这事绊住了,一旦各兀鲁思(封地)有警,那悔之晚矣。小王是先皇的嫡长孙,多说一句。本王认为这事没有什么不好办的。斡赤斤爷汗推举了小王,这很好嘛。"说完停了下来。

大伙都以为自己听错了,这拔都怎么是这副嘴脸?拔都喝了一口奶茶扫视了一下众人，看到了他们的表情，心里冷笑一下，接着说："爷汗，你是真心的吗？"

这话问的，多么幼稚，他能是真心的吗！斡赤斤也不是傻子，真想说："大孙子，我说的是假话，你别当真啊，我就是搅局而已，我自己还想上位呢。"可他能这样说吗？他在心里骂了一百句狼崽子，表面上还是很坚定地说："拔都，你还不了解爷汗吗？当然是出自真心。"

拔都趁机说："那谢谢爷汗，这就好办了，看得出大家都信任小王，小王也知道当此紧要关头，我也得拿出嫡长孙的担当。大家不要再争了，都赶快回到兀鲁思。就按先皇之意，由叔王窝阔台承继汗位，拖雷叔王自回兀鲁思。有不遵者视为先皇逆臣，小王作为嫡长孙，定视其为仇寇。"

这真是豪杰，识大体，顾大局。自己不要汗位，谨遵意旨，别人还能说什么？耶律楚材在心里也学了一下蒙古人，默念道："长生天啊，你总算给了草原一只真正的雄鹰，愿长生天保佑他。"

他是手握重兵的长房长孙，他的话绵里藏针，谁敢不听？拖雷明白，自己再不说话，就成了族人的公敌。留得青山在，不怕没柴烧，敛迹遁形，再图后举。于是拖雷站起来首先表态："本监国同意拔都的意见，拔都是长生天赐给孛儿只斤家族的雄鹰。三哥，自即日起，本监国带领阖族良贱奉新汗登基。"

窝阔台悬了几年的心放下了，听完拖雷的话，得赶快登基，晚了再出问题不就麻烦了吗？可再着急也不行，虽然窝阔台看着他老子留下的那把椅子直流口水，但也不能立马就答应。还得等劝进表。

拖雷刚说完，耶律楚材就写完了劝进表。大家又问了，这么快？其实早就准备好了，填上人名和时间就可以了。耶律楚材把劝进表交给了拖雷，拖雷双手奉给窝阔台。

窝阔台简单地说了几句，就说自己德才不配，请另择贤者，上表不允。这一天的时间就过去了，其实已经尘埃落定。再有两劝就可以登基了。

窝阔台经过与会贵族的再三敦促、劝进，终于服从其父的遗旨，采纳众弟兄的劝告,"勉为其难"地继承汗位,是为窝阔台汗,历史上称其为元太宗。

大蒙古汗国到了窝阔台汗时代。

新官上任三把火,新汗登基多把火。窝阔台执政以后,命人严守太祖所制定的法令,以前的犯罪者一律降恩赦免,以后的犯罪者仍依法惩处,这是采纳了大胡子的建议,相当于中原朝廷的大赦天下。

当时蒙古汗国的礼仪典章都很简单,许多都是约定俗成的东西,存在于人的意识和道德里,所谓的律法就是大札撒。窝阔台"龙潜藩邸"时和耶律楚材密切接触,了解了一些中原的典章制度,可谓是羡慕不已。我堂堂大蒙古汗国,岂能不如外邦!平心而论,窝阔台有一点看得明白,想把大蒙古汗国变成一个富强国家,必须得学习"外邦"。于是乎他重用耶律楚材等人,升他为中书令。

这里要简单地交代几句,这中书令不是中原各国的中书令,也不是后面大元朝设的中书令。后面设的中书令通常由太子担任,一般的宗王、那颜都不行,更不要说耶律楚材这外邦之人了。

窝阔台设的这个中书令其实就是类似宋朝的资政殿、观文殿学士一类的职务,比秘书少监高了两级,相当于秘书监,是正二品了。权力比学士要大多了,不仅掌文牍,还要参与决策和管理。

耶律楚材很谦虚:"臣才疏学浅,恐负大汗所托。"但是并没有推辞。

上文交代过,他从燕京到漠北来,老婆孩子都留在了燕京,不就是为了这个嘛。先皇在时,他没少进言,有的被采纳,但大多数都不被理睬。蒙古贵族们就是怕臣民们中原化。

耶律楚材做的第一件事是设立朝仪,窝阔台久在中原,皇上的赫赫天威,让他羡慕不已。天子,受命于天,高高在上,臣民们须仰视才行。早朝时,天色还早,大殿里烧着香,香烟缭绕,皇上等乐声响起,在百官的跪拜之下前呼后拥地登上宝座。高级官员在大殿内,其他的官员都跪在台阶下。哪个不想一睹天颜啊?可"天颜"不是你想睹就能睹的。

在殿卫没喊平身时，你敢偷睹"天颜"，殿中侍御史马上参你"大不敬"。轻则杖责丢官，重则丢掉性命，更有甚者抄家灭门，你还敢"大不敬"吗？

有幸皇上让大家平身了，快好好地看看皇上他老人家吧，机会难得。又想多了，在烟雾缭绕的幕后，高高的宝座上，影影绰绰地有一个人坐在那里，想看脸吗？门都没有，皇上他老人家还带着皇冠呢，前面飘着十二根穗子，哪个大臣能看到？何况《礼记》明确规定臣下的目光只能停留在皇上的颈部。

这就是天子，代天牧民，神秘莫测，这就是权威，越神秘越有权威，大臣越心惊胆战。

大蒙古汗国很"民主"，觐见大汗不用跪，只用普通礼节（抚胸礼）就可以，也没有什么尊卑礼秩，这是耶律楚材急需做的，一个是出于公心，健全制度；另一个也好树立威信，还可以讨好新主，何乐而不为呢！

耶律楚材和拔都、察合台、斡赤斤商量，重新制定礼秩，耶律楚材劝他们几人行君臣礼，"以尊汗权"，几人都没意见。于是在忽里台休会或"分组讨论"时，他们几人到处会谈。耶律楚材想要征得全体"代表"同意，在窝阔台的登基典礼上，无论长幼尊卑都行君臣大礼，察合台自称臣弟。

窝阔台大喜，在忽里台大会上称耶律楚材为"社稷之臣"，以后"朝中之事尽付之"。

成功了，先别说窝阔台是不是成功了，大胡子耶律楚材达到了目的，先不用说以后……从此后大汗更加器重他（自此帝益重之）。

耶律楚材的春天来了，事实证明，他确实是一个能吏，也是廉吏。耶律楚材在历史上留下了浓墨重彩的一笔。他开始大刀阔斧地进行改革，第一件事是改革礼制，他发现蒙古人并不是像传言所说的那么固执，有些事他们做着方便就行。

耶律楚材的第二件事是改革官制。太祖时期，实行军政合一的制度，只有万户、千户、百户等统率军队的长官，没有治理政事的长官，他们上马管军、下马管民。这种状况，耶律楚材看在眼里，深知其弊。漠北就那样了，想改也改不了了。他必须得改变漠南和中原的这种状况，于是他上书窝阔台汗：地方上应设置官吏统治百姓，另设万户总管军队，使军、政互相遏制，防止官员独断专行；在各处设立宣抚司；耶律楚材还主张用孔孟之道作为治国治民的准则，选用儒生来担任各级官吏。

这些建议窝阔台全部采纳了。

在经济上，耶律楚材也做得不错。有人建议把中原变为牧场。太祖初期，这种观点就甚嚣尘上，有的地方真的那样做了。耶律楚材力劝窝阔台，赶快放弃这个看似完美的计划。

常言道，积习难改，蒙古汗国是以游牧经济为基础的，对中原地区的农耕经济制度毫无所知，更谈不上管理。起初，蒙古人居住在草原，缺乏生产资料，对占领区就是一个字"抢"，"春去秋来，惟事抄掠"，也积累了大量财富。谁知道，占领金国的中原地区以后，女子、财帛被抢掠一空，再也无从抄掠。那就把朝廷的资财分一些吧。

这个办法好。

可是府库里连一粒米你都找不到。当时，主要由归降将领和土豪管辖所占城池，并由这些官员自行征敛，向蒙古汗国统治者交纳贡赋。汗廷和官府无收入，下级军官不干，窝阔台也不干了，用耶律楚材的话说，这就是杀鸡取卵，把鸡杀光了，还有鸡蛋吗？

窝阔台是个聪明人，又接触了大量的汉人官员，明白了一个道理，得让府库有取之不竭的钱粮。就在这时，耶律楚材不失时机地提出了设立十路征收课税所，任用懂得治理中原之道的儒士为官的主张。

窝阔台同意了耶律楚材的建议，在窝阔台汗二年（1230），开始设置十路征收课税使。每路都任命正副课税使，皆由儒士担任。课税所在为蒙古汗国扩大财政收入方面表现得很出色。

在实行课税所制度的第二年，窝阔台到云中（今内蒙古自治区土默特左、右旗），十路都进粮食、书籍及金帛，陈放于宫廷中。史书记载，"一年就得银五十万两，帛八万匹，粟四十余万石"。

窝阔台大吃一惊，不用杀人抢掠、不用兵戈也能获得巨大财富？还是人们心甘情愿地交来的？这更加使窝阔台和汗廷的那颜们震撼，他们开始信任耶律楚材了。

这时耶律楚材不失时机地又提出一个主张：攻城略地，不滥杀无辜，不论兵民，放下刀枪即为顺民。这是因为蒙古军队凡是进攻敌人的城镇，只要对方进行抵抗，一旦攻克，不论老幼、贫富、逆顺，除工匠外，大部分都被杀戮，少数妇女和儿童成为驱口。他们认为，这些人占着大量的土地和财富，尤其是土地。把他们杀光，可以将他们的土地用作牧场，还可以减少平日的消耗。

耶律楚材坚决反对战争中的残暴行为，他苦口婆心地和那颜们讲解，有人就有一切。他说，人能创造财富，并讲了一些历史上的例子。

针对中原腹地遭受多年的战争破坏，生产凋敝，百姓困苦的情况，他主张轻徭薄赋，爱惜民力，发展生产。在耶律楚材的建议下，窝阔台改变了过去"裂土分区"的分封制，耶律楚材说，军队征服大金国和大宋国需要供给，他为大汗和宗王、那颜们讲孙子兵法，讲后勤保障。

孙子说："军无辎重则亡，无粮食则亡，无委积则亡"，简单讲就是兵马未动、粮草先行，靠抢是不靠谱的。这样会激起人们的反抗，或者人们会逃离家园，最后没有了粮秣。

耶律楚材给他们讲历史的教训，讲东汉时的袁绍和袁术这兄弟俩的反面例子；又举了正面的例子：汉初的萧何。最后他建议如果在中原平均征收地税、商税、盐税和冶铁税，以及其他山泽之利，就足够军需之用了。大多数人都让他讲困了，但有一个人听明白就可以了。大汗窝阔台同意后，开始施行这些政策。

第六回

颠覆了认知

耶律楚材这些政令,刚开始实行时根本不管用,积习难改。罗马城不是一天建成的,耶律楚材有信心。窝阔台非常重视对中原地区的治理。在耶律楚材的劝谏下,窝阔台已开始注意保存人口。

窝阔台汗四年(1232),窝阔台征河南时,他同意制旗数百面,发给降民,让他们持旗为凭,回归乡里。后来,窝阔台下诏括编中原户口。宗王、那颜和朝臣们主张依漠北和西域成法,以丁为户,按丁定赋。窝阔台却接受耶律楚材的建议,按中原传统,按户定赋。他还保留了中原的郡县制度。在括户的基础上,窝阔台让耶律楚材主持制定了中原赋役制度。此外还有杂泛差役制度。这种较轻的赋税定额(但是和后来的大元朝相比,税赋重了许多),有利于让已遭受严重破坏的中原地区休养生息。

三年过去了,大蒙古汗国积累了足够的财富,大多数蒙古人看清了,大多数人都信任耶律楚材。窝阔台汗三年(1231),窝阔台任命耶律楚材为中书令兼达鲁花赤。

窝阔台登基几年了,这几把火烧得有声有色,大家对此都有目共睹。但是,蒙古人是马背上的民族,过的是驰骋沙场的日子。他们崇拜的是英雄，是弯弓射大雕的英雄，是斩将搴旗的英雄，是能带回来大量的财富、女人的英雄，而不是每天雕章酌句的腐儒或者是锱铢必较的守财奴。

窝阔台汗如果看不到这一点，他就不是窝阔台；何况他也是太祖的儿子，是草原上的雄鹰，他的弯刀也早就想闻闻血腥味了，他的战马也早已按捺不住。我窝阔台不是偏安漠北，我要继承先汗未竟的事业，把这事业进行到底。现在仓廪已实，后方稳定，正可刀出鞘，箭上弦。打谁？

你说打谁？大金国。

太祖的去世使攻灭金国的计划推迟了两年。窝阔台元年（1229），窝阔台即位之后，就想立即按照太祖规划的灭金战略，发动对金朝的进攻。最后他被耶律楚材谏止。在这之前，蒙古汗国已经发动过两次对金战争。

第一次是在金大安三年、蒙古汗国成吉思汗六年（1211）二月，太祖亲自率军南下，他先派先锋哲别率轻骑进入大金国西北境内侦察军情。

四月，大金皇帝完颜永济听说蒙古军到了，不以为意。成吉思汗是自己的臣属，是大金国的札兀惕忽里（各部统领，招讨使，在金国叫作纠军统领），他在永济做太子时曾经来净州（今内蒙古自治区四子王旗）见过成吉思汗。

当初，太祖每年向金国贡纳岁币（其实是赋税），金国皇帝完颜璟派卫绍王完颜永济在济州接受贡礼。太祖见了完颜永济没行礼。这很奇怪，随从们也大感不解。因为每年交贡都要行礼的。

有的史料记载，这位卫绍王是个非常平庸的人，而且长得猥琐。不过据许多权威的史料记载完颜永济长得还不错，大个子，美髯长身。我想，问题应该出在他的举止和言谈上。太祖是个大英雄，对这样的人是不屑一顾的。所以并未对完颜永济行礼。

完颜永济很生气，后果很严重。完颜永济回去后，想请求朝廷派兵攻打太祖。此时恰逢金国皇帝完颜璟死去，完颜永济继承皇位，他下诏书到蒙古部落，并传话过来，要太祖行跪拜礼接受诏书。这其实是正常礼节，应该的，人臣之礼嘛。太祖问了一句："请问天使，新皇帝是谁呀？"

金国使臣说:"是卫王。"

太祖在马上朝着南面吐口水,大声说:"我还以为中原的皇帝是天上人做的呢。这种平庸懦弱的人也可以做皇帝吗?我凭什么要跪拜他呀!"立即就骑马向北而去了。

金国使臣回去说了这件事,完颜永济更加恼怒,想等太祖再次到金国进贡的时候,趁他进入金国境内时除掉他。太祖知道了这个阴谋,打算和金国绝交,从此严整军马进行戒备。

完颜永济可不那样想,尔等鼠辈敢打朝廷主意,打他!于是派平章政事独吉思忠(也叫千家奴)、参知政事完颜承裕进攻蒙古,谁知让蒙古汗国国王(封爵,类似太师)木华黎打得满地找牙。

太祖开始时并没有问鼎中原的打算,他的眼睛一直盯在漠北、东北和中西亚地区,可以说连吞并西夏的念头都没动过。他就是手头有点紧,弄两个钱花花而已。试想一下,皇上都是天上人做的,谁敢动啊!是这个完颜永济,彻底颠覆了太祖的认知:什么天上人,这不就是一个尿包蠢蛋吗!这样看来,中原的皇上也都是这个样子。打一下试试,不行再上表谢罪。

那好吧,试试就试试。

这一试不要紧,改变了他的战略。于是,成吉思汗六年(1211),太祖亲自率领大军攻打大金国。蒙古军分兵两路:

东路由太祖亲自率领,直接杀向中都(今北京);

西路由太祖的儿子术赤、察合台、窝阔台率领,直趋大金西京(今山西大同)。

太祖乘金军没有准备,一路袭取乌沙堡、乌月营(今河北张北县西北)。完颜永济撤掉了千家奴的职务,改由完颜承裕为主帅。

完颜承裕看蒙古军气势汹汹,心里害怕,部下又有许多乣军率部投降,于是节节败退,蒙古大军随即攻下昌州(今内蒙古自治区太仆寺旗西南)、桓州(今内蒙古自治区正蓝旗西北)、抚州(今河北张北县),并且一路势如破竹。

这时完颜永济才知道他的臣属的厉害，那赶快调兵遣将和他打呀！可完颜永济这位仁兄却让人大跌眼镜，在高高的、庄严肃穆的、令人望而生畏的金銮殿上，他和大臣们抱在一起哭作一团。

哭归哭，还得打不是！完颜永济和大臣们擦干眼泪，边抽泣边商量，集中全国的四十五万主力军，与蒙古十万军队在野狐岭展开一场大决战。

在野狐岭（今河北万全区西北）之战中，蒙古汗国大将木华黎率敢死队在前冲杀，太祖率主力跟进，金军溃退会河堡（今河北怀安县东南）。蒙古军队跟踪追击，激战三天，歼灭金军精锐。这就是著名的会河堡会战。木华黎率前锋进入居庸关，一直打到中都燕京（今北京）城下。燕京城垒坚固，有重兵防守，蒙古军攻城失利，损失惨重，于是在京畿地区大掠一通，撤围而去。

西路军从十月起攻掠云内（今内蒙古自治区土默特左旗）、东胜（今内蒙古自治区托克托县）、朔州（今山西境内）等地。大金国西京（今山西大同）守将胡沙虎听说蒙古军到了，弃城逃走。两路蒙古军在今河北、山西北部地区，掳掠大批人、畜和财物后撤走了。

到了十二月，蒙古大将哲别率军进攻金国东京（今辽宁辽阳），激战半月，城池岿然不动。于是蒙古军散播消息，准备撤退。

金国哨探报告，蒙古军已经退去五百多里，于是城中守军放松警惕。这时早有斥候报告城内的情况给哲别。哲别大喜，令大军轻装前进，昼夜兼程返回东京，东京守军果然中计，被蒙古军一举攻克。蒙古军大肆抢掠，最后放了一把火，大火半月不熄。

第二年，金朝辽东千户耶律留哥在辽东起兵叛金。太祖抓住时机，马上派部将与其结好，并派兵支援，联军多次击败金军。秋天，蒙古军又一次进攻金朝。太祖率主力围攻西京，攻城时，太祖中箭，这才下令撤围。

有人会问了，这西京大同不是早就打下来了吗，为什么又攻城？这就是当时大蒙古汗国对金朝的作战特点。他们要的不是城池和土地，也不要人民，那么多人还得养活，他们要的是金银财宝和年轻女子。于是每当他们攻下一处，一律实行劫掠政策。只是留下一些妇女、儿童作为驱口，还有就是一些工匠能幸免杀戮。

大金国的部队也是劲旅，怎么被这蒙古铁骑打得满地找牙？这是有原因的。一是当时的大金国已经不算是马背上的民族，已经逐渐适应了中原的农耕生活。

还有一个重要原因，就是金国的乣军，他们和蒙古各部的血缘关系更近，蒙古军一来，不是逃跑，就是缴械投降，没有人真正地为自己的东家卖命。换了东家其实倒有些回家的感觉。就比如说这胡沙虎，不是他先跑的，是他率领的乣军将领们先跑，他没办法也逃跑了。

可是胡沙虎的主子，金朝皇帝（历史上一直称作卫绍王）完颜永济这下不干了：胡沙虎，朕信任你，把这大金国的家底都快交给你了，你却都资敌了。于是完颜永济下旨，把胡沙虎逮至中都，咱们要当面锣对面鼓。完颜永济忘了自己惊慌失措和大臣抱头痛哭的时候了。

胡沙虎也不是善类：好你个完颜永济，偷来的宝座，倒拿自己当一回事了，小爷我今天不伺候你了，最后还要告诉你一句至理名言："水能载舟，亦能覆舟"，此其一；还有，"君之视臣如土芥，则臣视君如寇仇"。

这胡沙虎说到做到，到了八月二十五这天，他联合朝廷重臣，发动了政变，从通玄门杀入东华门占据皇宫，劫持完颜永济出了宫。第二天，命令太监李思忠用毒酒杀死完颜永济，改立完颜珣为帝，就是我们熟知的金宣宗。

太祖还不知道金朝的变故，事实上他也不管这些，见识了完颜永济，他知道中原之主也无非就是一个庸才，他干脆什么也不想了，只是一味地攻城略地，又发动了一次伐金战争。一路斩将搴旗，势如破竹。

这个金宣宗也不咋样，虽然不像永济一样，和群臣"相拥而泣"，也是六神无主。还是大臣们献计，说蒙古人不在乎城池土地，在乎的是女子财帛。于是完颜珣献出大量的金银财宝，再加上童男童女各五百人，向太祖求情。为了稳妥起见，还得用最古老的办法，派公主和亲。

这时完颜珣长成的公主已经有三位，和亲吧，这不正好吗？

可他才舍不得自己的女儿呢。还有现成的公主，先帝的公主呢。谁？还有谁，完颜永济的二公主，这是如假包换的真正的天潢贵胄，完颜珣把她嫁给了太祖。那时太祖的年龄也不大，六十岁刚刚出头，岂不是太"般配"了！

太祖心满意足，撤军了。他已经达到了目的。这时大金国的新皇帝完颜珣，是在抓紧整顿吏治，积草存粮，准备和蒙古大军决一死战吧？事实正好相反，金宣宗害怕蒙古再次进攻，不顾大臣们的反对，决定迁都南京（今河南开封）。

这下好了，太祖发怒了，怎么，你大金国出尔反尔，不是说和解了吗？迁都是什么意思？

第七回

打工仔跑路

在金贞祐元年，蒙古汗国成吉思汗八年（1213）七月，蒙古军再次攻金。太祖率主力与金军战于怀来（今河北怀来县）、缙山（今北京延庆区），歼灭金军主力十余万人，乘胜直抵居庸关。太祖采取迂回包抄的战术拿下居庸关。这样金国的中都（今北京）已经无险可守了。

这居庸关那可是造物主赐给中都的，这个关口长约四十里，可谓"一夫当关，万夫莫开"，蒙古汗国真是神兵吗？当然不是，又是乣军，乣军临阵哗变，关门大开，作为向导引蒙古军进关。

但是在这种形势下要想打下燕京那也是天方夜谭，这燕京地处居庸关以南，西邻太行山余脉大西山，北有军都山，燕山山脉绵延不绝，东南有卢沟河（今永定河）、桑干河。这里地理位置独特，易守难攻。

这里从公元前 11 世纪起就已经建城，曾经是春秋、战国时的燕国都城，在辽国时是陪都"南京"；隋唐时是雍州城，大金国正是定都在这里，称这里为"中都"。经过两千多年的建设，到了金朝时已经是城高池深，而且粮草充盈，周边地区防卫得当，很难攻克。

太祖令大将三木合拔都、石抹明安率军，在汉族将领王楫的引导下从古北口攻入长城；又令木华黎率军进攻辽西、辽东以作策应。三木合拔都等采取围城打援和招降之策切断漕运，歼灭金国援兵和运粮队，使中都粮尽援绝。但是中都城仍然是固若金汤。

这时，南下护送金宣宗的纥军又哗变了，他们在涿州叛变，向北进攻中都。这胜负不用说了。蒙、金两国正在拔河，都已经精疲力竭了，这时，纥军为蒙古大军搭上一把手，而且纥军将领对中都的防卫情况了如指掌。

就这样，金国中都主帅完颜承晖在奋力抵抗两年后，服毒自杀了（还有记载是悬梁自尽），其余大部分守军投降。

蒙古军占领中都，太祖下令将中都城府库中的财物运往蒙古草原，随后又下令允许蒙古将士入城抢劫。中都陷入一场灭顶之灾，大火月余不息，一座繁华的都城变成了废墟。

太祖采纳部将的建议，注重网罗人才。耶律楚材和郭宝玉就是在这时归顺的。耶律楚材前文已经交代清楚，这郭宝玉是制造火药和大炮的高手，他的孙子就是郭侃。

太祖吸取中原先进技术，组建了蒙古炮军，注重攻城以炮石为先。后来，太祖封木华黎为太师、国王，全权统率蒙古军、汪古部军和投降蒙古汗国的纥军、汉军攻金，太祖则率领主力军西征。

这木华黎不同于他的大汗，他赴任后改变以前肆意杀掠的做法，重用降附蒙古汗国的汉人世侯（下文专做交代），接下来他攻取辽西、河北、山西、山东各地数十座城池。这回不是打一枪就跑，而是将这里交给世侯们管理，设置官属。这样壮大了蒙古军的力量，不战而取大片土地。

在黄河以北地区，蒙、金属地犬牙交错，经常发生战事，但大规模的战争却不多了。因为太祖把精力放在了西征和征服西夏上，大金国得到了短暂的喘息。

这时轮到新大汗窝阔台了。窝阔台汗二年（1230）秋，窝阔台与拖雷率军渡过大漠南进，兵入山西，渡过黄河，与陕西蒙古军会合，直取凤翔（今陕西凤翔）。第二年春天，蒙古军攻破凤翔，金国放弃京兆的大片领土，扼守潼关，退保河南。窝阔台这次攻金，不同于他的老子，主要倚重的还是汉人，说得再具体些，就是金朝统治区的汉人世侯。

上文提到，蒙古汗国所说的汉人，是蒙古人对所有辽、金、色目人的统称，其中也含有许多其他民族，比如契丹、女真等民族。他们把南宋属民称为南人。军队也照此例，称为汉军和南军。

窝阔台比他老子高明不少。太祖对汉人防备极严。太祖时代，这些汉人，空有一身本领无处施展。窝阔台汗真的比其父高明吗？非也，大家不要忘了，他有一个汉人谋士啊，大胡子耶律楚材。他极力劝谏大汗重用这些汉人，给予谋士高官，厚禄就不必了，这些世侯们不差钱。

那么，这些世侯是什么？

金朝宣宗皇帝南迁汴京之后，黄河以北的大多数官员都挂印而逃。大家试想一下，这片土地本来是老赵家的，现在老赵家跑了，大辽国耶律家来了，这时宋朝的这些官员们还没一起跑。剩下的官员基本原官职不动，为辽国服务。谁知这辽国又灭亡了，来了邻居完颜氏建立了大金国，不过数年间，又成了孛儿只斤的大蒙古汗国，这真是"城头变幻大王旗"。

在这时，一些豪强地主、低级官吏看清了局势。他们高高地打出"保境安民"的大旗，招兵结寨，各据一方。他们心里门儿清，这乱世才好招兵。乱世之下白骨遍野，民不聊生。

就在这时，有人打出招兵旗，这岂不又有了一条活路？既可以保住自己，又可以保住家人。

"打出招兵旗，就有吃粮人"，招兵旗往那里一竖，立刻就排起长队，不用做宣传。招兵官实实在在地做了一回"甲方"，眼睛都瞅到天上去了，不耐烦地说："在这儿登记，不会写字就说出家庭住址，说错了砍你的脑袋。"

"好的，军爷。我先问一句，有军饷发吗？"

"靠边，下一个！"

"好吧，军爷，不说什么军饷了，发点粮食吧，家里人饿死好几个了。"

"靠边，下一个，真磨叽。"

"军爷，别生气，我都不要了，有白面馍吃吗？"

"滚，下一个！"

"好好好，我说地址，高家庄马家河子的。"

"好吧，换上衣服，拿着这个单子，那边有粥棚，管饱，还发给两斗……"

这人高兴了，这不还有两斗粮食嘛，幸福得快晕过去了，赶紧说："有粮食就好，真好。"

你想多了，哪里来的余粮？是米糠。

就这样，招兵从来没有这么痛快过，因此黄河以北就有大大小小的地方武装几百处。各处武装"少则千余人，多则十几万"。这些世侯一是想保命、保财产、保地位，二是想趁机谋图更大的富贵。

不管你是大金国、大蒙古汗国、大宋国，哪方对自己有利，哪方就是自己的老板，自己的武装就归他了。哪天这个老板对自己不好，没关系，把老板炒掉。如果原来的老板难为过自己，这还正好，和新老板一起，把老东家吊打一顿。

这些世侯武装在蒙古汗国进犯后进行了大洗牌，抵抗的剿灭，投降的升官。那么，这么多地主武装，谁来剿？谁来抚？蒙古汗国有那么多兵吗？

在窝阔台大汗之前，有木华黎国王，他死后有他的儿子孛鲁国王，他们带着蒙古军和探马赤军的铁骑（充其量不过三万人）。后来窝阔台汗实行的斗争策略，着实让人拍案叫绝："大军优待俘虏，缴枪不杀"，赏赐丰厚。

投降的这些世侯大喜过望，听从蒙古汗国调遣。

窝阔台成功了，只要是他看谁不顺眼，就喊这些世侯，那真是势如破竹、所向披靡啊。

当时最有名的是大汗立的三个万户，大汗令他们统领汉军，那就是刘黑马、史天泽，还有一个大家都耳熟能详的张柔。除此以外，后来还有东平路的行军万户严实、济南红袄军张荣、益都红袄军李全。

到下文我们还要专门介绍他们，因为他们改变了历史，也留名历史了，注意，笔者写的不是留名青史。

咱们先说汉人第一世侯张柔，他是金末时期中原地方武装首领之一，字德刚，易州定兴（今河北定兴）人。历史记载，张柔"少倜傥不羁，读书略通大义，工骑射，尚气节，喜游侠"。他和其他世侯一样，也是趁蒙古军南下中原、河北大乱时，聚集乡邻亲族数千家结寨自保，被金朝任为定兴令，那年他才二十几岁，也是比较早的中原世侯，后来做到中都留守兼知大兴府事。

大家一看原来是大金国的官员啊，是被招安的，那怎么成了蒙古军呢？在和蒙古军交战时，兵败被俘，降了，就这么简单。太祖封他为行军千户。张柔的春天来了，为了报答太祖的"知遇之恩"，又为了扩大自己的地盘，张柔作为蒙古汗国的部将，攻下易州（今河北易县）、安州（今河北安新）、保州（今河北保定）、雄州（今河北雄县）。窝阔台登上汗位，采纳了耶律楚材的建议，重用汉人，升张柔为保州等处都元帅。

又过了两年，张柔再次大举进攻，控制了黄河以北、真定以东三十余城以及许多山寨，于是"威震河朔"。这时，张柔开始着手恢复经济，劝课农桑，设立学校，恢复了这里的农业生产，将这里建成自己的可靠地盘。窝阔台汗四年（1232），蒙古伐金，这些世侯该上场了，张柔奉命随速不台围汴京。这是大金国最后一个都城了。

人们常说，"狡兔三窟"，可这完颜家族更厉害，他们大金国有五个都城。上京会宁府（今黑龙江阿城）、东京辽阳府（今辽宁辽阳）、西京大同府（今山西大同）、中都大兴府（也称中兴府，今北京）和南京开封府（也称汴京，今河南开封）。

写到这里，不免令人一声长叹：祖宗披坚执锐，宵衣旰食，冒矢石，斩荆棘，打下了万里江山，满心想留下万世基业，到头来后人不能保，可叹可悲。

打下汴京时，窝阔台大汗下令禁止屠城，张柔对大汗的这道谕旨非常赞成。张柔召集部下训话，指着远处扎营的速不台说："他们也是大汗的臣民，他们会遵旨的。即使不遵旨，我们也不要学他们。今天我下一道死命令，现在不是战争时期，不准杀戮（自今以往，非与敌战，誓不杀也）。"

汴京守将降，速不台正在带兵抢掠，张柔却带兵去史馆运走了《金实录》和秘府图书；"又访耆旧望族，护送北归"。

通过这几件事，大家可以看出，他可不是只会打打杀杀，没有他，不知道有多少百姓遭殃，多少古籍文册毁于战火。没有张柔，《金史》会不会和西夏史书一样，残缺不全呢？

第八回

▼

蒙金再约架

窝阔台汗六年（1234），张柔入朝觐见窝阔台大汗，窝阔台大汗表彰了他的战功，升他为万户，授予他金虎符，他上马管军、下马抚民，成为独据一方的汉军首领之一。在以后征讨南宋的战争中他屡建奇功，还有他的两个儿子张弘范和张弘略，这是后话。

下面再说一下李全，这也是我们绕不开的人物。他是金国潍州北海（今山东潍坊）人。为反抗金朝的黑暗统治，在山东、河北一带爆发了规模很大的红袄军起义。史书记载，这红袄军起义是在金朝的压迫下举行的反抗官府、杀富济贫的农民起义。

这红袄军开始时是鲁东地区帮会性质的组织，没事给人家看场子赚几钱银子花花，后来看民心可用，登高一呼，高举义旗，拉起了队伍。

当时最大的起义是山东益都人杨安儿（本名杨安国）领导的起义。

咱们先介绍一下杨安儿。杨安儿的父母、兄长在蒙金的第一次战役中丧生。杨安儿把这笔血债记在了金国的头上。他武艺高强，平时以授徒为生，自称是宋朝名将杨业之后，是杨再兴的曾孙，他妹妹就是大家耳熟能详的"四娘子"杨妙真，一把梨花大枪使得神出鬼没。从他们的杨家枪法来看，他们的说法是可信的，毕竟有杨家枪在那里作为证据。

金宣宗南迁前夕，杨安儿起义军日益壮大，以青、潍、密、莒诸州为中心，活动地区扩展到整个胶东半岛。杨安儿称王，设置官属，改年号为"天顺"。这李全喜欢习武，是杨安儿的大徒弟，弓马娴熟，善使铁枪，人称"李铁枪"。

《宋史》对李全的记载篇幅可不小，用了整整两个章节，这在史书上可是难得的"殊荣"。为什么打上了引号呢，因为《宋史》中的他记载在"叛臣"那一栏里，他是以反面人物出现的。开始时他和杨安儿一样，父兄也在蒙金战争中丧生了，又因为他是杨安儿的徒弟，杨安儿起义时，他也在潍州拉起几千人响应。

打出招兵旗，就有吃粮人，他的队伍迅速壮大。和杨安儿一样，他们都被称为"红袄军"。杨安儿壮烈牺牲后，队伍就交给了李全。李全不负众望，迅速占领了鲁南和皖北地区。但是，他背叛了起义军，投降了官府。投降了哪一方？这句话真把笔者问住了，是啊，哪一方？让我们理一下。

好像哪方都是，又好像哪方都不是。他先投降了大金，后来蒙古人来了他又投降了蒙古人。宋朝看他的手里有人、有武器、有地盘，也极力拉拢他，封他为武翼大夫及京东副总管。但是，他哪家都不真降，他只想做一个乱世草头王，在鸡蛋上跳舞。

大家听明白了吧，世侯啊，这不就是上文提到的世侯嘛。的确如此，他成了一个新兴的世侯，而且是真正的"三姓家奴"，但是这样的人不会有好下场。在窝阔台汗三年（1231），他彻底和大宋朝翻脸。宋朝也没惯着他，先停了他的粮饷，后来又限制他的地盘，把他逼上绝路，图穷匕见，他真的反了。后来他被宋朝名将赵范、赵葵果断杀掉了。

大家自然会想到"四娘子"杨妙真，那可是历史上少见的女英雄，她干吗去啦？她嫁给了李全。俗话说得好，"嫁鸡随鸡，嫁狗随狗，嫁根扁担扛着走"。干吗去？和老公一起打江山。

大家都知道这李全在历史上的作用之大。但是，他哪国都靠，哪国都不真心投靠，他脚踩多条船，在鸡蛋上跳舞，最后被宋军所杀。他的儿子李璮，在金国灭亡后，在大宋和蒙古两方之间周旋，风生水起，但是很不幸，最后也被杀掉了，这也是后话。

接下来讲一下史天泽这位在大元帝国做到右丞相（以右为尊）的汉人，到底是一个什么样的人。

他名字叫天泽，字润甫，燕京永清（今属河北）人。史料记载，史天泽祖上财力雄厚，为乡里大姓。到他老子史秉直时，正值金国末年，国家衰乱，各地地主武装（世侯）大多数据地自保。

史秉直也深知有枪便是草头王的道理。但是他不同于其他的世侯，史秉直才高八斗、学富五车，在当地很有名气。史天泽是他的第三子。史天泽善骑射，勇力过人，而且手不释卷，读书有成。

第一次蒙金战争时，木华黎攻进永清，史秉直率数千人到涿州（今河北涿州）迎降。于是，木华黎命令史秉直仍统率部众，屯驻霸州（今河北霸州），封其长子史天倪为万户，史天泽任帐前总领。

后来金朝真定经略使武仙以真定（今河北正定）投降蒙古汗国，木华黎任命史天倪为河北西路兵马都元帅，守卫真定，任命武仙为副帅。

成吉思汗二十年（1225）春，武仙叛乱，杀了都元帅史天倪。史天泽派监军李伯祐向蒙古汗国国王孛鲁请求援助，孛鲁是国王木华黎的儿子，他在木华黎死后袭爵。

孛鲁命令部将率军三千兵马援助史天泽，史天泽承袭河北西路兵马都元帅。两军会合后，合攻卢奴（今河北定州）。

武仙的部将葛铁枪率部迎战。自古哀兵必胜，史天泽的大军都身穿重孝，仇人相见，分外眼红。尤其是史天泽，杀兄之仇不共戴天（当然，对于这些世侯，为了一把交椅，也可以杀兄灭弟，甚至可以弑父）。于是史天泽身先士卒，将士们勇气倍增，以一敌十。葛铁枪被俘，余部溃散。史天泽军威大振，随即下中山，攻下无极和赵州（今河北赵县），然后进军野兴，与前来赴援的六哥史天安所部会合，共击武仙，一举收复真定。

史天泽以真定为中心，任用原金朝治下的儒士和官员。他缮城壁、修武备，招集流散、存恤穷困，在几年之间，根据地大治。他以这里为本，成为汉人的一大世侯。

　　下面再说一下刘黑马其人，他虽是各路世侯之首，但从严格意义来讲，他本身就是蒙古官员，也生于斯，长于斯，虽然是在漠南，但也是真正的喝马奶、吃牛羊肉长大的，是在马背上摔打出来的半个蒙古人。

　　有人会问，他们为什么称作"世侯"？因为他们都依蒙古汗国例，"上马管军，下马牧民"，自己任命官吏，征收赋税，平明狱讼。大多是父死子继或兄终弟及，"世袭相传，专制一方"，也是各个朝廷拉拢的对象。

　　另外还有一些中原的文人墨客、儒家典范、理学大师也都穿过大漠，抵达漠北，效忠于大蒙古汗国。

　　蒙古汗国窝阔台三年（1231）夏，窝阔台在居庸关北的官山（今内蒙古自治区单资北灰腾梁）大会诸侯王，商讨攻金之策。

　　拖雷提议：哥哥，你贵为大汗，应该统领中军，你就走中路吧，把最能打的塔察儿给你。三人同行，小弟受苦，把绕道汉水的光荣而艰巨的任务交给我吧。

　　窝阔台大喜：好啊好啊，真是好兄弟，不和哥哥我争功。说吧，什么条件？

　　没条件，我怎么能和大汗谈条件呢？我只是想带自己的本部人马，自主选择进攻路线。

　　大汗很生气：这还不是条件吗？有比这更苛刻的条件吗？你带去十万蒙古大军，朕还有兵吗？窝阔台作为大汗，喜怒不形于色：好啊，辛苦弟弟了，打下中原，少不了你的好处。于是窝阔台采纳拖雷的意见，兵分三路进军。

　　窝阔台自统中军，率塔察儿部渡河向洛阳进发；斡赤斤率左军由济南进军；拖雷总右军，由宝鸡南下，通过宋境，沿汉水达唐州、邓州，以成包抄之势。约定于第二年正月，三军会师汴京。

这时的大金国皇帝是金哀宗完颜守绪。他是一个比较有作为的皇帝，只是大金国日薄西山，好日子早过去了。现在金国北有强敌，南有长江天险，总不能和卫绍王一样抱头痛哭吧。

不能，坚决不能。于是完颜守绪做了件让人大跌眼镜的事：南攻宋朝。这宋朝是被他们大金国打服的。金国的地盘一天天变少，宋朝那么多地盘，又是自己的侄子，给叔叔用一些吧。另外，这一天天的花销不少，你们当侄子的每年的岁币都不给了，也确实欠揍。

此外，完颜守绪还做了许多出乎意料之事，这是后话。

窝阔台想通过宋朝领地，宋朝允许吗？是啊，我们都知道，大蒙古汗国把中西亚各国，包括东欧地区打得人仰马翻，为什么这个南宋能稳坐江南？当然是因为中间有大金国作为缓冲地带。

但是自从蒙古汗国灭掉了西夏国，大宋朝和蒙古接壤的地方也不少。蒙古汗国也不是没动过心思。但他不敢。南宋这时候虽然偏安江左，可是也有一百多万军队，火炮、连环弩那也是当时世界最先进的武器。还有让蒙古汗国、金国闻风丧胆的几员大将：余玠、孟珙、杜杲和吕文德。

尤其是孟珙，那可是岳家军的嫡系传人，下文专门介绍他。另外，宋朝城市都是城高池深，蒙古人擅长野战，攻坚就不是他们的强项了。两国也不是没较量过，大多数都以蒙古军队失败而告终。

有人会想到辽、金对宋朝的欺凌，那简直就是想怎样就怎样。既然如此，那为什么不渡过大江去把大宋的万里江山收入囊中呢？大辽国、大金国哪个不想？做梦都想。南下了几次，都落个丢盔卸甲、狼狈败北的下场。

话说回来，这鼎足而立的局面挺好，难道大宋的理宗皇帝不知道吗？他当然知道。那他也要借道给蒙古军队。我们都知道，大金国和大宋国那是血海深仇啊。"靖康之耻"，南宋朝廷岂能忘哉？靖康年间，大金国攻破东京汴梁（今河南开封），掳走宋徽宗、宋钦宗父子和赵氏宗亲、后宫嫔妃、文武百官三千多人，二帝"北狩"，受尽凌辱。

第九回

岳鹏举穿越

南、北二朝这梁子结大了，无法排解。别说宋理宗了，就是他的曾祖爷爷高宗赵构，登基后"每思二帝，不思饮食，几不欲生"。他一想起两位皇帝还在"北狩"呢，茶饭不思。

那他一定盼着直捣黄龙府，救出二帝吧？没有的事！广大的吃瓜群众想多了。文臣武将们确实想了，比如岳鹏举（即岳飞），但是，他的下场如何？不管咋说，和大金国的梁子是结下了，至于盼回二帝，那就两说了，天无二日，国无二主，一下子回来两个，赵构怎么办？还是等二帝被折磨死后再报仇吧。

这里我们要介绍一位南宋的大将，大家都知道的岳鹏举。哦？岳鹏举死了好多年了。不错，他手下的一个部将有个孙子叫孟珙。孟珙，字璞玉，随州枣阳（今湖北枣阳）人，原籍绛州（今山西新绛）。孟珙出身将门，曾祖孟安、祖父孟林都为岳鹏举部将。大家看一下，是不是和岳鹏举有关？

孟珙早年随父抗金，深受岳家军的影响，他一生的信条就是岳鹏举的《满江红》，"壮志饥餐胡虏肉，笑谈渴饮匈奴血，待从头，收拾旧山河"。在他不算太长的一生中，气贯长虹，可谓大宋朝的擎天之柱。

孟珙生于将门世家，曾祖孟安是岳鹏举的部将，曾立过军功。祖父孟林也是岳鹏举部属。其父孟宗政在开禧北伐中崭露头角，被授京西兵马钤辖一职，镇守襄阳。

孟珙是孟宗政的第四个儿子。史料记载，从少年起，孟珙就被孟宗政养在军中。军旅生涯的锻炼，使他不仅练就了精湛的武艺，而且还培养出了对战场形势的敏锐观察力。在和金国的襄樊大战中，宋朝首战败北，兵败如山倒，年仅二十岁的孟珙没有看到父亲，单枪匹马又杀了回去，众将苦劝不住，只好带着骑兵随他救人。孟珙远远地看见白袍白马的父亲在敌人的队伍中，大声喊道："那是我的父亲，众将随我杀敌！"他立即率骑兵杀进敌阵，救出父亲。千军万马中如入无人之境，可谓军中赵子龙。这不像是岳鹏举的旧部，倒像是岳鹏举又复活了，穿越了。

大金国灭了辽国后，逐渐腐化堕落，而他的宗属地蒙古部落逐渐兴起。随着蒙古的崛起，首当其冲的是大金国。而不可一世的大金国节节败退，首都被迫由中都迁到了宋朝故都汴京。

这时宋朝正偏安江左，一直以侄子之礼侍奉大金国，每年还要纳贡，就是献岁币。本来嘛，看到叔叔挨打，那就应该挺身而出，帮助叔叔一把，教训一下外人。可恰恰相反，墙倒众人推，这时大宋朝也得挺直腰杆了。于是宋朝以各种理由拒绝给金国献岁币。其实这点岁币对南宋来说算不了什么负担，而对军费开支骤涨的金国却是一笔大收入。

刚到汴京坐下喘口气的金宣宗，在大臣们的撺掇下，认为金军打蒙古汗国兵力不足，打胜宋军那还是绰绰有余的，堤内损失堤外补，他们居然想把蒙古人造成的损失从南宋身上补回来。这样金朝和宋朝打了七年。打仗打的是钱粮，大宋朝不差钱，连着打七十年也不怕。而金朝就不行了，伤筋动骨，国势日益衰微。

孟家军作为主力痛打了金国，孟珙名声大噪，他的父亲去世后他承袭了父亲的官职，知黄州（今湖北黄冈）。当年秋天，窝阔台亲统兵马围攻河中府城（今山西永济），金兵拼命抵抗，打了两个月，才将城攻破。接着蒙古大军由白坡渡河，进屯郑州；金卫州节度使弃城逃到汴京，黄河防线被突破。而这时拖雷率军攻破大散关，攻入汉中，从金州（今陕西安康）东下，取房州、均州，在光化军渡过汉水，进入邓州地界。

这里还要交代一下，拖雷继承他父汗九成的蒙古军，十几万人。加上拖雷本身就有指挥的军事才能，短短半年时间，斩将搴旗，势如破竹，于当年冬天到达三峰山。他的目的很明确，歼灭金军主力。

在邓州的完颜合达听说汴京危急，在窝阔台四年（1232）正月率所部骑兵二万、步兵十三万，合计十五万大军北援，再加上原有驻守人马，足足有二十万精兵。

这完颜合达那可是大金国赫赫有名的战将，还有一位大家耳熟能详的完颜陈和尚。这两位都是世袭的猛安谋克（都是部落联盟长，开始时一百户为一谋克，三百户为一猛安，后来增长三倍），是令蒙古人闻之色变的大将。曾经有几次打得蒙古军满地找牙。可这次这两位都不是主帅，主帅是移刺蒲阿，一个刚愎自用的家伙。

金朝的将帅们已经知道蒙古人正在准备渡过汉水，大家商议对策，完颜陈和尚建议："大帅，蒙古军来势汹汹，一路斩关夺隘，士气正盛。现在既然知道他们渡河，末将以为应乘敌人半渡而击之。"半渡击敌，这是兵家常用的战法，将领们都同意。

但是主帅移刺蒲阿不同意，他说："不要长他人志气，灭自己的威风。让蒙古军渡河，放马过来，然后在禹山的崇山峻岭消灭敌人。"

我们不得不说，这是一条好汉，男子汉大丈夫光明磊落，岂能做苟且小人之事？明刀明枪地打一架，打输了就认输。

笔者不由得想起了宋襄公，他和楚成王在泓水交战，楚国军队还没有全部渡河时，目夷建议："对方人多，我们人少，趁他们没有完全渡过河就攻击他们。"襄公不听，数落了目夷几句，说他乘人之危，不讲道义。楚人已经过了河，但是还没有布好战阵，目夷又说："现在可以攻击了！"宋襄公说："等他们布好阵列吧！"等楚军布好了阵，宋军发动进攻。结果讲道义的宋师大败，宋襄公的大腿受了重伤。

这已经成了历史上教科书似的经典笑话。

移剌蒲阿，你是一条好汉，是宋襄公那样的好汉，你太不了解蒙古军了。蒙古军的特点——狼性多疑，不打无准备之仗，蒙古军总算借道大宋朝从湖北杀到黄河，拖雷率军全军戒备渡过汉水，金国人并没有趁其半渡而击之，于是拖雷心中大喜，双手仆地，感谢长生天，感谢父汗的保佑。于是下令进军，在禹山与金军遭遇。

拖雷看金军三军整肃，甲仗鲜明，阵形严密，不知虚实，不敢贸然出击，命令小部分军队试探性地做了小小的接触。结果大败，于是拖雷下令后退二十里，扎下大营。金军也不追赶，只待第二天厮杀。

第二天，探子来报，蒙古兵一夜之间全部没了踪影，几万人来无影，去无踪。

第三天，移剌蒲阿心里疑惑，又恐怕中计，令三军不准妄动，违者立斩。午后，金军抓住两名蒙古军的探子。

移剌蒲阿知道兹事体大，不敢懈怠，亲自审问。这两人说："禀告帅爷，我们不是探子，是来投诚的。我们已经断粮了，三天没吃东西了。我们王爷看贵军整肃，守卫严密，不想打了，已经渡过汉水南归了。"移剌蒲阿半信半疑，怕中了奸计，派人去侦察。

第二天侦察人员带回来十多名蒙古兵。他们都衣衫褴褛，移剌蒲阿下令给他们上饭，他们一个个吃得狼吞虎咽。吃饱喝足后，向金军将领们哭诉，他们是如何的艰难，大营里已经没有粮草了，只好南撤，他们是来投诚的。

这时移剌蒲阿才相信蒙古人南渡了，他心里很开心：蒙古军怎么了，本帅征伐几十年，让你们也见识一下中原人是怎么行兵布阵的。他得意洋洋地开始重新调整部署。

谁知过了几天，这几个吃饱喝足也穿暖的蒙古兵骑着好马跑了，移剌蒲阿这才知道他们是来打探虚实的。他不免对他们提供的情报产生怀疑，于是派出斥候四下打探，发现拖雷大军并没有南渡。但是他四处打探，也不见这十万人马的踪影。移剌蒲阿有些沉不住气了，干脆撤离禹山，回防邓州，以免邓州有失。

拖雷是一个捕猎高手，是一位优秀的军事家。那天他和金军稍一接触，就已经发现，金军兵精粮足，士气正盛。

第一避其锋芒，使彼师疲惫；第二敌军到底有多少兵马还是未知，自己带队敛迹遁形，派出探马四处打探。他得知金军竟然有二十万之众，于是决定不和他们硬碰硬，采用灵活的游击战术。

看来移剌蒲阿和完颜合达上当了。拖雷干脆改变作战计划，放弃邓州，挥师北上，攻下唐州（今河南南阳），直接攻打汴京。他把部队分成数队，分散北进。这就是蒙古军队的强项，机动作战，千里奔袭。这也曾经是大金国的强项，只不过此一时彼一时了。大金国的金戈铁马变成了"天上人做的皇上"，失去了往日马背上的雄风。

这时拖雷明白，移剌蒲阿一旦发现，定然会尾随而来。在接连攻下泌阳、南阳、方城和襄城后，他下令把带不走的粮草辎重尽皆烧毁，使移剌蒲阿在追击中得不到补充。

拖雷最值得称颂的一笔是，他留下了三千人的部队，用来拖住金兵。完颜合达得到情报，蒙古军大队人马北去，明白了拖雷的意图，知道他们去攻打汴京了，不免大惊失色。这可不是闹着玩的，那可是大金国的都城，先不说攻下与否，只要这队蒙古军到达汴京城下，一定会"朝野震动"，城里也会乱作一团。

于是移剌蒲阿下令三军，轻装前进，追上敌军主力，决一雌雄。这个命令下得太草率了，他以为，沿途各城还能没有粮秣？这一念之差，葬送了这二十万人马，也葬送了大金国的万里江山。

三千断后的蒙古部队，紧紧跟在金军的后面，专在金军吃饭和宿营时挑战，弄得金军不得休息，疲惫不堪。这天晚上蒙古军队移营了。金军派人打探，又不知他们到哪儿去了，营火也熄灭了，毫无一点消息。

一连四天见不到蒙古军队，也见不到营垒，完颜合达心里疑惑，派出斥候四下打探，回报说，邓州送给养的和过路人络绎不绝，没有人发现蒙古军队。

其实蒙古军就停留在光化对岸的枣林中，饿了，就吃带的马肉干，渴了就喝马奶，夜间不解甲、不下马、不举火，以迷惑金军。但是这种情况已经被金军侦察到了。完颜陈和尚建议全线出击，向枣林投放火箭。

移剌蒲阿认为这是拖雷的诡计，告诉部将，见怪不怪，其怪自败，咱们尽管赶到均州，他们只有三千人，随他们去闹就是了。于是金兵紧追蒙古军大部队不舍。

金国将领眼看到达三峰山了，这三峰山在均州西南地区，因三座山峰连在一起绵亘不绝而得名。谁知此时天气突变，大雪纷飞，白雾满天，连人影都见不到。雪一连下了三天，作战的地方有许多麻田，大多犁了四五遍，人马踩下去陷到膝盖。

军士们身穿甲胄僵立在雪中，武器结冰了，拿都拿不住，还打什么仗！尤其是金兵在一路行军中得不到补给，士兵们已经三天没有吃过饭，士气低落。

这时拖雷以逸待劳，他早在这里等候金军了，蒙古军队和河北世侯的军队会合在一起，从四面八方合围过来。他们架起柴火烤羊肉，轮番休息，骚扰金兵，这是"敌驻我扰"的战术。

蒙古军乘金兵困乏不堪，发动全面进攻，金兵大败。金军真是兵败如山倒，溃败之声有如天崩地裂。拖雷还故意放开通往均州的道路让金兵逃走，在路上设下埋伏。金兵大部分被歼。

移剌蒲阿被活捉，被押到官山，拖雷问他投降不投降。反复问了几百句，他只是说："我是金国大臣，只应死在金国境内。"于是被杀。

完颜合达、完颜陈和尚率金军残部退至钧州城内，钧州也很快被蒙古军攻破，完颜合达战死。陈和尚亲自来到蒙古军营，自报家门。人们把他绑起来押到大帐，拖雷以为弄错了，于是亲自审问。

完颜陈和尚说:"我就是忠孝军总领陈和尚,大昌原战胜你们的是我;卫州战胜你们的也是我;倒回谷战胜你们的还是我。我如果死在乱军中,人们还以为我死在逃跑的路上。今天,我不想不明不白地死去,要死也要死得光明正大,天下定有了解我的人。"

拖雷爱惜人才,想要他投降,看他不为所动,就对他用刑。陈和尚宁死不屈。史料记载,拖雷先斫足折胫,又从口到耳割开他的脸部,陈和尚喷血呼叫,至死不绝。蒙古军主将塔思佩服他的忠义,看他死了,以酒洒地祝祷:"好男子,他日再生,当令我得之。"

第十回

完颜陈和尚

　　完颜陈和尚叫完颜彝，字良佐，小名陈和尚。人们都叫他小名，叫习惯了，反而不知道他的大名了，更有甚者，以为他姓陈。其实这时他还是金国的犯人，是假释或者说是缓刑的犯人，担保人是皇上完颜守绪。

　　由于完颜陈和尚在史书上是以正面形象出现的，这一定是冤狱了。可以这样去想，但是从严格意义来讲他也不算是太冤枉。五年前他和自己的哥哥完颜斜烈一同赴任，他做哥哥的佐贰官。哥哥病了，不管于公于私都得完颜陈和尚署理政事。公事也不算太多，有司都各负其责，他一切做得也很顺手。

　　但这中间出现了一个小插曲，几乎要了他的命。

　　当时他手下有两个军官相互斗殴，到陈和尚面前申诉，其中一个叫葛宜翁的先动手。陈和尚令军士杖打了他十军棍。葛宜翁性格暴躁凶悍，为国家屡建战功，因一点小事，当众受辱，竟郁郁而死，留下遗言要妻子为他报仇。

　　他的妻子倒是听话，分别向御史台、尚书省、近侍官申诉，告完颜陈和尚的状，说完颜陈和尚因私人恩怨而侵犯他人职守，故意杀害她的丈夫。

这还不算，她在龙津桥南堆积柴草，声称如果不治完颜陈和尚的罪，她就自焚向丈夫谢罪。

这样一来完颜陈和尚被御史弹劾，御史台的官员们认为他握有兵权，肯定是随意专断，滥施刑罚，违犯国法，应当处以死刑。他们把这个意见奏报给金哀宗，但因证据不足，一直不能决断。完颜陈和尚在狱中一待就是十八个月。

这时完颜斜烈任职到期，进京面圣。他见到皇上，一句话也不说，跪地不起，哭个不停。金哀宗完颜守绪见他身体瘦弱，无精打采，感到十分吃惊，就问他："你为什么这么瘦？难道是因为你弟弟这场官司还没解决的缘故吗？你尽管去吧，朕现在就赦免他。"

但因御史台、谏议院的官员再次提出意见，金哀宗没敢赦免完颜陈和尚。

金国虽然是"龙兴化外"，可两百年过去了，完完全全中原化了，官员也大多数是汉人，即使有一些少数民族的官员，也大都是以学习儒学为主，行的是圣人之道。这些官员一旦驳斥起别人来，那是引经据典，口若悬河，滔滔不绝。如果皇上一旦有问题，那就会群情汹汹。

不久，完颜斜烈去世。给金哀宗留下奏折（其实这时候不叫奏折，称为奏疏，直到明朝时才叫奏折，为了方便，我们也暂时叫奏折吧），上面写了个大字："冤。"皇上看到后，也不管什么御史台、谏议院了，派人去赦免完颜陈和尚。

金哀宗当面对完颜陈和尚说："有司告你凭私人怨气杀人，你的兄长死了，朕失去一位名将，现在因你兄长的缘故，朕徇私赦免你，天下一定有人议论朕。今后，你要奋发努力，建立功名，国家得到你的大力扶助，天下人才会知道朕不是随意赦免你。"

陈和尚边哭边拜，连一句表示感谢的话都没能说出。那些爱挑刺的儒臣们也只好闭嘴了。人家的哥哥都死了，这也关了快两年了，还能说什么。慢慢来，到时候你对不起朝廷，咱们老账新账一起算，也包括完颜守绪。

完颜陈和尚不负众望（其实是不负皇上期望），率领忠孝军在大昌原、卫州、倒回谷大败蒙古军，这次遇见这样一个草包主帅，也认了，就是换个主帅，又能怎么样，大厦将倾，谁人能支？他倒来去分明，大张旗鼓地求死，一是算对得起皇上了，二来也给那些诤臣们一个交代。

三峰山之战是蒙金战争期间的一场决定性战役，经此一战，金军不仅精锐尽失，还损失了完颜合达、移剌蒲阿两位主帅和完颜陈和尚等主要的将领。至此，大金国已经是摇摇欲坠，离覆灭不远了。

拖雷大获全胜，其实在开战之前，随行参军曾提醒他，等另两路大军到达时再行攻击。拖雷也算是一个有智谋的人。他明白大汗一直在猜忌他，就是因为他的军队和兀鲁思。但是他久经战阵，战机稍纵即逝，这个道理他明白，一旦给金兵喘息的机会，他们的援军到达，那就会前功尽弃。

正在这时，斡赤斤的部下到了，他们的部队经过短暂的休整，随后攻下钧州。潼关守将也献关投降。窝阔台的"御林军"也连续攻破河南十余州。窝阔台与拖雷在钧州会师。

下一步当然是进攻汴京了。我们对汴京都很熟悉，就是今天的河南开封，春秋时这里就曾建城，此后五代的梁、唐、晋、汉、周和大宋朝，都将这里作为国都。但是对它的称呼一直在变：大梁、陈留、汴州、汴梁、东京等。汴京城所在的位置属于中原腹地，也是华北平原腹地。就军事方面来讲，这里不是一个绝佳的建都之地，此地易攻难守，尤其是当北方入侵时，过了太行山就到达豫东平原。

这岂不正适合北方游牧民族征伐？这古代的君王都是傻子吗？当然不是，北方的各种天然屏障姑且不论，就单拿汴京来讲，水乡处处，河湖纵横。

南有黄河、淮河两大水系，周边有惠济河、马家河、汴河、贾鲁河（元朝后得名）、涡河等，是一个标准的水城，在冷兵器时代，这里很适合建都。

窝阔台和汉军世侯们商量，大家一致认为，先围而不打，待城内弹尽粮绝再一鼓而下，大汗然之，于是令大将速不台进围汴京。这时辽东告急，窝阔台看这里没有什么大的战事了，与拖雷北返巡幸辽东和兀良哈地区。速不台围攻汴京，金哀宗完颜守绪遣使议和，而汴京军民奋力抗战，用震天雷、飞火枪等火药武器打击蒙古军。

但是这时，有两百万人口的汴京城内一片混乱，城内自入夏后瘟疫流行，死者达十万以上。史料记载，"城中乏粮，至人相食，满城萧然，死者相枕"。但是城中军民仍然顽强抵抗。到了窝阔台四年（1232）年初，金哀宗完颜守绪看顶不住了，干脆扔下老婆孩子，带部分臣僚和军队出奔，"西幸巡狩"，金哀宗辗转逃至归德（今河南商丘）。

这时，汴京留守的将领得知皇上"巡狩"，一下子气馁了。干脆献城投降了。

历时一年多的汴京保卫战宣告结束。

四月，速不台在青城接受金朝将领送出的金朝后妃、宗室和宝器。速不台杀金荆王、益王等全部宗室近属。遣人送后妃和宝器给窝阔台，而后进入汴京。蒙古军大肆抢掠，为了泄愤，屠杀十几万人。这时窝阔台汗已经颁布了法律，速不台为了掩盖罪证，一把火烧掉了抢劫过的各处大宅，烧死的还有后宫嫔妃及民间女子。整个汴京及周遭地区十室九空，哀鸿遍野。

这正是金兵在一百年前在这里做的事，谁承想百年后轮到了自己，难道说真是冥冥中自有天意吗？

金哀宗完颜守绪从归德逃奔蔡州（今河南汝南县），蒙古宗王塔察儿率部围攻，因军中缺粮，将士困惫，蒙古要求与大宋朝联合攻蔡。大宋朝廷二话没说，要粮给粮，要人给人，帮助蒙古军攻蔡。

三峰山之战后，金军大部主力被击溃，名将完颜陈和尚等阵亡。金将武仙（上文有交代，也曾经是蒙古汗国将领）逃生之后，又跑到了南阳的大山里收拢溃兵，竟然数月之间就得众十余万，声势大振。而金哀宗完颜守绪，把朝廷先搬到归德府，又迁到蔡州。他为做坚守之计，下诏命武仙勤王。

武仙奉诏入见。由于蔡州难守，金哀宗和武仙就想出了一个非常大胆的计划：有些类似耶律大石入中亚建立西辽、刘备取川。他令武仙夺取南宋的四川作为落脚之处；如果夺取不了，就改夺进军路上的宋军的粮饷。

这时蒙、金两家正在拔河，双方势均力敌，筋疲力尽，这时完颜守绪的做法无疑是在给对手加了一个砝码，这也成了压死骆驼的最后一根稻草。这个砝码、稻草就是大宋朝。

现在大宋朝的当家人宋理宗又是何许人也？宋理宗就是赵昀，从严格意义来讲，这时他还算不上当家人。这是什么意思？还有比皇上大的吗？有，也不算有，这是什么话？这得从赵昀的皇位说起。赵昀这位皇上总的来说还是不错的，这和他的出身有关。他虽然是皇家血统、正儿八经的天潢贵胄，可是由于时代久远，他这一支已经沦为市井小民了。

是天上掉下一个大馅饼儿，一不小心砸他身上了。

大宋朝的开国皇帝是太祖赵匡胤，根据所谓的"金匮之盟"（这个虽然记于正史，但有可能是假的，现在史学界仍争论不休），兄终弟及，赵匡胤将皇位传给赵光义（赵匡义），赵光义再传给赵廷美，之后再传给太祖的儿子赵德昭。太宗看弟弟赵廷美不成材，罢免了他的官职。赵廷美心里有气，又听说了这个盟约，按捺不住，造反了，但是失败了，被夺去了王爵，最后赵廷美忧愤而死。

但据各种资料显示，赵光义不想兄终弟及，想"父死子继"了，登基后就隐匿了"金匮之盟"。这下好了，也没有太祖的儿子赵德昭什么事了。其实这无可厚非。只是赵光义的儿孙们不争气，把祖宗创下的万里江山弄得千疮百孔，最后还丢了中原。

"靖康之乱"宋徽宗、宋钦宗父子被金国俘虏"北狩"，受尽凌辱，宋朝宗室几乎被杀戮殆尽。幸亏老天不绝宋嗣，康王赵构渡过大江，承继大统，就是宋高宗。不幸的是这位皇帝后宫佳丽三千人，却子嗣不旺，只有一个儿子三岁就死了，后来他选中了赵伯琮，赵伯琮六岁时被过继给赵构，改名赵昀。

这赵昀不是太宗赵光义的后人，而是宋太祖七世孙。读过《杨家将》的都知道，里面有一个正直的王爷，人称"八贤王"，叫赵德芳，这位赵昀就是他的六世孙。当然，《杨家将》里的赵德芳是虚构的，在杨家将那时候他早死了，而且是年纪轻轻的就死了。赵昀被过继给高宗，这样皇位又回到了太祖赵匡胤的这一脉。但传到宋宁宗赵扩这里，赵扩的九个皇子全部夭折，他只好又过继儿子、立太子，这个太子是赵竑。这个太子不知韬晦，锋芒毕露，和宰相史弥远不和，他非常讨厌史弥远的飞扬跋扈。

史弥远在朝野上下耳目极多，太子的所作所为他全都看在眼里。他心里清楚，无论如何不能让赵竑当上皇帝：这时他还是储君呢，就这样对我，一旦他登基，我的好日子算是到头了，恐怕欲做丹徒布衣而不可得也。

第十一回

宋理宗赵昀

先下手为强,后下手遭殃,打蛇不死,反被蛇咬。于是史弥远一边经常在宋宁宗面前抹黑太子,一边秘密嘱咐下属多方搜罗宗室后代,以便取代赵竑。

这个天大的馅饼,万里江山,一下子砸在了赵昀身上。

赵昀虽然是宗室,但家里已经破落,他虽然是赵德芳的后人,但是几代都没有封爵,他老爸虽然没有像刘备那样"织席贩履",但也只是在自己的老家山阴县做一个无名小吏,而且还早早地去世了。家里生计艰难,赵昀的老妈只好带着孩子回到了娘家明州(今浙江宁波)。他的舅舅家里也不富裕,他舅舅只是一个小小的保长。

事有凑巧,当时史弥远的一个叫余天锡的幕僚去明州公干。晴朗的天气突然乌云密布,顷刻间大雨倾盆。驾车的人迷失了方向,信马由缰地走到了保长家。这时赵昀已经十六岁了,一表人才,凝重寡言,又是宗室,引起了余天锡的注意。

尤其是他舅舅的一番话:"大人,说出一件事来,你不要见笑。这孩子出生时,他爸爸做了一个梦,梦见一个身穿紫衣、戴金帽的人拜他,醒来时正是夜漏十刻（子时），只见满屋五彩灿烂、赤光照天。孩子降生时，有人听见外面人喊马嘶，跑出去看，又什么也没有。"

有人说此人是一个很有见识的人，其实未必。这要在平时，这话传到朝廷的耳朵里，这一家人算是活到头了。这明明是天子气，是皇家最忌讳的。如果访问得真切，皇上不会留下这一家人。可这次他歪打正着了。

不管他说的是不是真的，余天锡听到这些，吃了一惊。自己莫名其妙地被大雨截到这里，岂非天意？难道自己找到了真龙天子？

于是余天锡把他们带回了临安，并把事情经过详细地告诉了他的主子史弥远。史弥远也很高兴，只要是宗室之人，至于是谁，能不能掌控这万里江山，那都没关系，只要未来这个皇上不是赵竑就行了，其他不关我事。

这赵昀真就让天上掉下来的馅饼砸中了，一步登天。

这就是宋理宗，他登基时蒙古汗国太祖还在世，正在进攻西夏。他乐得坐山观虎斗，其实他应该想一下，西夏和关陕相连，是大宋的门户。蒙古汗国打完了西夏，下一个该谁啦？

不要小看这个赵昀，他出身平庸，但对世事掌握很深，二十岁登基，应该有所作为了。可是不行，有权相史弥远，那是先帝宁宗赵扩的"托孤重臣"。史书对赵昀登基后的前十年的作为甚为不齿（当然，后十年也一样），说他纵情声色，荒淫无度。他是由史弥远扶上宝座的，卧榻之侧明明还有一个赵竑和他的僚属们，那是名副其实的太子党，而且党羽遍布朝野；另外还有史弥远，也在观察他的一举一动。如果宋理宗锋芒毕露，那下场一定很悲催，死得也一定很难看。

他在韬光养晦。

赵昀每天纵情声色，饮酒作诗，大谈理学。和史弥远奏对时，也很少问及正事，张口闭口"理为形而上，心为形而下""格物、致知"。史弥远放心了，也投其所好，搜罗一些理学大师，每天给皇上授课，史弥远把理学大师魏了翁和真德秀宣进宫来讨论理学，赵昀尤其推崇真德秀的《大学衍义》。赵昀每天乐此不疲，还真就成了一位理学大师。其实他在暗中窥伺朝局。史弥远一手遮天，他的门生故吏把持着要害部门，几乎每个大臣都看他脸色。于是有许多弹劾史弥远的奏折，赵昀是一位有政治智慧的人，虽然在他的心里杀这个史弥远何止千次，但是他清楚：不但杀不得，就连一个"不"字都不能说。是他把自己扶上了皇帝的宝座，否定了史弥远，岂不是否定了自己登基的合法性？

于是赵昀只好隐忍不发，于是他把这些弹劾奏折留中了。赵昀心里非常清楚，史弥远权倾朝野，一点风吹草动他都知道，何况这样的大事，有多少想捧他臭脚的官员，早就有人通风报信了，保不齐自己身边就有他的眼线。

有一次赵昀把史弥远召到宫里谈论理学，有意地把话引到这里。史弥远早已经知道了，他更想知道皇帝的态度。于是，他试探着问皇帝："臣听说有许多弹劾臣的奏疏，陛下可不要偏信啊。"

赵昀就等他问呢，他半开玩笑半认真地说："朕知道了，这些奏疏都留中了。看起来爱卿也不是圣人，也很在乎啊。"

史弥远谦卑地说："只要皇上信任老臣，其他的老臣不在乎，为了江山社稷，为了先帝的知遇之恩，老臣肝脑涂地也在所不惜。"

赵昀对他的奏对似乎很满意，点点头，然后突然转移了话题："爱卿还记得先帝时旧京（汴京，今河南开封）闹蝗灾吗，今年如何？现在看江南无事，朕安心不少。"

今天的对话让史弥远放心了不少，可后面这句听得他一头雾水，这两件事八竿子打不到一起。皇上是一个心思缜密之人，怎么这话说得头一句脚一句。史弥远含糊地应对着，默默地记下了这句话。回府以后和幕僚们参详好久才明白。皇上在暗示他，让他放心，他们是一根线上的蚂蚱，另外也有敲打他的意思。这下史弥远彻底放心了，但是行事也小心了许多。

就在这时，蒙古使者王楫来了，说蒙古汗国要和大宋结盟，朝中对此事一片赞同声。史弥远的侄子、两淮制置使史嵩之也同意结盟，并且前蹿后跳地到处游说，这叔侄倒是同心。当时赵范、吕文德、余玠等武将都坚决反对。王楫是个聪明人，看两派争执不下，于是按拖雷的计策，抛出一大块肥肉给宋朝：灭金之后，河南之地尽归宋朝。当然包括两京：汴京和洛阳。

这真是一大块肥肉，连一些武将也不那么坚决地反对了。

满朝文武早就想找机会攻打金国，这下好了，现在机会来了，和蒙古汗国结盟，借给他们道，出兵、出粮，不费吹灰之力，就能一雪"靖康之耻"，一报"北狩之仇"，又能得到黄河以南的大片土地。

还有什么犹豫的？虽然这只是在口头上的承诺，但肯定是拖雷（也许是窝阔台）首肯的。

那大金国呢？他们当然也不甘寂寞，也派出了使者来争取大宋。咱们是近邻，关系又特殊，什么关系，叔侄关系啊！不能看外人欺负叔叔吧？这个使者讲得也非常明白："蒙古汗国灭掉了大小四十多个国家，刚刚灭掉了西夏，就来打我们大金朝。我们完了，下一步他们一定会饮马长江，唇亡齿寒，自然之理。我们联合起来，共同对敌，不单单是为了我们大金国，也是为了大宋国。"

大金国说得也算实在，只是这大金国言而无信，大宋国早已领教过了，至今仍心有余悸。当年宋金结盟，说好灭掉辽国后，归还燕云十六州，后来金国赖账了。

赵范，还是赵范，认为大金国说得有道理，他还上书宋理宗，提醒皇上不要忘记当年的"海上之盟"。

其实在宋理宗心里，"靖康之耻"的分量并不重，单凭血缘关系而论，他和"二圣"早出了"五服"。也是因为这个他才不能拒绝蒙古汗国，他怕朝野上下说他忘本。还有就是史弥远把持朝政，自己并没有亲政，太违拗了权相也不好。最主要的一点，赵昀登基八年了，丝毫作为都没有，他正想趁此建不世之功，青史留名。如果灭掉大金，还都汴京，那比爷爷、太爷爷、太太爷爷都厉害了。于是理宗下旨给史弥远和枢密院，调兵遣将。

现在我们再回过头来说这武仙。这一年，武仙率兵号称二十余万，进攻光化，打开入蜀的通道。这不是大宋打大金，是大金找大宋的麻烦。

宋朝孟珙率军迎击，逼近敌垒。一鼓攻破武仙营寨。有记载，宋军斩首五千级，俘四百余人、户十二万。宋朝授孟珙为江陵府副都统制，赐金带。

虽然孟珙旗开得胜，但武仙的主力仍然在光化境内，是个大麻烦。京湖制置使史嵩之把孟珙找来商量。孟珙早已胸有成竹，他告诉史嵩之："武仙会进军吕堰（今湖北襄阳东北），我们在吕堰调兵遣将，以逸待劳，定能大获全胜。"还好，这史嵩之一向自视甚高，但是他对孟珙十分器重，竟然同意了。

果然，武仙在夏家桥挫败后转而进军吕堰。孟珙得知武仙中计后大喜。当武仙行军到吕堰的时候，包围圈已经形成，孟珙这时率军迅速南撤策应守军。

这时武仙才发现地形对自己不利，进有大河阻挡，退有山险拦截，他只好下令撤军。孟珙正等得不耐烦。看武仙掉进了自己布好的口袋，下令全线出击。宋军大获全胜。

孟珙接着向北追击，迫近邓州。邓州守将伊喇瑗奉表请降。孟珙入城后，显示出大将风范，伊喇瑗伏在阶下请死，但孟珙为他换衣冠，以宾礼对待他。七月，武仙手下的爱将刘仪向孟珙投降，为孟珙提供了武仙驻军的情报。

针对武仙屯守于马蹬九砦，刘仪建议应步步为营，先夺取离金砦，再孤立其他二砦。孟珙采纳了他的建议，第二天，孟珙派遣部将进攻离金砦。

刘仪率领假扮成金军的宋军混进了金军大营，然后到处放火制造混乱，很快占领离金砦。当天夜里，宋军又突袭了王子山砦。守砦金将是位小元帅，正在醉酒酣睡，在梦中直接丧命，把王子山砦拱手送出。

孟珙闻报，率军直击马蹬山。他命部将从正面攻击，故意在西边留出一条路，设下伏兵。史书上记载这场战斗火光漫天，死尸遍野。金军溃退到西边，又遭到伏击，损失惨重，最后金军一万两千多人投降。之后孟珙回军进攻已经孤立了的沙窝等砦。一日三捷，部将又攻破默候里砦。至此，马蹬九砦还剩两个。

刘仪再奉孟珙之命，招降了剩下的板桥砦的两支守军。武仙认为岵山地势险峻，居高临下应该还有一线生机。于是他带着人马开始爬山。

孟珙早就料到武仙要移军岵山，命人事先埋伏在山脚。武仙军爬到一半时，突然伏兵四起，金军被打得晕头转向、满地找牙。辎重被丢在半山腰，大将兀沙惹被杀。

武仙虽然大败，但拒绝投降，打算退往商州继续抵抗。孟珙不给他喘息的机会，在一天早晨向石穴砦发动总攻。由于刚下过雨，山中还没放晴，部将非常担心。

孟珙大笑说："这不就是当年李愬雪夜擒吴元济的大好时机吗（此雪夜擒吴元济之时也）？"当然，他这是在激励三军，一鼓作气，打残武仙。孟珙亲自指挥，两军激战四个时辰，金军大败。武仙只好狼狈地换上士兵的衣服，带五六个人逃走，剩下的七万多金军纷纷投降。

武仙在逃窜的路上被一队蒙古兵遇见，而且这队蒙古兵都是低级军官，不认识武仙。大家冲上去一顿乱砍，武仙和他的侍卫们就这样悄无声息地死掉了。这时宋、蒙两军都在找他，后来只好报了一个"不知所终"，这个大元帅死得实在窝囊。

这一战，宣告金国打开入蜀通道的计划彻底破产。也彻底和宋朝翻脸了，这真正成了压死骆驼的最后一根稻草。孟珙大获全胜，班师回到襄阳。

武仙军的覆灭，也使围攻蔡州的蒙古军少了一个大负担。但是，金国仅存的战斗力还是不容小觑。窝阔台汗五年（1233）九月，蒙古军都元帅塔察儿被金军击败于蔡州城下，士气低落。

塔察儿一面远远地修筑堡垒以防金军突围，一面再派出使者王楫向宋廷请求支援一些粮食。于是史嵩之派孟珙领兵两万、运粮三十万石北进支援。金国集结了两万骑兵前来阻击，想阻止宋、蒙联军的形成。孟珙率军进击，一举击溃了前来阻击的金军。

第十二回

宋蒙秀恩爱

很快，宋军进驻蔡州城南，孟珙进入蒙古军营与塔思、塔察儿相会。蒙古人是崇拜武力的民族，因此塔思和塔察儿对孟珙消灭武仙之举大加赞赏。多次和孟珙比试枪械箭法，两人总是输与孟珙，塔思和塔察儿对孟珙心悦诚服。他们拉着孟珙一起到天目山打猎，一起游览梁祝墓、鸡黍台、无影塔和鹅鸭池。他们在一起品尝蔡州特产，喝汝南大曲。三人情投意合，最后三人干脆结拜为安答（兄弟）。

双方开始合作。一天，金军忽然打开东门出战，想杀出重围。孟珙立即出击，断其归路，活捉金军将校八十余名，其余的金军将士大多数淹死在汝河里。孟珙断定蔡州城内已经断粮，诫嘱宋军："当死守阵地，严防金军突围。"他还与塔察儿画地为守，以防交战时宋、蒙两军误伤。

到了十二月初六，宋军经过殊死战斗，进逼蔡州城，在城南外围立栅。孟珙令诸将夺取制高点柴潭楼，经过反复争夺，宋军终于攻下蔡州。

蔡州倚仗柴潭水，在城楼上架设巨型弩炮，宋军将士不敢近前。孟珙看部将胆怯，自己身先士卒，冲锋在前，一次次攻城，但都失败了。孟珙下令开挖柴潭堤，放潭水进汝河，用薪柴填平潭池，宋军顺利过潭池攻城。

与此同时，蒙古军也开掘蔡州城西的练江，逼近城下。柴潭和练江是蔡州城墙外的天然屏障，守城金兵为夺回天险，命令一些老人和孩子用大锅熬出热油，往城下浇烫宋、蒙士兵，这给进攻造成极大的障碍。

每天晚上，城里有约五百名死士出城骚扰，宋军苦不堪言，孟珙进攻受阻。听说"友军"有难，塔察儿令汉军万户张柔率敢死队增援，被城中金军用钩连枪抓去几人，张柔也被钩住。孟珙见状，立即率前锋冲出，飞剑斩断钩子，救得张柔一命。

窝阔台汗六年（1234），正月初五，金国里无粮草、外无救兵。史料记载，这天，"黑气压城上，日无光"。宋蒙联军发起攻城，遭到顽强抵抗。蒙古汗国汉军万户张柔在西城的外城凿了五个大洞，军队蜂拥进入内外城墙之间的开阔地，可直到晚上也没有进展，他们只好撤出城外。在南门的宋军战斗多时，也没能登城。

这时金哀宗帮了大忙。当天夜里，金哀宗完颜守绪见大势已去，召集百官，表示要禅位于元帅完颜承麟。

其实，金哀宗完颜守绪虽然是末代皇帝，但历史对他的评价还是可以的。只是他有一件事令人不齿，关键时刻逃跑，跑不掉也有办法——禅让。他应该想一下，这所谓的禅让，让明眼的吃瓜群众一眼看出，他又想逃跑。金军的士气就像是泄了气的皮球。

次日清晨，与禅位在城内举行的同时，城外的宋军统帅向宋军下达了总攻令。孟珙率众誓师，大声领诵《满江红》，之后，宋军大喊："雪耻"，声震山岳。不要说金国了，就连自己的盟友蒙古军队也惊呆了。

宋军士气高涨，推出攻城器械，用橹楼向城内抛石、射箭。用"临冲"和云梯率先登城。用"辒辒"（安装车轮的木屋，屋顶蒙上生牛皮，上面涂上湿泥浆防火，专门破城门）一起冲向城门破门。上万人蚁附而上，在南门楼上竖起了大宋的旗帜，宋军率先杀入了蔡州城。登城的宋军杀到西门，打开门后放入蒙古军队。城里展开了激烈的巷战，这是宋、蒙古、金唯一一次三国大交锋。

随即金哀宗自缢而死，大将完颜仲德率领众将投河自尽。而接受了禅位的完颜承麟在最后时刻举行典礼，给金哀宗上谥号，接着就被涌入的宋蒙联军杀死。城中的战火熄灭后，金国的降臣带着孟珙找到了金哀宗完颜守绪的尸体，完颜守绪的尸体已经焦黑无法辨认。孟珙把尸体一分为二，一半归宋，一半归蒙古，并分了金国皇帝的仪仗器械和玉玺等宝物。金国彻底灭亡，宋蒙大军休整、庆功。

在大家欢天喜地庆功时，传出了孟珙惊天动地的哭声，他的孟家军多年的目标实现了，他的梦想变成了现实，也许是喜极而泣，也许是悼念老东家，也许是……这种种复杂的心情交织在一起。他的两位安答也陪他掉了几滴眼泪。

大蒙古汗国的版图又扩大了，和南宋成了近邻。都说远亲不如近邻，孟珙和塔思、塔察儿都是安答了，又是汉军万户张柔的救命恩人，祝愿他们好相处。

恐怕我们说得不算。

蒙古汗国好事连连。但是也发生了一件举国震惊的大事：皇弟拖雷殁了。拖雷不是和他的皇兄北返了吗，怎么会殁啦？算年龄他此时应该是四十岁，正是壮年，怎么会突然"英年早逝"？那么他是怎样殁了的呢？

史书记载说：窝阔台病了（太宗不豫），病得厉害（疾甚），正赶上拖雷来看他，发现大汗这样，拖雷向长生天祈祷，自己愿意代替大汗生病（祷于天地，请以身代之）。这时正赶上几位女巫在给大汗做法事祛邪，请了法水（祓除涤疾之水），拖雷代饮。女巫说，代饮后这病就转到拖雷身上了。过了几天，真的是"太宗愈，拖雷不豫"了，不知道过了多长时间，拖雷死了。

有人问了，多长时间？说具体点。说不清楚，因为史书给了两个日期，一个是数日后，一个是数月后。别小看这个日期，如果是数月后，说明导致拖雷死亡的"疾病"与那杯"圣水"不一定有关，如果是数日后呢？

那时的人都非常迷信。窝阔台和拖雷也是这样，实际上他们是被那几个萨满巫师愚弄和陷害了，那杯治疗疾病的巫水正是一杯毒酒，但当时窝阔台、拖雷都被蒙在鼓里。这杯水本身没毒，是和某种东西起了化学反应，最后毒死了拖雷。

咱们再假想一下，窝阔台是知情者和主使者，他"害怕拖雷的威望和势力继续增高，对自己构成威胁而设此骗局将拖雷害死"，这种情况会不会存在。大多数人都持这种观点。我们试想，在光天化日之下杀死自己的亲弟弟，国民深深爱戴的宗王，不太可能。

蒙古汗国的人虽然直率，可他们有自己的是非观，也有自己的荣辱观。窝阔台汗确实猜忌拖雷，但也不能用这种方法杀害弟弟吧。他要想要了拖雷的命，神不知鬼不觉的办法有的是。因此说，他谋杀拖雷的可能性几乎为零。

那么拖雷是怎么死的呢？为什么有那么多"正赶上"？在下实在不敢妄言。

人是死了，日子还得过不是？窝阔台汗本想巡幸东蒙古各部，干什么去？当然是为了辽东和高丽。

窝阔台汗三年（1231），大汗曾经派遣撒礼塔（一作撒里台）率大军入侵高丽。这高丽国和华夏渊源颇深。《史记》记载，这里是商朝末年箕子的封地，在华夏的正史中有很多相关的记载，在朝鲜现存的文献中也多次提到。这里一度成为华夏的州郡。

到了蒙古汗国时代，一支原依附于蒙古的契丹人（辽国人）金山造反了，但很不幸失败了，他被蒙古军队追着打，逃到了高丽境内。到了高丽，他就成了老大，高丽被他打得满地找牙。于是他们占领了高丽的江东城，以此为据点四处烧杀抢掠。

蒙古汗国派大将哈之吉（有的称作哈真）统率大军追击，高丽国王正在一筹莫展之时，来了帮手，马上派遣将军赵冲领军协助，并向蒙古军提供粮草。

第二年，金山被杀，哈之吉与赵冲举行盟誓，订"两国约为兄弟，万世子孙勿忘今日"。蒙古汗国与高丽约为"兄弟之国"。

可蒙古人在和他们联合作战时,看到了这个国家的实际情况,心里不免有几分蔑视,于是年年遣使到高丽索要各种物品。据记载,蒙古汗国从毛皮、绸缎到笔墨纸砚无一不要。高丽国小民困,物产不多,敌视蒙古的情绪逐渐上升。

到了成吉思汗十八年(1223),一蒙古汗国使者在出使高丽返回的途中被杀。虽然在蒙古人看来,杀死自己的使者是不可饶恕的大罪,也因此多次为此与别国开战。但由于蒙古大军西征,太祖又在征讨西夏的途中去世了,使蒙古汗国没有立即对高丽展开报复。

窝阔台汗三年(1231)五月,窝阔台命撒礼塔率师攻高丽。

蒙古军从辽东渡过鸭绿江,一路斩关夺隘,打到了高丽半岛中部。唐城守将洪福源率众投降,与撒礼塔会合,大军由洪福源为前导,一路势如破竹,打到西京(今朝鲜平壤)。高丽国王暂时认怂了,令自己的弟弟率众投降,自己率文武百官跑到了江华岛。蒙古汗国令洪福源做都统,撒礼塔在开城任命七十二人作为达鲁花赤镇守此地,蒙古军暂时撤出高丽。

第二年五月,高丽王杀死开城驻守的达鲁花赤等七十二人,把国家中枢机构从松都(今朝鲜开城)迁往江华岛,以防卫蒙古汗国的再次入侵。洪福源面临着巨大的危险,他一边飞檄传报朝廷,带领民众抵抗自保,一边等着蒙古大军。

窝阔台接到奏报,目眦尽裂,大骂高丽不义。这时还是杨惟中显得冷静一些,奏道:"大汗,现在我们和大金国成胶着状态,辽东蒙古军和探马赤军也随大汗征讨。高丽分明看到了这一点,望大汗三思。"

话没有说明,但是主旨是先缓一缓,君子报仇,十年不晚。

窝阔台恨恨地咽下了这口气,于窝阔台五年(1233)四月,遣使问责,列出高丽的五大罪状,令高丽王自己悔过,并到和林觐见。这五大罪状说得头头是道。

第一大罪状,自平定契丹以来,没有派过一个使臣来蒙古汗国;

第二，蒙古汗国皇帝命令使者带训言来高丽时，经常被箭射回；

第三，高丽政府谋害七十二达鲁花赤，却说是万奴民户杀的；

第四，蒙古要求高丽进军，命令国王入朝，高丽国王竟敢抗拒，并将朝廷迁到有险可守的海岛；

第五，没有收集高丽民户的实际数目，经常向蒙古汗国谎报民数。

遣使问责后，窝阔台还忙着征伐大金，与此同时，他也在关注着高丽国。

这年十月，洪福源来朝，奏报大汗，高丽王又派兵收复被蒙古军攻陷的西京等许多地方。窝阔台把杨惟中找来商量对策。杨惟中有几分羞赧，不愿意兵发高丽是他的主意。但是大汗没有怪他。其实他是窝阔台汗的养子。

杨惟中说："大汗，高丽国以为我们已经技穷，可以适当地教育一下他们，但不能大动干戈。"窝阔台当然明白眼下的处境。也明白小小的高丽为什么会这样肆无忌惮。

这时高丽国还和大宋朝保持着良好的关系。他们对蒙古汗国还不太了解。高丽王以为，蒙古汗国不过是像"黔之驴"一样，外强中干，但他还是做了小心的尝试（稍出近之，慭慭然，莫相知）。

窝阔台同意了干儿子的建议，令撒礼塔立即进攻高丽。这次蒙古一直打到朝鲜半岛的南端。不过蒙古军队却始终无法攻占江华岛，在现在的光州附近战败了。撒礼塔在龙仁战死，蒙古副帅铁哥只好回师蒙古汗国。还是留下了洪福源镇守高丽西京。

第十三回

杀人到手软

　　高丽王看自己坚持山地游击战争,既没伤筋也没动骨,反倒把蒙古汗国的主帅给打死了。高丽以为,"驴一鸣,虎大骇",干脆来个"稍近,益狎"。虽然遣使请罪,但并不肯臣服于蒙古汗国,并派兵攻陷已归附于蒙古汗国的西京等处,洪福源战败后退往辽东。高丽王把洪福源的家劫掠一空,他的家人也都被押往江华岛,并在他家的门上贴上"叛徒"两个字。

　　这个洪福源为什么这么不遗余力地帮助蒙古汗国,高丽不是他的家吗?看他的样子,在高丽过得也蛮滋润的。

　　他确实是高丽人,但也是华夏人。

　　他住的地方叫唐城。因为他的世祖就是由唐朝而来的,到了洪福源这里已经是第十代。但是他们念念不忘自己的祖国,也保留了华夏的饮食和文化习惯。当蒙古汗国来兴师问罪时,洪福源并不是马上就投降了,而是给国王上书,提议和蒙古议和。国王不同意,说他有异志,洪福源被"诫勉谈话"并"通报批评"。洪福源一气之下,投降了,在他看来,这是认祖归宗。他可不管蒙古汗国是哪个国,只要知道他们是华夏人就够了。

　　窝阔台七年(1235),这次事情闹大了,整个蒙古汗国都知道了。窝阔台正在征伐大金国，已经胜利在望，闻报大怒决定再次派兵讨伐高丽。

蒙古军队入侵庆尚道和全罗道。高丽民间的抵抗非常顽强。高丽王室也在江华岛修筑工事。虽然高丽几度战胜入侵者，但还是无法抵挡蒙古大军。最后，高丽国王高宗向蒙古汗国请和。在高丽同意将高丽王室作为人质后，蒙古撤军。不过高丽只送了一个与王室无关的人给蒙古汗国。

窝阔台感觉被戏耍了，龙颜大怒。派使节告诉高宗，提出以下几个条件：高丽王室立即搬出江华岛；派真正的王子去和林做人质；清除海上所有高丽舰船；交出反蒙古的官员。

高丽国王答应得非常好，只是雷声大雨点小。只送去一个王子和十名贵族的孩子，其他的要求只用一个"拖字诀"。于是在第二年窝阔台又派兵攻克昌州、朔州等地。历经大半年，高丽王上表谢罪，表示臣服。

高丽王让自己的儿子入质和林，其实是以族人的儿子临时过继给自己的。不管咋说高丽总算又臣服于蒙古。但是假的终归是假的，这朝廷里还有一个洪福源呢，他当然认识高宗的几个王子。他错不该认了出来，给自己带来了杀身之祸，这是后话。

这时候，辽东和高丽已经基本没有战事了，只剩下一个东真国。这个东真国是在太祖十三年、大金贞祐二年（1215）建立的，国主是蒲鲜万奴，在南京建都。这可不是今天的南京，而是今天的吉林延吉东城子。蒙古汗国几次征讨，都无功而返。这次大汗亲自坐镇，遣皇子贵由（窝阔台长子）等统领左翼军讨伐东真国。

窝阔台汗五年（1233），蒙古军攻占都城南京，东真国灭亡。大汗置南京、开元两个万户府管辖这个地区，辽东全境划归到蒙古汗国版图。

灭金之后，蒙古军队北还休整。大宋朝当权者没有坚持要求蒙古兑现以河南地归宋的诺言，却同意以陈、蔡西北地属蒙古。但是后来，他们还抱有幻想，不但没防范蒙古汗国入侵，反而还打算乘机出兵收复三京（西京洛阳、东京开封、南京归德）与河南其他地方，这就是历史上著名的"端平入洛"。这是后话。

窝阔台大汗登基五年多了，从施政方面看，他是一个合格的领袖。但是，由于登基时的明争暗斗，再加上拖雷的去世，让他的威望在民调中有几分下降。

拖雷的部下们可不是吃素的。上文交代过，太祖把百分之九十的蒙古精兵留给了拖雷。虽然这部队也听指挥，可拖雷才是他们的宗主，换句话说，这是家兵。宗王死得不明不白，部下这些骄兵悍将岂能善罢甘休，还是拖雷的妃子唆鲁禾帖尼有见识，压服了部众，这才免去同室操戈。这位自我感觉良好的大汗分明感到一种压力，来自族群的压力，更确切点说，来自皇族的压力。

他为了缓和这种压力带来的矛盾，只有一个办法，这也是几千年行之有效的办法。当然这也是耶律楚材提示的，那就是再次发动对外战争，大金国已经被打残了，地盘也抢到手了。

南面是大宋朝，好邻居，刚刚并肩作战了，不能打，也有些不敢打。在这次并肩作战中，发现这大宋军队也是虎狼之师，还是先离他们远点吧。

怎么办？西征，只有西征才能转化矛盾。这个统帅就应该是拔都，不管从哪个方面讲，他都是不二人选。

窝阔台汗七年（1235），窝阔台召开忽里台大会，决定征讨钦察、斡罗斯和阿速等未服诸国。其实打是打服了，只是没有进行有效的治理。

这次是来真的了。于是窝阔台命令各支宗室，以长子统率出征军，万户以下各级那颜也遣长子从征。主帅是拔都，副帅速不台。拔都先回到兀鲁思，实际统兵作战的主将是速不台，选调兵马二十万，祭旗出征。

所谓的西征，就是从北边的俄罗斯到中西亚地区（西域）。从中原来看，到达西域只有两条丝绸之路，一旦驻军把守，很难突破，尤其是几座大山，很难展开大规模作战。

但是，在漠北就不一样了，蒙古和这几个地方也算是近邻，翻过金山就到了。太祖时期有过几次西征，大将哲别曾经带兵越过按台山（阿尔泰山，也称金山），一路向西，攻打也迷里（夜迷立）、阿力麻里和虎思斡鲁朵（今吉尔吉斯斯坦境内）。

不要小看这虎思斡鲁朵，这里是大辽国的都城。有人会喊住笔者，你等一下，怎么是大辽国？你梦游了还是穿越啦？大辽国亡了快一百年了。再说了，大辽国的都城在临潢府（今内蒙古自治区巴林左旗林东）。

没错，各位想的没错，笔者也没错，听我慢慢地道来。

在天山脚下，中亚地区有一个大国，称为大辽国，开国皇帝是天裕皇帝（也称天祐皇帝），上文提到的耶律大石。这耶律大石可是正宗的大辽国皇家血统，是太祖耶律阿保机的八世孙，文武双全，进士出身，且投笔从戎，做到辽兴军节度使。金国灭辽时期，他和辽国天祚帝不和，在灭国前带领两百人逃到可敦城，在北庭都护府重整兵马，这是大辽国的地盘。他一路向西拓展，大败中亚联军，把伊斯兰教驱逐出中亚，建立大辽国，他自立为帝，定都于八喇沙衮（今吉尔吉斯斯坦托克马克）。

在大辽国汉语是官方语言，一切都以中原为例，几乎是中原王朝的翻版。这个国家存在了近一百年，而且曾经出了华夏历史上第一位女皇帝萧塔不烟。可惜立国八十八年后被哲别灭了。

当时随征的就有速不台。

太祖本人也曾经亲征花剌子模和西辽，从哈剌和林出发途经虎思斡鲁朵一路向西，攻下毡的、讹答剌，一直攻下花剌子模的首都玉龙杰赤（今土库曼斯坦境内），完全占领了河中地区（这地区下文有专门交代）。

把河中以北钦察地区封给了大儿子术赤；

阿力麻里以南、忽毡以北封给了察合台。

河中地区和西辽故地由大汗直辖，设立别失八里等处宣抚司和阿姆河等处宣抚司，后改为行省。

这里发现没有拖雷的兀鲁思，确实没有，他的兀鲁思在漠北。事实上，在太祖的思维里，他自己的兀鲁思就是拖雷的，"幼子守产"观念已经深入人心。

何况老大、老二的兀鲁思，也不是他们自己的。比如察合台兀鲁思的塔剌思城郭封地，有两万户居民，察合台只能食邑四千户，拖雷六千户，大汗一万户。怎么样？还是小儿子厉害吧！

那时有许多将领跟随西征，因此许多将帅对中西亚和中东欧一带有所了解。这中西亚地区，已经算是农耕社会了。只是一直动荡不安，也没有太多的常备军。后来，速不台和哲别率军征讨钦察和斡罗斯（今俄罗斯南部地区）和波斯，尤其在斡罗斯的迦勒迦河之战，使西方国家认识到了蒙古军的强悍。

当然，这些都为蒙古大军积累了大量的宝贵资料。作战经验、各地山川地理都汇成了地图。

还有一点最重要。蒙古人和中原人学会了制造攻伐器具，尤其是火药、火炮、火箭和连环弩。上文提到过的郭宝玉，和耶律楚材一起受到太祖的重用，主要是他的火器制造技术，他是火器制造世家，他的孙子郭侃把这技术发扬光大了，这以后会介绍。这些汉人工匠，在郭宝玉的带领下，把花剌子模的抛石机和中原的火炮结合起来，制造出了令世人闻风丧胆的火炮。

有的史书上介绍，这就是回回炮（抛石机），差矣，它比西域的抛石机要先进几十倍，虽然有时候也叫抛石机。以后的伊思马因是另外一回事。

窝阔台汗五年（1233）以后接二连三地灭掉大金国、蒲鲜万奴的东真国，使高丽臣服。华夏大地上只剩下大宋朝了。上文交代，大宋先放一放，把上次打而未服的钦察国和斡罗斯先摆平。说实话，不是没打服，而是那时候的蒙古汗国根本没有地盘意识。

他们把这些地方劫掠一空后又回到了老巢，抢到了大量的财富美女回到漠北高原享受去了。看看用得差不多了，是时候弄两个钱花花了，这时才去征伐，这是一；第二，这蒙古人不讲究斗争策略，也没有战争律法，更没有"缴枪不杀，优待俘虏"之类的政策。有不缴枪的，没关系，攻下城池，玉石俱焚。

咱们也得讲一句良心话，也确实有不嗜杀的将帅，这些将帅多数是受天道、人道教育，信奉的是天道轮回，因果报应。

这蒙古大军所到之处，人们闻风丧胆，就连吓唬夜哭的孩子都说："再哭，'东方人'来了。"这言过其实了，但也可以想象，西方人还有胆量对抗蒙古人吗？

第十四回

还乡团还乡

长子西征时,拔都就在自己的兀鲁思,军队都由速不台统领。严格意义上讲,拔都也不是术赤的长子,但他是嫡长子,也是嫡长孙,这次西征算是坐纛诸王。速不台虽然是副帅,但那是太祖的爱将,这大蒙古汗国的江山,还是人家这些老兄弟打下来的,你拔都必须也得尊敬。

尊敬归尊敬,但人家拔都那是血统纯正的(不好说)官三代。速不台在一些事情上也得听拔都的,虽然有时两个人意见相左,最后都能商议解决,两人并没有像一些书上讲得那样闹得不可开交。

在这里交代一下速不台。速不台是太祖部落的质子,就是做人质的。有人说是奴隶,其实不是,那时即使是做奴隶也不丢人。那时的蒙古高原,除了几家贵族和少量的平民,大多数都是奴隶。速不台作战勇敢,对老板太祖忠心耿耿,立下汗马功劳,是太祖的"四獒"之一,四獒没有贬义。我们都知道,太祖能横扫漠北,统一蒙古高原,主要靠的是"四杰"和"四獒"。

"四杰"是看官们耳熟能详的博尔术、木华黎、博尔忽和赤老温。

"四獒"除了速不台外,另外几位大家也都听说过,者勒蔑、哲别和忽必来，这时另外三人和"四杰"都已经"光荣"谢幕了。只剩下了速不台，这时他已经六十岁了，他的儿子兀良合台也在西征军里统兵。速不台也把自己的孙子阿术带在军营中历练。祖孙三代为自己的新东家鏖战。

第二年夏天，大军在花剌子模避暑休整，秋天，进兵斡罗斯。

大家不要见怪，这是蒙古人的作战特点。夏季太热，蒙古人久在漠北高原，不惯暑热；还有就是夏季多雨，道路泥泞，不适合蒙古铁骑展开。等到秋高草长、马肥人壮再行征伐，一直到第二年的雨季到来。

窝阔台汗八年（1236），拔都与速不台和诸王会师于押亦河（今乌拉尔河）。命令前锋主将速不台率骑兵先取不里阿耳（今俄罗斯境内）。这年冬，拖雷长子蒙哥率部进攻钦察部，这钦察部有一大半领土已经被术赤占领，他死后由拔都继承。蒙古军攻破不里阿耳都城，杀掠之后将此城焚毁。

冬天进兵钦察国。时隔十五年，"东方人"成了还乡团。这个钦察国王还没变，还是忽滩，他是见识过这些蒙古人，早吓破了胆子。他思量再三，把大将军八赤蛮找来，说："将军，东方人已经到达不里阿耳。你还没见识过这些东方人，狡猾、凶残。我们的国家面临最大的危险。将军要有准备，我到北边募兵。"

八赤蛮也不傻，问道："公爷，募兵可不是一件容易的事，又辛苦又危险，还是让我去吧。我在国内毕竟难以发号施令。"

忽滩正气凛然地说："将军，现在国难当头，我怎么能把繁重的工作留给你们呢？孤意已决，亲自北上募兵。如果募不到，我作为国王到马札儿（今匈牙利）借兵。你去他们是不买账的。你在家里代行公爷指令，我即刻下命令。"

八赤蛮听懂了这言外之意：大将军啊，你先顶着，我有事，我先走了。如果你胜了，国王当然还是我的；你败了或牺牲了，我带兵为你报仇就是了。

这位八赤蛮可不像他老板那么无能，他是一个有胆有识的将军。在西方的历史典籍里记载他是钦察国一个部落首领。这年他还不到三十岁，十五年前他还小，虽然也经历了"黄祸（西方人称蒙古西征）"之痛，有些事情也是知道的，但是他觉得人们有些言过其实，似乎有点闻黄色变。都是一样的人，都是两个肩膀扛着一个脑袋，这个脑袋也都怕刀砍箭射，试试，放马过来吧。

这话速不台听着合口味，好吧，试试就试试。

约架成功。

八赤蛮想对了。其实在十五年前，蒙古军和钦察军不相上下，是哲别使了阴谋诡计。当时蒙古入侵钦察国时，阿速（也称阿兰国）国人和钦察国人组成联军对抗蒙古大军，两家打了小半年也没分出胜负。蒙古人暂时停下，散播一些谣言离间他们两家。

然后哲别就派使者去见钦察国王忽滩，说："咱们是同族（都属于突厥语系，他们认为是同宗同源），阿速人是异族。我们才应当缔结合约，反对阿速人。只要我们缔结合约，你们所需的财富大蒙古汗国都给你们。"

当然，忽滩也不是傻子，就故意试探一下蒙古人的态度，假意答应了。果然，哲别派人送去了大量的礼物。忽滩认为这是一个讲诚信的国家，两国私下里缔结了合约。哲别又给他们送去金银珠宝，骡马牛羊，够钦察全国人消费一年的。

忽滩大喜，果断撤出战争。蒙古大军把阿速国轻松拿下。忽滩签了合约，拿上赠品，去慢慢享受了。把军队按战前的布置，分散到各地区布防。蒙古人看时机已经成熟，突然发动袭击，打败了钦察国。忽滩跑了，把赏赐物资都留给了蒙古人，当然了，利息翻了几十倍。

许多国家都骂蒙古汗国卑鄙，包括这个八赤蛮。其实这就过了，这是战争，自古兵不厌诈，没有卑鄙与高尚的说法。因为战争本来就没有高尚与卑鄙的说法，除非你打的是正义的战争。

八赤蛮在心里对老板颇有微词，这是一种战争手段，你信了，见小利而忘大义，那就活该你挨打。这回你跑了，没关系，看哥的。

老将速不台率领大军到达了钦察大草原，心里对钦察人不免有几分轻视，这忽滩是自己的手下败将，当年那样明显的离间计都看不出来，还想和我玩？对付你这样的蠢货，不需我速不台出马。于是命令拖雷的长子蒙哥率兵进攻，自己随后赶到。

蒙哥也知道十五年前这里发生的事情，对钦察汗国也有几分轻视，没按常规行军。谁知陷入了八赤蛮的包围圈。如果后续部队再晚到一天，蒙哥部队会遭灭顶之灾。回营后蒙哥让亲兵把自己绑上，插上大棒子来到速不台的大营。进到大帐里，一句话没说，直挺挺地跪在那里，请求处分。

有人会大吃一惊，这明明是廉颇的"负荆请罪"，他远离中原，怎么会知道这个典故？在这里笔者告诉大家。拖雷的这几个儿子都熟知中原文化。蒙哥儿时由窝阔台抚养，也算是窝阔台的养子。窝阔台养子中有一个叫杨惟中的汉人，上文已经做过介绍。

这个杨惟中，经史子集、百家经典，无一不晓，他又结识了许多墨客骚人，这对蒙哥影响很大。自己从中也学了很多东西。这负荆请罪用得也非常到位。

速不台一看蒙哥这做派，也明白他的意思。速不台虽然贵为那颜，又是这次西征的副帅。但他清楚自己的位置，于是亲自给蒙哥解缚松绑，说："这是本帅的过错，我们都轻敌了，这是教训。"说话间似乎有无限的愧悔。这是为什么？

原来，蒙古人最初在草原上立足，过着纯粹的游猎生活。在广袤的大草原上，最先对付的是草原狼。在一次次的较量中，蒙古人学会了草原狼的战法。草原狼是他们的师傅。

不信你回过头看一下，他们都是识字不多，也没进过什么军校，更没读过什么兵法，但是他们行兵布阵却颇有章法。平时行军时很少遭遇埋伏，因为他们最拿手的战术就是打埋伏。蒙古人在行军时，把斥候派出方圆几百里以外去打探，确认没有埋伏才行军，有一点点风吹草动就会引起他们的警觉。

蒙古军队每次行军都有预案。在行进时分为左、中、右三路，一旦一路有警,立刻放炮示警,其余两路很快过来增援。他们联络也很特别,除炮声外,还有鼓角声。有时怕出动静惊动敌人,就放飞训练有素的海东青。再加上各队之间信使往来不断,这样他们在行进中互相之间保持着紧密的联系。

大家看一下,不逊于现代部队吧。这速不台和蒙哥由于轻敌,没按常规行军,遭到了伏击,这是一种耻辱。

有人说了,行进中打不了伏击,那就在宿营时收拾他。你又想多了,你在哪本书见过狼在睡觉时让人家端过。当时的蒙古人也学会了这套。他们宿营时也和中原的部队一样。有中军大帐,外面的战车围了一圈又一圈,连营数十里,叫环形车阵。要真像书中写的那样去劫营,我敢保证,有去无回。看那大营灯火通明的,报更的梆子声也不断,那都是假象,那已经是空营了。留少量人在那儿观察,大军早已经转移到几里外的露天营地了,蒙古人叫"移营"。

你想收拾他们,门儿都没有。就是孙武再世、司马(司马穰苴)重生,胜负也未可知。那这么说蒙古汗国的人都是军事家啦?军事家不是蒙古汗国的人,而是草原狼,那是他们真正的师傅;他们还有一个师傅,那就是汉人。那汉人既然是师傅,那应该不怕徒弟啊。可惜他们根本就不按常理出牌,就和常言说的一样,"乱拳打死老师傅"。

再说这速不台,吃了这一闷棍,恼羞成怒,命令部队全线进攻。窝阔台汗九年(1237)三月,不到一个月,击溃了钦察国军队。老办法,屠城泄愤。真是尸积如山,血流成河,钦察大草原遭遇了空前的大洗劫。

八赤蛮带着少量部队逃到了宽田吉思海(今里海)里面的小岛上。

蒙哥想一雪前耻,一直尾随追赶。追到海子的东南岸,看到了那个小岛,只是水天相接,烟波浩渺,没有船,根本渡不过去,想再往北边走一段,打开地图一看,是一望无际的大沙漠(卡拉库姆沙漠)。其实有乌拉尔河通往宽田吉思海,但地图没有标识。虽然有些沮丧,不过也没关系,这八赤蛮插翅难飞了。

大家一想，这蒙哥也够笨的，找人问一下，八赤蛮他们怎么上去的不就结啦？蒙哥可不是笨人，找人问，找谁问？找谁？方圆几百里的人都让他们杀光了。

当时倒是抓到了几个人，是八赤蛮的老婆和几个侍卫。这几个随军的小军先练手了，一下子都杀掉了，只留下了八赤蛮的夫人。但这夫人跳进了宽田吉思海的汹涌波涛中。

蒙哥不甘心，下令在东岸扎下大营，不信你八赤蛮能插上翅膀飞出去。到了黄昏时，大海咆哮起来，惊涛骇浪拍打着岸边。蒙古人哪见过这阵仗，都吓呆了。但是惊涛骇浪之后，一条宽敞的大道露了出来。众人十分惊异。蒙哥惊异之后，以手加额，感谢长生天，感谢爷汗。命令少量部队随自己迅速登岛，和八赤蛮所带的残兵展开激战，不到半个时辰便消灭了敌人，蒙哥亲手活捉了八赤蛮。

第十五回

二十索比尔

大家敲着得胜鼓回到东岸,还没等卸下盔甲,大海又是一阵惊涛骇浪,那条大道又成了一片汪洋大海。军队里一片哗然,私下里也窃窃私语,都说蒙哥是真龙天子。蒙哥在惊异之余也有几分疑惑。第二天早晨押着八赤蛮回到中军大营。

此时,早有人报告了战况,速不台也很吃惊,他本是拖雷的部下,觉得这蒙哥文武兼备,德行也不错,应该是"天命所归"。后来速不台的儿孙都支持蒙哥,和这次征战有直接关系,这是后话。

速不台令人把八赤蛮押进大帐,看他虽然成了俘虏,还是不肯屈服,不免有一种惺惺相惜的感觉,示意蒙哥劝降。蒙哥说:"我们看你是一条好汉。只要你跪下称臣,我们就不杀你,还要重用你。"

八赤蛮轻蔑地说:"我也算是一国之主,岂能苟且偷生。再说了,我又不是骆驼,为什么要给你们跪下(我为一国主,岂苟求生,且身非驼,何以跪人为)?"八赤蛮因不屈服被杀。

笔者写到此处,不由得击节而叹,此真正大丈夫、豪杰也!钦察公国易主了,成了孛儿只斤这个黄金家族的大牧场。

战争暂时告一段落，到了夏季，按习惯，军队要避暑休整。

这年秋天，拔都发布命令，全面进攻斡罗斯。大家合兵一处，继续向西攻打，先拿下了摩尔多瓦，十一月进入也列赞（即梁赞）。拔都派使者到城内通知。大家看好这个词啊，是"通知"，够霸气，似乎是自己的属地，别人的地盘我做主。通知大公玉里吉（其实应该是侯，他隶属于弗拉基米尔公国），让他们供应大军过境的粮草，也列赞归钦察公国管辖，每年拿出十分之一的赋税交给蒙古汗国，蒙古汗国在也列赞派出达鲁花赤。

大家一听，这也太霸道了，这是什么？这明明就是城下之盟。就是啊，拔都也没和你客气啊！一般人也就答应了，留得青山在，不怕没柴烧。

可这个玉里吉是二般人，长了一个榆木疙瘩脑袋，不开窍，断然拒绝了拔都。他一边整顿军备，一边向弗拉基米尔大公求援。他哪知道大公也自顾不暇呢。蒙古大军看玉里吉没答应，心想，正好，就怕你答应呢，什么十分之一，都拿来吧，我们已经先礼，现在该后兵了，也算师出有名。其实本来这个要求就是无理的，还不如直接说"给你脸不要，是吗？来，弄死你。"

说实话，这玉里吉确实也有一股英雄气概，不过这英雄气概也是需要底气的，那就是有足够的实力。他没有，不禁打，只用了六天时间，城破了，玉里吉被千刀万剐，士兵们全部阵亡，居民被屠杀。

拔都抢完东西，又一把大火把也列赞烧得精光。

接下来蒙古大军势如破竹，接二连三攻破几十座城池。这时候的罗斯各公国和十五年前没什么两样，所谓的罗斯国名存实亡，大家都在自己的封地各自为政，不服天朝管。

我们都知道，华夏的历史上也经常出现这个情况，最明显的春秋、战国时期，虽然还有大周朝，但是政令不出镐京了。各封地的诸侯们开始还有着体面，称某某侯，表面上对朝廷也很恭敬。渐渐地做大了，称呼自己为某某公，后来干脆索性称王。幸亏那时候没有大规模的外侵，否则一千多年前华夏的一幕就要在罗斯国上演了。这时候的罗斯国和战国时期的华夏非常相似。好在这罗斯国人还只是都称为某某公国，大小有十五个公国。

只是称呼不重要，打赢才是硬道理。

大家面临强敌还是束手无策，依然是各自为战、一盘散沙。一些小公国都准备投敌了，玉里吉就是前车之鉴。看看，敌人还没到呢，就开始张罗着怎样能取悦人家了。

但是仍然有两个大公国在顽强抵抗。

一个是上文刚刚交代过的，弗拉基米尔大公攸利第二和南部的乞瓦（乌克兰的基辅）大公雅罗斯。这两位大公是同父异母的亲兄弟。他们也想抱团取暖，带领几个小公国和大蒙古汗国一决雌雄。

笔者只能说勇气可嘉，只是不到半月就败了。城破之日，大公的亲人家属都跑到教堂去避难。拔都下令放火，斡罗斯最大的教堂，传了几百年，被一把火烧了。主教跑过来求拔都手下留情，拔都不为所动，对这个主教也没留情，命人把他也扔到火海里。这时候人们都应该在向主祈祷，可是徒劳无益了。拔都纵兵大掠，在蒙哥的劝说下，才没有屠城。

这时攸利大公已经逃到昔迪河畔，组织军队沿河立寨拒战，最后战败被杀。蒙古军队没有继续向西，而是折向西南，攻打科泽利斯戈，但是遭到顽强抵抗，蒙古军损失近万人。拔都愤怒，把这座城池称作"歹城"，下令用火箭放火，向城里抛撒火种，城里顿时成为一片火海，最后拔都下令屠城。而后拔都率领大军横扫大草原，并在这里度过夏天。

就在这时，河中地区（阿姆河和锡尔河流域）的达鲁花赤牙老瓦赤派人送来了急信。当地人造反了，杀死了一万多蒙古人。这让拔都等宗王、那颜们大吃一惊，仔细地询问了一下。原来是一个叫马合木·塔拉比率领人干的。

这位马合木·塔拉比是一个制筛匠，他是穆斯林，他和自己的姐姐学会了巫术，据说能知道千里以外的事，来无影，去无踪，还会缩地术，刀枪不入。尤其是可以用巫水治病，而且真的见效，有许多被他治好的病人。

于是马合木的名声大噪，很多人都慕名前来。

这时候来了一位学者叫马赫布比。劳心者治人，这位是一个文化人，他对蒙古人极为不满。他对马合木说:"我以前听一位星象家说,河中地区要出一位征服世界的能人。我会看相,一看见你我就知道,你肯定就是那位能人!"

这一顿忽悠,把马合木忽悠得找不着北了,他的信徒马上把马赫布比的话传播出去,这一来,整个河中地区都知道了,以为又出了一个先知。

于是马合木的粉丝团迅速爆棚。

这时候的河中地区有一部分是察合台的兀鲁思,大部分地方都是蒙古汗国朝廷直辖地,治所在不花剌。税收直接送往中央。牙老瓦赤就是干这个的。这是一个能人,也是一个奇人,确切地说,是一个奇葩的人,后面有专门介绍。

牙老瓦赤为了给汗廷送去大量财富,想尽一切办法搜刮,采取了严酷手段剥削人民。这里居住的大多数是当地人,蒙古人不到两万,其中也包括蒙古军队。河中的老百姓被逼得没有活路了,"哪里有压迫,哪里就有反抗"。

马赫布比看民心可用,鼓动马合木,想成为征服世界的人吗?机会来了。马合木同意,干脆也和中原一样,登高一呼,人们揭竿而起。

这马合木名声在外,官府也怕他,也不敢抓他。人们都在传,谁敢多看他一眼,就得瞎眼;敢抓他,活不过三天;敢杀了他,那就是活够了,一家人都会死掉。

不花剌的贵族们听说了这件事后很不安,当然不单单是蒙古人,还有当地的官员。他们把马合木诱骗来不花剌,想在他走到半路时干掉他。不知道马合木确实有仙术还是有特异功能,总之,他的第六感起了作用。刚动身没多久,就察觉情况不对,走到桥头时,对前来接他的蒙古汗国少监唐夏说:"别打我的主意啊!否则你的眼睛会瞎掉的。"

唐夏一听,魂飞魄散,这真是神仙,也可能是先知,要不就是能掐会算。算了吧,这人惹不起,交给长官吧。最后也没敢动手。

过了一段时间,马合木率领粉丝团杀进不花剌,赶走蒙古人和本地官员。马合木本人被尊为不花剌的苏丹（国王）。

牙老瓦赤当然不会就这样放弃河中地区，到了察合台兀鲁思，调来了一支军队前来讨伐。马合木也毫不示弱地亲自率军迎战。马合木每天大喊，神仙附体、刀枪不入。面对这荷枪实弹的蒙古铁骑，他怎么做呢？说了你别不信，这位老先生真不含糊。他带领民众迎敌时，本人赤手空拳，也不穿盔戴甲，像《三国演义》中的许褚一样，赤膊上阵。就这么大摇大摆地站在自己的队伍中，他可能也想和周瑜似的，羽扇纶巾，谈笑间，蒙古军灰飞烟灭。

他也不是活够了，看当时的情形，没人敢动他。在他的"经纪人"马赫布比策划下，狗仔队的炒作下，粉丝团的推广下，他的故事已经家喻户晓，妇孺皆知。本来那些军士们听到这些还有些半信半疑，今天看到他气定神闲地往那一站，就深信不疑了：没有那本事，谁敢这样？射他一箭，自己就完蛋了，这一定是真的了。算了，还是让别人射他吧，我服了。

大多数军士都这样想。

战场上的将士们谁也不敢射箭，都直愣愣地看着。这时马合木的义军们欢声雷动。马合木本人也对这一说法深信不疑，这也情有可原，谎话说几遍，自己都不知道哪句是真的，哪句是假的了。他的"经纪人"马赫布比也和他一样站在那里。大家就这样耗了将近一个时辰。

牙老瓦赤着急了，气急败坏地大喊："射他们一箭赏二十个索比尔。"

话音未落，一阵箭雨射向义军营中。这话管用，二十个索比尔够我们一家活一年的了，干吧。此时此刻，"重赏之下，必有勇夫"在这里得到了完美验证。

只听两人大叫一声，喷出了殷红的血。这下老百姓迷糊了，不是刀枪不入吗？不是神仙附体吗？怎么小小的一个箭头就见血啦？快跑吧。

正在这时更诡异的事情出现了。刚刚还晴空万里的好天气，突然狂风大作，飞沙走石，天地间伸手不见五指！蒙古将士们被这种奇异的景象吓傻了。他们真以为马合木在作法，要惩罚他们了。

于是，所有的蒙古将士都掉转头，催马狂奔，生怕自己会得到报应。这些义军这时才回过神来，不趁这时候报仇，更待何时，想抢点东西，这岂不是最佳时机？于是全力冲击。

这些义军明白了，敢情这不可一世的蒙古军队也怕这个。于是马合木的两位老兄弟马合谟和阿里下令，全线出击。义军们跟在后面，把蒙古大军杀得杀，砍得砍，特别是那些税吏和地主，几乎没有一个能活命的。

史书都说这一战有一万多人丧命。牙老瓦赤接到战报，魂飞魄散，不敢报告皇上。自己写信给来这征讨的拔都，派人去搬救兵。

马合木那两位老先生呢？我可以负责任地告诉你，当时就挂了。

拔都马上派赤斤豁儿乞率大军前往河中镇压起义军，可是这次起义军还想故技重施，照上次的样子前去迎战。这次轮到马合谟与阿里了。他俩也效仿马合木二人。这次都是新到的蒙古军，理都没理，一阵乱射，箭下如雨。上次的飞沙走石也没出现。两万多起义军全都战死了。

赤斤豁儿乞把不花剌的居民都赶到广场上，准备杀尽。这时还是牙老瓦赤求情，这些人才幸免于难。牙老瓦赤倒不是出于仁慈，而是他是搞经济的，把人都杀了，你朝哪个要税赋去。只是他白操心了，他很快就在这里滚蛋了。这是后话。

赤斤豁儿乞"圆满"地完成了任务。拔都命令他就地驻守。现在拔都已经不在乎他的万儿八千人了。他们招降了几万人的钦察军和阿速军。

到了秋天，拔都攻入了斡罗斯境内。目标是乞瓦大公国，乞瓦大公雅罗斯得知兄长惨遭灭门，"悲痛欲绝"，并且立即宣布弗拉基米尔领地归其所有，等蒙古兵退军后，他带兵进驻弗拉基米尔城。

而这时被拔都打得满世界跑的契尔尼果夫大公米海勒高兴了，他正没有地方歇马呢，这下好了，乞瓦是一座空城，笑纳吧，他趁机占领了乞瓦。

第十六回

长生天宠儿

但是米海勒的噩梦开始了,拔都带兵打到了乞瓦城下。米海勒被拔都打怕了,想乞和。可是乞瓦人不干,他们杀掉了蒙古使者,组织抵抗。米海勒目睹了"东方人"的凶残,不敢硬碰,也后悔来到乞瓦。

这种情势下,只有一个"闪"字让他一路向西,一直跑到孛烈儿(今波兰)。

蒙古集结各路大军,围攻乞瓦,遭到乞瓦军民的顽强抵抗。看官们可以想一想,这可是斡罗斯的国都啊,城高池深,防守也相当严密,拔都历时三个月才攻破。拔都很生气,后果很严重,老规矩,又屠城了。

接下来拔都率军又攻下大城市沃伦。命令蒙哥继续追剿钦察国王忽滩。忽滩走投无路,只好投奔马札儿(今匈牙利)。

这时拔都已经完全征服了钦察国和斡罗斯,又有继续西进的打算。听说两位冤家分别跑向了孛烈儿和马札儿,拔都心里高兴了。这下好了,正打瞌睡呢,枕头来了,这理由不是有了吗?发兵这两国,兴师问罪,首先向这两国发出"红色通缉令"。也不等他们回音,直接就去围剿。

拔都分兵两路,一路由兀良合台和拜答儿率领进攻孛烈儿;一路由拔都和速不台率领进攻马札儿。拜答儿进攻到克剌可夫时，孛烈儿国王弃城逃跑了，他联合了捏米思（今德国）军队又杀了个回马枪，和兀良合台激战，最后被击溃。然后拜答儿率军进驻莫拉维夫。

这时拔都率军攻打马札儿。马札儿国王这时是贝拉四世，他在窝阔台汗七年（1235）登基，接过老国王安德烈二世的权杖。

他同样不能稳定国家的政治局势，他与国内的贵族们矛盾重重。他用了三年的时间，招募了几万库蛮人军队，整备了有一定战斗力的贵族军队。而且军种比较齐全，有善于近战的重步兵和重骑兵，又留有机动部队和轻骑兵，总兵力达到了六万人。

贝拉四世一切都考虑得很周全，但是有一件事他没有考虑到，就是蒙古人强大的战争机器，一旦开动起来，几乎是迅雷不及掩耳。到了窝阔台汗十三年（1241），拔都已经打到马札儿的国土边境。

到了马札儿境内，拔都的老战法吃了大亏。马札儿的重骑兵，使以弓箭为主的蒙古军一下子处于劣势。蒙古大军死伤惨重。

速不台久经沙场，早已经看出了重骑兵的破绽。我们都知道，凡事有一利必有一弊。这重骑兵虽然不怕箭射刀砍，在欧洲几乎所向无敌，但是他碰见了蒙古人。这都是大辽国玩剩下的。蒙古人现在不用钩镰枪了，有了大炮和抛石机，这是西方国家闻所未闻的。被西方国家称为喷火龙的抛石机怒吼起来，马札儿将士魂飞魄散，几乎一触即溃。

拔都用时不到三个月，蒙古大军抵近塞育河。贝拉四世和圣十字军首领乌戈林公爵亲兵引兵据守。塞育河大战拉开序幕。

马札儿优势有三个：

天时地利，地形熟悉；人多势众，是拔都人数的二倍；粮草充足。

劣势：没有人和，没有大炮。

蒙古军优势有两个：士气旺盛；团结一致。

劣势：地形不熟；粮草不济。

两军在塞育河西岸展开决战。蒙古大军虽然有火箭和火炮，但是马札儿利用有利地形控制住要塞，拔都寸步难行，只好望河兴叹。

但是我们还得说，拔都永远是长生天的宠儿。守桥的库蛮人突然弃守大桥，而且向自己人——圣殿十字军发起了进攻，因为十字军阻挡了他们后退。

这时已经是深夜了，在火光的照耀下，蒙古军有些发蒙，不知道发生了什么事，马上报告给最高统帅拔都。拔都也是一头雾水，不敢下令贸然攻击，恐落入圈套。这倒不是拔都小心，而是蒙古人经常给自己的敌人下这样的套子。

速不台这时已经迂回到河对岸，看出了敌人的形势，给拔都发信号。拔都知道机会来了，下令全线出击。一顿猛烈炮火之后，蒙古军的轻骑兵，泰山压顶般的旋了过去，打乱了马札儿和十字军的队形，贝拉四世没等喊撤退，自己就先逃跑了。乌戈林还没反应过来，就做了蒙古人的箭下之鬼。速不台带兵卷杀过来，两军合围，大败敌军。

原来是库蛮人临阵哗变。这倒不是拔都又施了什么反间计，而是刚刚交代的原因，国内的政治不稳定。库蛮军作为雇佣兵，在交战双方处都有人马，被马札儿的百姓瞧见了。

爱国的马札儿人很生气，后果很严重。

他们想：你们这些库蛮人，被东方人追得疲于奔命，是我们老大收留了你们，你们忘恩负义、恩将仇报，帮助东方人打我们。大家一招呼，打他。于是把库蛮人居住区一阵狂扫，杀的杀，烧的烧。此时，遭难的是库蛮的百姓，但是这时他们的子弟兵正在和东方人打着呢。

这些子弟兵还能好好地给这个临时老板打工吗？这东方人又这么厉害，还有喷火龙。干脆，反了。这些马札儿的爱国百姓们，我都怀疑是蒙古人的卧底，要不就是拔都这猴哥请来的救兵。

拔都一路下来，屠城泄愤，马札儿人都吓破了胆子。

拔都很快攻破了马札儿佩斯城（马荣城），而后率军到达莫拉维夫，和兀良合台在这里会师，随即进军维也纳，大败拜占庭的十字军，收编了这只战斗力很强的军队。这时西方一片哗然,除了祷告于上帝,别无他法。这时他们的上帝拯救了他们。

正当拔都横扫东欧大地时,传来了噩耗,窝阔台大汗驾崩了。当然,这对欧洲人来说,犹如仙乐福音。这些上帝的子民,奔走相告,普天同庆。

拔都命令速不台带领大军回到漠北。自己也没有回到自己的兀鲁思。他看上了这块美丽而富饶的土地。不走了,这就是自己的兀鲁思,于是在押亦河(今伏尔加河)下游建了一座城,叫萨莱城(今俄罗斯谢利特连诺耶)。以它作为国都,在钦察和斡罗斯这辽阔地域,建立了著名的钦察汗国,自立大汗。蒙古汗国的大汗他也不稀罕了。天地不拘,人主不管,做自己的轻松自在王。

大蒙古汗国的地盘已经地跨欧亚。还好,这时候,罗马帝国也成了东罗马帝国(拜占庭帝国),在十字军的打击下已经衰落了,奥斯曼土耳其还在襁褓中,要不然真应该拼一下,谁是真正的霸主。

总之,此时蒙古汗国欢呼声一片,再加上一些治国之策。窝阔台汗的"民调"一直在上升。都有哪些治国之策呢?上文已经提到了一些,主要是耶律楚材在主管,当然了,政绩还得归老板窝阔台。

耶律楚材看经济、政治都有了好转,只是国人还是野化不驯,不遵律法,视人命如草芥。除了长生天,再没有畏惧。他深知,想改变这种现状,必须从文化抓起,从娃娃抓起。

耶律楚材不怕琐碎,洋洋洒洒写了上万言的奏章,递给老板窝阔台汗,说出了自己的想法,也附上了具体方法。耶律楚材写得清楚、说得明白,奈何他的老板看不明白,也不以为然。但是他一直信任中书令大人,下旨由耶律楚材督办。

自这以后耶律楚材积极恢复文治,逐步实施"以儒治国"的方案。

史书记载他"定制度、议礼乐、立宗庙、建官室、创学校、设科举、拔隐逸、访遗老、举贤良、求方正、劝农桑、抑游惰、省刑罚、薄赋敛、尚名节、斥纵横、去冗员、黜酷吏、崇孝悌、赈困穷"。耶律楚材大力倡导儒学，推崇孔子。金灭亡后，他派人寻访孔子的后裔，找到了孔子五十代孙孔元措。

大家都知道，那个时代，谁是真正的孔子嫡系后代，已经无法考证。因为随宋高宗南迁的一批孔家人，当时还袭封着衍圣公。刚刚南渡时是孔端友，接下来是孔玠、孔搢、孔文远、孔万春。这时是孔洙，称为南孔。人们都把他们当作正朔。

金国也封了山东曲阜的衍圣公，称为"北孔"。可是南北互相指责，互不承认。这个孔元措就是金国的衍圣公。他到底是不是正朔，不得而知。史书记载也比较模糊，甚至连生卒年都没有记载，只说他是金国封的衍圣公，也在金国做官。

在耶律楚材的建议下，窝阔台汗六年（1234），孔元措袭封衍圣公称号，并返回山东曲阜奉祀，使宋、金以来，衍圣公的称号在新朝得以继续。

耶律楚材征得窝阔台的同意，修复了孔庙，优待孔子后裔，建立了国子学，用封建文化教育民众。更难得的是，窝阔台大汗听从耶律楚材的建议，亲自到了孔庙祭祀，行两跪六叩大礼。

按理说孔夫子和他窝阔台八竿子都打不着。不得不说，这是一个明主（如果一直这样的话）。

有人会对这个衍圣公有疑问。他们怎么这么有魔力？这就是正朔的问题，只有中华正统才配祭拜孔仲尼。历朝历代为了表白自己，或者说为了洗白，都不遗余力地给孔仲尼上封号。孔子在唐初时被封过文宣王，这就顶天了。这孔仲尼已经去世了，给什么封号都没关系，他也不会从棺材里爬出来争地盘。可是你总不能让他的后代都被封为文宣王吧！这王可不是随便封的，许多朝代根本就没有异姓王。

唐朝以后，给孔子后人封各种封号，都觉得不恰当，既不能僭越，又能表达出对圣人的"崇敬"。宋朝仁宗皇帝赵祯睿智，上号"衍圣公"，这个再没有争议了。这个爵号可是非常文艺的，有一定的文化含量。主要在这个"衍"字上，他既表示孔家代代不绝，又表示孔子的"道"也会繁衍不息。

不得不说，这是最棒的。

从这以后，历朝历代不论有多大的仇恨，也没动过这个封号，只是在元仁宗时又加封为文宣王，但很快又恢复为"衍圣公"。直到民国二十四年（1935）末代衍圣公孔德成任大成至圣先师奉祀官，爵号被废除。

开始的时候，孔子的封号品级不高，只是八品官。后来一代一代加高，在蒙古帝国加到了三品，明朝二品，清朝更厉害，一步到位，加到了正一品。还有比一品高的吗？而且皇上，一国之君，拜天、拜地、拜祖宗，再加上拜孔夫子。不这样，如何能体现华夏正朔、尊儒重道呢！

古人把面子活做到了极致。但是盛极而衰啊，到民国没了，几品都不是了。

窝阔台汗九年（1237），耶律楚材又提出恢复科举取士。第二年（戊戌年），大蒙古汗国首次开科取士，史称"戊戌选试"。顺便说一句，蒙古高原几百年以来都以生肖纪年，用天干地支法，和中原的基本一样。

单说这次选试，有记载，选取儒士四千零三十人，这些中选儒士有不少人后来成为名臣。但是，这一次并没有留下定制，元朝的科举制只不过是一种形式，并没有在耶律楚材的基础上走多远。这是后话。

耶律楚材为了使蒙古上层接受汉文化，想尽办法，只是效果甚微。

第十七回

蒙宋约架了

耶律楚材是个明白人,蒙古汗国是够强大,那是在马上打天下,治天下还是不能靠这些人,也不能只用那陈腐不堪的《大札撒》(蒙古汗国最初的律法,大多数是约定俗成的东西,有的是迷信或巫术)。耶律楚材深知要统治中原非用中原的制度不可,而熟知汉法统治之道的是汉儒士,还得找一些像自己一样的"治天下匠"。

为窝阔台所倚重的耶律楚材作为金朝旧臣,汴梁城攻下后,劝阻屠城。他还亲自到城中,办理各项善后事务,在救济亲族的同时,也很关心城中士大夫的命运。耶律楚材确实尽自己所能,尽量为士大夫们提供保护(大火旬日不息,不是看不见,就是没办法)。

在亡金战争中他召集儒士等专门人才,并给予一定特殊照顾,这一措施在以后蒙古对宋的战争中继续得到实行,成为定例。于是耶律楚材在得势之时大力保护汉儒,并引荐他们进入仕途。许多名士如元好问、赵复、窦默、王磐等人都被保护并任用。这对于北方学风的兴盛有很大的影响。

随着金朝的灭亡,统治地域的扩大,国家需要大量的人才来治国。窝阔台汗九年(1237),他上书大汗,保护人才。这在百年的大元朝起到了至关重要的作用。此外，耶律楚材还制定了临时法律，代替《大札撒》，建议修建驿站等，这些大多数都被老板采纳。他的地位空前提高，国人都敬称他令相。水涨船高，他的老板的威信更是与日俱增，随之而来的，大汗膨胀了，觉得自己超过了先皇。

蒙古汗国大军做了大半年的休整，又该出动了。西征节节胜利，各大汗国都在扩大领地。

下一步该是哪里呢？耶律楚材一针见血地指出：大宋。

蒙古汗国已经取得了中原的一大半土地，各族人民大融合。不再是马背上的民族，每天只吃牛羊肉，他们也都是以粮食为主。何况那时的蒙古人，也有极大部分人开始以吃粮食为主。

中原虽是膏腴之地，土地平旷，只是被兵太重，真像曹阿瞒说得那样"白骨露于野，千里无鸡鸣"。

耶律楚材给大家讲了江南的富庶，一句话震惊了所有人，"两江熟，天下足"。其实他先讲的是，华夏数百年来分崩离析，需要一个圣主统一起来，建立一个多民族的统一国家，这位圣主必将留名青史。

我们这位总裁老先生可谓高屋建瓴，见识不同凡响。可是他讲得天花乱坠，大家却昏昏欲睡，对他讲的不感兴趣。这大胡子讲得唾液横飞，嘴像喷壶一样，一看这些人也根本不在乎。大胡子突然来了灵感，想起他们在乎的是金银和美女，于是大赞江南。

这时窝阔台汗和大臣们来了精神，打！自从先皇建国以来，想打哪里就打哪里，看哪个不顺眼就打你，当然看顺眼了更要打你了，可以说是所向披靡。

大家摩拳擦掌。大家都知道，攻打大金国时，拖雷遣使通好大宋，借道四川，去抄金国后路的时候，要求四川给他们准备粮草。由于出使宋军的使者态度傲慢无礼，让大宋朝军队很不满意，大宋朝军队毫不客气地干掉了蒙古使者，并烧掉栈道，不让蒙古军队借道。

这事发生后，拖雷非常生气，一怒之下，带着军队杀进四川，连破四川北部城寨一百多座，并对一些反抗猛烈的城市进行了屠城。这一仗，可以说打得南宋措手不及，最终认怂了，两国签订了停战协议，还是允许蒙古借道，最终两国联合起来，灭掉金国。

这样看来，宋朝有什么可怕的？

但是窝阔台汗还是比较冷静的，大宋可不简单，是泱泱大国，虽然现在气息奄奄，但百足之虫，死而不僵。试试吧，大家同意，试试就试试。

说打就打啊？理由呢？两国这么友好，都共同对敌了。上文也讲过，远亲不如近邻。确实如此，总得师出有名吧。有了，想找理由还不容易！你不用去找它，它就来找你了。当时不是说"共同对敌，破金后河南之地尽归之"吗？宋理宗赵昀，刚刚手握权柄，成了真正的当家人。下旨荆襄军队就近接收三京（上文提到过，略去）。接收大员到了，蒙古人不干了，你赵昀也太实在了吧，我们说话你也信？你来接收，但老子屁股底下还没坐热呢，你就来要，你啥时候看过吞到肚子里的东西还能吐出来的啊！蒙古人索性掘开大河，猛淹了宋军一顿，宋军也不是省油的灯，把蒙古军也教训了一顿。这理由不来了嘛！窝阔台一边"遣使问责"，一边调兵遣将。

拔都等都在西边大打出手呢，斡赤斤也老了。先调来辽东的、能征惯战的二皇子阔出、国王木华黎的孙子国王塔思，这两位都是蒙古汗国顶尖的勇士，是孙子辈的。都有其祖风范，多年征战，"几无败绩"，狠吧？

这几位小哥们儿，带着自己的蒙古铁骑和新降的汉军，雄赳赳气昂昂跨过了黄河。谁知道这宋不同于西域和辽东。上文提过：

一是城高池深，深沟高垒，军队闭门不出，等蒙古军懈怠了就出城揍你；二呢，这两淮地区，河湖星罗棋布，有的又在山边设防，蒙古铁骑发挥不了作用；第三，有孟珙、吕文德这些人，狡猾狡猾的，他们神出鬼没，打得过就打，打不过就跑，等你不注意了就揍你一顿。有时弃城而逃，蒙古军高高兴兴地入城，结果是空城一座，还没等反应过来，南军又是一顿胖揍（襄阳，其实开始是弃守了）。

这阔出先生无计可施，一年多了，损兵折将，灰溜溜地北撤了。窝阔台的大中华梦破灭了。还是耶律楚材劝慰他，没关系，深挖洞、广积粮，以图后举。

最后谁胜了，大家都知道了，但是谁笑到了最后？这是后话。

咱们还是细说一下这次伐宋战争吧。窝阔台七年（1235），窝阔台以大宋背约为名，分兵两路，进攻大宋：

东路由皇子阔出、国王塔思统率，还有汉军万户张柔、史天泽从征，主攻荆襄、江淮；

西路由大汗的二殿下阔端主攻四川，令益都万户李璮出兵海州，以便呈呼应之势。

出兵之前，窝阔台汗和众将做了细致的研究。

窝阔台汗的养子杨惟中提议主攻方向应该是荆襄地区，他指出："襄阳所处之地具有东西伸展、南北交汇的特点。无论是东西之争，还是南北之争，荆襄地区都是兵家必争之地。"

襄阳地处汉水南部，依托湖北，通过汉水和长江，用诸葛亮的话说，"利尽南海，东连吴会，西通巴蜀"；既可以北出中原，又可以西入关中，还可经汉中而联络陇西。南北军事对峙时，南方的军事防御线东西延绵三四千里，襄阳便处在这条漫长战线东南段与西北段之间的连接点上。杨惟中说："以天下言之，则重在襄阳。"这也是南宋能和大金国对峙的主要原因。这一提议得到了大多数汉军世侯的认可。

前文交代过，仅仅凭蒙古军队，还是撼动不了大宋朝的，就是这些世侯，对南宋军事地理知之甚详，说句难听话，没有家贼，引不来外鬼。可是蒙古人不这么想，几十年来，还不是想打谁就打谁！哪个不是随随便便地就拿下啦？他们对宋朝有些忌惮，不单单是怕宋朝军队，在灭金战争中，他们发现汉水地区不适合机动作战。

于是这些士兵都同意塔思的建议。塔思主张主攻四川："第一，在四川，我们已经有了根基，一些城池在我们手里，汉中也在我军掌控之中。第二，拿下四川，攻下夔州，而后整顿水师，沿江而下，势如破竹。再沿江东进，攻鄂州，下郢州、庐州，占领江左，趁势攻建康，不出一年便可兵趋临安。大事可定矣。"

这一阵忽悠，说得大家血脉偾张，就连刚刚主张想攻荆襄的人都动摇了。塔思是谁啊？是国王木华黎的孙子，是国王孛鲁的接班人，领兵出征多次了，也是"几无败绩"。皇子阔出、诸王塔察儿都极力赞成。尤其是塔察儿更同意攻打四川。因为他们知道荆襄有一块难啃的骨头，他们的"安答"孟珙。这时大汗也拿不定主意了，觉得应该以四川作为主攻方向。

这时有人说话了，谁啊？还有谁，大胡子耶律楚材。他听完大家的议论，心里不免一阵冷笑，你们也太把大宋视为无物了。说得挺热闹，还是我来吧。

他走到地图旁说："大汗，各位将军，请看这地图，宋朝为确保立足东南，必须依恃荆襄为上游屏障。襄、樊如果不在我们手里，即使攻下四川，我们也过不了鄂州，鄂、郢、襄三州互为唇齿，这襄、樊地处要塞，随时可援助任何地方。再者，本人读遍史书，自古以来，没有丢失荆襄而能保东南的。相比而言，宋朝如果没有四川还可以立国，但如果没有了襄阳，那么就无法立国了。所谓'有江汉而无淮泗，国必弱，有淮泗而无江汉之上游，国必危'，因此，依本人之见，主攻以荆襄为主。"

这一席话得到了所有汉军世侯的认可，大汗是一个深谙军事的人，然之，于是定下三路大军进攻大宋。接下来研究荆襄的守卫情况。

史天泽汇报了一下。

现在荆襄制置使是史嵩之。他在荆襄地区经营了十几年，劝课农桑，奖励耕织，军士屯田，修筑城池。就是深挖洞，广积粮，积草存粮不下百万石，现在民心甚附，又有大将孟珙、范文德、赵范；安丰、庐州一带有杜杲，他也是能征惯战之将。兵部侍郎余玠统率水师往来于大江之上，从四川到鄂州巡弋，一旦有警，不出旬日，定会到达。

大家一听，有了几分气馁。然后史天泽话锋一转，说出了有利因素。这史嵩之哪里都好，就是"本位主义"思想严重。只想到自己的一亩三分地，其他的，事不关己，高高挂起。

他又举了一个例子。去年，宋朝朝野上下都主张据关守河，守卫三京。这就是历史上著名的"端平入洛"。按照宋军原来的战略部署，部队确实应该直扑洛阳、潼关，完成对蒙古军的战略防线。但是现实情况是根本无法出兵！什么原因，没有粮食，洛阳一带，老百姓都跑光了，哪里来的粮食？因此，蒙古军队也撤了。但是，大宋朝下了严令，令各军只带五日粮出发，即使这样，粮食仍然不敷分配，只好让各军陆续起发。

部队开入洛阳的第二天，已经是行军的第十一天了。带的粮秣是五天的，军需官报告军中携带的五日军粮已经在过去的八天里吃完了，看官们的数学功底怎么样？算一下吧，八天吃了五天的粮食，这样的作战部队，半饥半饱，还能打仗吗？就是这样半饥半饱也可以，不要忘了刚刚的一句话，已经是第十一天了，和那个饱字没有关系，只有饥了。部队就开始"采蒿和面作饼而食之"。而当天夜里，庐州部队一万五千余人行军到龙门，突然遭到蒙古军伏击，全军覆没了。这对宋军将士来说，真的是晴天霹雳，因为它不仅意味着宋军将得不到增援和补给，而且还说明蒙古军主力已经形成了对洛阳宋军的合围态势。

蒙古军取得龙门之战的胜利后，乘势派先锋抵达洛阳城下扎营。在一般的情况下，宋军会毫无疑问地固守待援，用一万三千精兵守御洛阳坚城，凭着宋军善守，蒙古人想拿下洛阳还真的要费些功夫。

但那时就不一样了，宋军内无粮草，外无救兵。最后只有回师一条路了。这样一群饥兵疲卒在蒙古大军的窥视之下回师，谈何容易！但是，这却是宋军的唯一生路。

这时朝廷屡令史嵩之发粮，可是史嵩之就是置之不理，无奈之下，朝廷只得从两淮千里迢迢地转运粮食。可都说朝廷不差饿兵，宋军乏粮，万不能空腹打仗，也只好弃洛退归。

就这样，一场轰轰烈烈的"端平入洛"以宋军失败，三京再次被丢弃而告终。

第十八回

孟珙知黄州

大家听史天泽讲完，不免唏嘘不已，暗中庆幸。因为那里缺粮是一把双刃剑，蒙古军击破入洛宋军之后，也因为缺粮而不得不暂时退回河北。因此，当时只要宋军能在三京多少积存一点军粮，坚守几天，蒙古军就会自退。

有的将领问："那史嵩之到底有没有粮食？"

张柔说："末将知道，有，刚刚讲过了，不下百万石。大家都记得，我军攻金乏粮，史嵩之让孟珙发粮三十万石供给我军。"

这话把大家说得又有几分惭愧，双颊不免红扑扑的。

史天泽接着说："对我军最有利的是我这位本家，对我们大蒙古汗国一向持友好态度，主张和为贵。"

窝阔台汗心里有数了，说："那就好，三路出击，围攻荆襄，同时，进攻安丰和庐州，以史嵩之的个性不会施以援手。"

蒙古大军雄赳赳气昂昂渡过黄河。刚开始就出师不利，皇子阔出病亡（一种说法是战死），这不是一个好兆头。很快，蒙古军遭到宋军的顽强抵抗，战事进展缓慢，直到第二年才有所突破，西、东两路军分别攻占了阳平关和襄阳这两处战略要地，抵抗的宋军有些招架不住，蒙古军开始在湖北沿江集结，准备横渡长江。

宋廷则受到极大震动，派大将孟珙救援。

这时孟珙正在临安面圣。史书记载：宋理宗对孟珙非常器重，召见后夸奖道："你是名将之子，忠诚而又勤恳，破蔡灭金，功绩昭著。"

孟珙则说："这都要归功于宗庙社稷的威灵，陛下的圣德，和三军将士的努力，臣何力之有？"宋理宗很高兴，问起是否能与蒙古议和。

孟珙的回答掷地有声："臣是一介武士，当言战，不当言和！"这是一个武将最标准的回答。谁知这样的直奏却合了圣意，宋理宗听后，就给孟珙很多赏赐，并任命他知黄州（今湖北黄冈），节制黄、蕲、光三州及信阳的兵马。

大家看到这个官职觉得很奇怪，五年前孟珙就是建康府都统制，五品的前程，立了大功怎么反而成了一个六品知州了。

看官们不要误会，大宋朝三百年，重文抑武是基本国策，府、州、县官也不同于其他朝代，不一定按固定的品级。既可以低配，也可以高配，当然大多数都低配，除非这个人极其特殊。所谓的低配就是你也许已经是二品官了，也可以做州县的主官，叫知某州或知某县。孟珙后来做到宁武军节度使、四川宣抚使知夔州，这已经是二品的封疆大吏，武官最高阶，不能说他是一个六品知州了。

孟珙知黄州时，蒙宋双方的战事十分激烈。这一年，蒙古军显示出了它强大的战斗能力。窝阔台的中路军，兵锋是直指宋朝的军事要地，就是京湖地区重镇——襄阳。

这时的襄阳因为多年和金国周旋，城高池深，物资充足，兵备精良。护城河平均宽度六百多步，换算成现在计量单位，就是将近两百米。但是这兵备虽然精良，却存在一个很大的隐患。

在河南一带有很多投降的金兵，他们组成了"克敌军"。他们受宋军歧视，经常发生打斗等小摩擦，将领之间也老死不相往来。就这样，在和蒙古军第一场交锋中，襄阳就失守了。

蒙古人大喜，这么不禁打，很多将领后悔，这样我带兵好了，岂不是立了大功。后来看到战报才知道，这大宋军败得相当窝囊。

当时襄阳的镇守将领是京湖安抚制置使赵范，是赵方的长子、赵葵的哥哥，也算是宋朝名将。有的史书记载，是因为他贪杯误事，非也。当时已经到了四更，还喝什么酒？再说了，军中将领有不好杯中之物的吗？上了战场，正可酒壮英雄胆。

大家想一想，这时候人们正在梦中。而这些"克敌军"早已经内外约好，一哄而起，打开城门，把蒙古军队引入。赵范没办法，只好率少数人逃出襄阳，襄阳易主了。这次是襄阳从岳飞在伪齐政权下收复后的第一次失陷，这对宋朝来讲后果很严重，损失巨大。史料记载，蒙古汗国攻陷襄阳得到大量的官民物资。人口六万户，粮食三十万石，再加上二十库精良兵械，被窝阔台大汗笑纳了。

在军事战略上蒙古军抢占了先机。襄阳作为战略要地，是大宋朝的"国之西门"，是荆襄防线的一个重要支撑点。对于大宋来说，襄阳失，则江陵危，江陵危，则长江之险不足恃。长江天险不再是天险，门户洞开之后，便是大片土地无险可守，直接威胁到首都临安。

因此蒙古军攻下襄阳后不到一年，随州、郢州及荆门军、枣阳军、德安府相继被蒙古军收入囊中，大宋朝的整条京湖防线千疮百孔。

阔出染病身亡（一说是战死），蒙古军队重新选帅。蒙古军中路在宗王塔察儿的率领下又猛攻南宋的蕲州（今湖北蕲春）。在蒙古军选帅迟滞的近半月里，大宋朝廷已经重新部署了防务。檄令孟珙救援蕲州。

想想几年前蔡州城下的兄弟之情，孟珙和塔察儿此时却要刀兵相见，颇有点各为其主的沧桑感。塔察儿对孟珙的能力一清二楚，不愿跟他过多纠缠。孟珙刚到，塔察儿就撤围而去，准备转攻江陵（今湖北荆州）。

江陵是长江中流的一座重镇，大宋朝的襄阳府丢失后，京湖制置司治所就设在这里。蒙古军如果攻占这里，既可以西攻川蜀，又可以沿江东进，还可以南下湖湘。

史嵩之命令沿江各部组织救援，大伙都说，没有比孟珙更合适的（众谓无逾珙者）。史嵩之向孟珙发出了命令。孟珙成了救火队，哪里有火情就出现在哪里。他二话不说出发了。

这时蒙古军在枝江、监利编造木筏，准备渡江，形势逼人。孟珙的部下，包括他本人在内都是荆襄一带人。听说老家被人端了，部将们义愤填膺，要求"返家复仇"的呼声非常高。

孟珙深知双方力量悬殊，所以说服部众，先集中力量封锁江面。接着孟珙施展疑兵计，白天不断变换旗帜和军服颜色；晚上就虚张火把，沿江排开数十里，摆出一副大军来援的样子。

塔察儿不知虚实，有些发慌。孟珙便趁机传令出击，大战一场，连破蒙古二十四座营寨，抢回被俘百姓两万多人，并将蒙古军的渡江器具一并焚毁，遏制住了蒙古军的进攻态势。塔察儿无奈之下，只好撤军。

窝阔台汗九年（1237）十月，蒙古军重整旗鼓，继续攻打南宋，宗王口温不花、大将张柔率领主力进攻黄州。黄州是淮西的军事重镇，所在的长江江面非常窄，利于渡江。在黄州城西的大湖中，张柔大败宋军，夺取大批船只，顺流而下到达长江边。

史嵩之看形势危急，命令"救火队长"孟珙紧急从鄂州率水师火速驰援"救火"。孟珙接到火警，率军增援，双方恰巧在江面遭遇，面对张柔这老伙计，孟珙毫不手软，利用宋军艨艟大船猛撞蒙古船阵，冲乱敌军船队，杀出一条血路后进入黄州，最终稳住了宋军的阵脚。

但是一场大战、恶战在所难免。

口温不花亲自带领探马赤军轮番进攻。宋军也不示弱，孟珙派遣所部水军攻击蒙古水军，宋军奋勇作战，使蒙古军阵势大乱，退缩到长江北岸，并丢失战船两百余艘。蒙古水军的渡江计划完全破产。

这时张柔提议，暂时不与孟珙硬碰，也不和水军硬碰硬，转移攻击目标，进攻黄州东堤，想切断黄州与水军的联系。于是大批蒙古汉军冲上去，打退宋军，占领东堤。还没等张柔坐热了椅子，孟珙挑选的精兵组织敢死队又杀了上来，经过一番激战，张柔败北。失地被宋军又夺了回去。张柔又组织几次冲锋，都被孟珙打退。这样，蒙古军便不得不直接攻打黄州城。口温不花增派钦察军和大夏朝的归附军连续不停地进攻，黄州危在旦夕。

为了破坏蒙古军的攻城之势，孟珙派部将刘全等兵分七路，趁夜色悄悄出城，突袭蒙古军。只有张柔的营寨防备严整，使宋军偷袭失败（可见这张柔多么了解孟珙），其他六路宋军获得胜利，蒙古军营盘大乱、军心开始动摇。

口温不花整顿之后，便再次发动昼夜不停的轮番进攻。蒙古军使用了火炮轰击黄州，把黄州城墙上的城楼全部烧毁。但是宋军坚守黄州，城头缺口随时被补上，使蒙古军无法趁机攻上城头。

蒙古人又使用"轒辒车"冲到黄州城下挖城墙，想直接在城墙上挖洞杀进城，孟珙派人预先在蒙古军挖墙地方的城内，再筑一道城墙，并在被挖城墙的内侧挖大坑当陷阱，号称"万人坑"。当蒙古军最终挖开城墙冲进来时，前面还是坚固的城墙，前军在后军的推挤下纷纷掉进坑里而被宋军用石头、檑木砸死。

到了第二年（1238）的春天，蒙古军伤亡惨重，口温不花受到了窝阔台汗申饬，大汗下令撤退。孟珙升京西湖北制置使，实际上已是大宋朝中部战场的主帅。看蒙古军赚不到便宜，窝阔台想起了史天泽所说的，有关史嵩之的情况，命令以少量部队牵制黄州，大队人马增援安丰。于是口温不花和张柔攻安丰。

我不得不说，这口温不花和张柔运气差点，在黄州遭遇了"滑铁卢"在安丰找补一下，最起码能找回一些面子。他们已经打探明白这时正是杜杲知安丰军。张柔对杜杲还是了解一些的，建言："王帅，杜杲其人，宋之虎将，能攻善守。现我军新败，已经挫动锐气，末将以为先围而不攻，等塔察儿王爷、史天泽大帅到来再攻击不迟。"

张柔的建议得说是无奈之举，大军再也不能败了，败不起了，一旦再战败，军心就散了。口温不花是阿里古台第二个儿子，年龄也已经五十多岁了，按理说也是到了知天命的年龄，遇事会更多想一些。可这老兄偏不信邪，老子从南到北、从东到西大小战役何止上千，这大宋的武将不会都像孟珙吧，于是不屑地说："张老将军，不要长他人志气、灭自己威风，我军虽有小败，但军心尚在，不必等了。万事有本王顶着。"

还小败呢，史料记载，口温不花所率领的蒙古军和探马赤军损失过半，真不知道谁给他的自信。但是话说到这个份儿上，张柔也不好再谏。

单说安丰城，杜杲先把军民迁到淮城，命儿子杜庶押运粮草接应，设伏兵于城的四周。口温不花扑了个空，杜杲却布下埋伏，看蒙古军撤退，即率军穷追猛打，大获全胜。口温不花又羞又怒，下令用回回炮攻城，把安丰城的城楼全部摧毁。正在蒙古军得意之际，发现城墙的缺口已经被立马补上，蒙古军也不客气，继续炮轰。

说来搞笑，杜杲发明了一种用木材搭构起来的移动木楼，因为很高，可以放到护城壕沟的旁边，上面开有箭窗可以射击，楼与楼之间用横木连接，可以如同在城墙上一样的调动兵力，这种楼的坚固度是普通城楼的三倍，而且制作方便，杜杲一下子就做了几百个，布置成防线，哪个楼被蒙古军击毁了就在同位置换一个新楼上去，就如同一道移动的城墙。这彻底把蒙古军搞晕了。他们以为宋军在变戏法。口温不花原来的自信逐渐消失，没办法，只好边围边打，等待援军。

过了半月，史天泽前来增援。窝阔台汗令口温不花把指挥权交给史天泽。史天泽想出一计，用石头在安丰的护城壕沟河上填出二十七道坝桥，可以直接攻击安丰城。但杜杲早就看在眼里，等蒙古军完工，杜杲马上派兵攻夺并扼守住护城壕沟内侧的二十七个桥头，这反而成了宋军的守城阵地。

史天泽又组织了一批敢死勇士，身披十余层牛皮做的厚甲，连面部都罩住，向宋军发动冲击。杜杲挑选了一批宋军中的神箭手，使用一种特制的小箭，专门射击蒙古军的眼睛，杀伤了许多蒙古军中的敢死勇士。

第十九回

苦难大益州

  蒙古军攻城时间拖了两个多月，士气低落。这时张柔建议撤军，史天泽派人请示大汗，被严词拒绝。于是蒙古军借助风势进行火攻，又失败了。这时宋朝各路援军已经接近安丰（真是没有史嵩之的部队），池州都统制吕文德率援军到达安丰城外。

  这又是一个让蒙古军胆寒的将领。吕文德一举突破口温不花的防线，杀入安丰城中与杜杲会合。这时余玠也率军到达，守城宋军士气大振。

  杜杲和吕文德招募敢死勇士向蒙古军反攻，夺得一些蒙古军占据的坝桥。随后在约定的时间里，安丰城里的杜杲军、吕文德军，与安丰城外援军内外夹击蒙古军，击退蒙古军。史天泽下令后撤，但为时已晚，宋军全线出击，蒙古军死伤一万七千人，最后仓皇撤退。进攻安丰三个月，以失败而告终。

  这时蒙古军才知道，为什么这么多年金国都不能过汉水一步。口温不花屡次带兵，东征西讨，不承想在荆襄、两淮地区折戟沉沙，被大汗撤职。

  自这以后，口温不花几乎没有再参加大的战役。

窝阔台汗十年（1238）秋，也就是蒙古军在安丰失败半年多之后，蒙古诸王塔察儿率蒙古军和汉军万户张柔、史天泽再次大举进攻两淮，蒙古军号称八十万大军，包围了庐州（今安徽合肥），意图攻破庐州，然后以巢湖为基地训练水军以渡过长江。

塔察儿这老哥儿几个也不知道做错了什么，这里守城的竟然又是杜杲。杜杲因守安丰有功，升任淮西制置副使兼知庐州，制置副司的衙门，就设在庐州。这老哥儿几个自认倒霉，攻了几次，看占不到便宜，正巧窝阔台下令，东进援助刘黑马和李璮，借此台阶灰溜溜地跑了。又命令张柔西进援助襄阳，因为襄阳又出事了，宋朝反攻了。

我们不禁要问，谁这么大胆子？

当然是孟珙了，这个一心想要"直捣黄龙府，与诸君痛饮耳"的岳家军嫡系，有什么不敢干的？

当时蒙古军撤退攻打安丰，孟珙知道机会来了。他想收复中路重镇——襄阳。朝廷同意了他的计划，于是宋军就在荆襄战场展开了反攻。孟珙下令出击。郢州（今湖北钟祥）、荆门、信阳都被宋军收复，蒙古军节节败退。推进到襄、樊地区，收复樊城。

四月，宋军从荆门出发，沿途召集官民兵农，做对收复襄阳后的长期经营准备。在宋军的强大攻势面前，襄阳蒙将刘义捕获了游显等人后向宋军投降。至此，宋军收复了整个荆襄地区。紧接着随州、信阳、襄阳宋军，分路连续袭扰蒙古军，让蒙古军无法安心屯田。随后宋军又袭顺阳，蒙古军积聚的造船材料全部被烧毁，物资仓库烧了个一干二净。

战报到窝阔台汗手里，真使他大吃一惊，完全没想到，一向被动挨打的宋军居然能搞起积极防御。窝阔台失败了，他不甘心，还有四川，对，四川。

这时候的四川已经被蒙古军光顾过两次了，都是小有接触，没有太大的战争。这里就需要介绍一位宋朝官员，也算是将帅，那就是曹友闻。曹友闻是进士，被授为绵竹尉，后又改任天水军教授，是一个文官。他于成吉思汗二十二年（1227）赴任，此时，太祖正在带兵围攻大夏国国都中兴府（也叫兴庆府，在宁夏灵武一带）。

当时虽说中兴府还没有被攻破，但也只是个时间问题，大夏已无法摆脱亡国的命运，太祖随即派出一支军队进入了大宋朝辖境，一举拿下阶州（今甘肃武都东），并包围了天水军（今属甘肃）。

这时曹友闻还没到任，按理说天水军是否丢失都跟他没有半毛钱关系，何况他还是个文官，他完全可以原地返回。但曹友闻毅然单枪匹马闯入了军城，与守臣张维一起组织兵民布防，好在没过多久，太祖在六盘山去世了，蒙古军只好撤退，军城保全了下来。

此事过后四川制置司为表彰曹友闻的功绩，特地绣了一面"满身胆"的大旗颁授给他。

四年后，窝阔台汗三年（1231）蒙古汗国开始伐金，为了配合对金国作战的钧州战役，拖雷率蒙古军借道四川。上文提到过，拖雷也有心掌握川陕地形，进犯蜀地，有几分投石问路的想法。

当时的四川制置使桂如渊不知道朝廷的对外政策，轻率地做出了弃五州（成州、凤州、天水军、阶州、西和州）、保三关（仙人关、七方关、武休关）的决定，致使三关之外惨遭蒙古军蹂躏。

在这一战，宋军将领大多数弃地而去，只有曹友闻尽遣家财招募了五千忠义之士，这才保住了天水军。毕竟这时和蒙古汗国还没有撕破脸皮，下面的将领拿捏不好朝廷的尺度。

但是，这事之后，四川制置司看出曹友闻不光胆大，而且确有将才，便让他出守七方关。在这次蒙古军进攻前，曹友闻就已官至武翼大夫、阁门宣赞舍人、利州驻扎御前诸军都统制，是四川四大主力禁军统帅之一。

阔端率大军转攻大安军，又被曹友闻带兵打退，这样他又连立两功，因此被朝廷升为武德大夫、左骁骑大将军，声名更加显赫，在军中犹如一颗冉冉升起的明星。

自窝阔台汗六年（1234）以来，蒙古军屡犯金牛、大安，曹友闻与弟弟曹友万誓死抗击。窝阔台七年（1235），蒙古大汗窝阔台发动了第一次侵宋战争，这次是真的，不是借道，是真的想把大宋朝收入囊中，变成自己的版图。

当时西路军直逼四川，这年十二月，蒙古军攻陷沔州（今陕西勉县），直逼大安。曹友闻率兵把守仙人关，探马来报，各路蒙古大军大举进攻，他对弟弟曹友万说："国家安危在此一举，众寡不敌，岂容浪战。惟当乘高据险，出奇兵，藏埋伏以待来犯，誓与阵地共存亡。"

曹友闻派遣部将急速前往鸡冠隘（今陕西阳平关鸡冠山）、阳平关据守。部署刚刚完成，几万蒙古军已经冲到阳平关，于是曹友闻命令出击。自己亲自率领亲兵突出阵前，左右奔驰射退敌兵。

窝阔台汗八年（1236），蒙古大军攻陷兴元府（今陕西汉中），下一步进攻大安。大宋四川制置使命令曹友闻死守大安，以确保四川通道。

曹友闻命令弟弟曹友万、曹友谅领兵上鸡冠隘，多张旗帜，一是作为疑兵，二来也向蒙古军显示坚守的决心。

曹友闻挑选精锐部队两万人，趁夜色渡过嘉陵江，在流溪沟埋伏。大家事先相约，敌人来到，营内以擂鼓举火为号，营外以呼杀声来响应，两面夹击蒙古军。部署完毕，当天，蒙兵果然来犯，曹友万冲出阵前迎战。

这个战术不可谓不完美，大家都是孙武、孙膑的军事传人，这战术往往是百试不爽。可是这次面对的是蒙古大军，草原狼的弟子，这些对他们不起作用，而且，他们正盼着你这么做呢。

曹友闻不但没围住敌人，反而让汪世显来了一个反包围。又加上天公不作美，曹友闻进军的路上下起了大暴雨。但是，宋军已经没有退路，曹友闻已经进入龙尾头，四弟曹友万听见五鼓已响，立即冲出鸡冠隘口与曹友闻会合，大宋朝将士们玩命了。

蒙古军被吓傻了，在他们历次的战争中，还没有见过如此的虎狼之师。这样汪世显的营寨被曹友闻连破数十个，双方尸体在阳平关外堆积如山。黎明时分，汪世显率大批蒙古军蜂拥而至，蒙古铁骑从四面包围宋军。曹友闻叹息说:"这难道是老天注定的吗?我只有为国战死而已!"

史料记载:曹友闻杀死自己所骑战马,以表示殉国的决心。血战更加激烈,曹友闻与弟曹友万皆战死,全军覆没。汪世显感叹道:"蜀将军真男儿也!"最后用王侯礼节埋葬了曹友闻。

曹友闻战死后,蜀中再也没有一支能战斗的部队了。阔端歼灭曹友闻部后,破阆州取四川路,直入成都。

当时的成都知府由四川制置副使丁黼兼任,在此之前他就连向朝廷上书告急,请派援兵,四川一丢,大宋不保。接着又派他的儿子赶赴京都,但都没半点消息。制置使和他素有隔阂,丁黼要赵彦呐驻兵城内,共同抵抗蒙古军进攻,赵彦呐不听号令,带着部队撒丫子了,一直跑到奉节。

当时成都是一座空城,人们在和平时期,大脑中根本没有战争的字眼。蒙古大军到达后,本来想骗过守城军士,被东门守军识破,于是在南门和西门入城。

蒙古骑兵在城内大街上来往奔驰,大家还不知道是怎么回事,站在街边看热闹,以为是自己的军队,有的人还跟着喝彩。后来有人喊是蒙古军入城了,人们这才慌了手脚。

但是城中的人向来争狠好斗,不用长官发话,自发地操起菜刀、扁担、板凳等进行抵抗,把这队蒙古骑兵赶出了城。

这时丁黼明白,要兵没兵,要援助也没有,远水救不了近火,抱必死决心。下属们都劝丁黼快走,城是守不住的,丁黼慨然说:"职在守土,将安也!"死也不走。

当天晚上,蒙古大军抵达城下,轻易攻入城中,丁黼亲率杨大异、王翊等数十人展开巷战,跑到石笋街被围困,人员死伤大半。丁黼带着身边几个人挥刀向南门奔去,被蒙古军围在一片菜地里乱箭射死。过了三天,阔端率蒙古步骑兵十多万进入了成都。

这家伙玩起了天文和巫术。

史书记载:阔端坐府衙文明厅令卜者占,其法用五龟实五盘中,按五方，五龟动不止，卜者曰："民心不归，成都是四绝死地，若住，不过二世，不若血洗而去。"二太子（二皇子阔端）大书"火杀"二字，城中百姓无得免者，火光照百里。

蒙古军占领了川北大片土地，在川西地区遭到顽强抵抗，蒙古军劫掠后，除留部队留守成都几个大城市外，其余撤出四川。但是四川已经深受苦难了。这还不够，四川多数城池还在大宋手里。窝阔台看到沃野千里的巴蜀，哈喇子流到了下巴。四川即下，荆楚不远了。于是下定决心，再干一票。

窝阔台汗十一年（1239）秋，蒙古伐宋西路军大将塔海、秃雪、汪世显率兵号称八十万，再度杀入四川。按事先部署，打通四川水路，出三峡，入两湖，在鄂州与其他两路军会师。由于川西留有根据地，蒙古军迅速推进到了川东，攻破开州（今重庆开州），抵达万州（今重庆万州）长江北岸。宋军急忙屯兵于长江南岸。不料蒙古军故意先在万州长江北岸列出大批船只，做出了一副强行渡江的姿态，又命汪世显在上游设下伏兵。

第二天，蒙古军开始渡江，宋军出动数百艘战船阻拦，汪世显则率领伏兵乘小船直接冲入宋军的船队，顿时将宋军水师杀得大败，蒙古军顺势将宋军追击到川东重镇夔州（今重庆奉节），其余蒙古军则从万州渡过长江，沿南岸急速向夔门挺进。

看这架势，沿江攻到鄂州只是时间问题。

汪世显看两淮和荆襄之地，连连败北，这里战绩辉煌，都暗自庆幸，谁料这孟珙阴魂不散，被宋朝派来支援夔州。年底，孟珙率领一万五千湖北精兵前往夔州路增援。走到峡州（今湖北宜昌）时，传来消息，夔州失守。于是孟珙留下哥哥孟璟带兵守卫峡州。

这时蒙古军汪世显知道了峡州被孟珙堵住，改变策略，想改道施州（今湖北恩施）和黔州（今重庆彭水）进入两湖。两军交战靠的是情报，双方的谍报工作都做到位了。汪世显作战计划制订没多久，宋军孟珙就知道了。

孟珙命令三弟孟瑛率领五千精兵驻扎松滋，等待命令，反攻夔州；

命令四弟孟璋率兵两千在施州、黔州两路游弋，随时增援。

他自己率兵和孟景会合，阻住汪世显水师，在归州大垭寨两军遭遇。宋军全线出击，汪世显料敌不足，有些轻敌，败下阵来，损失战船七百多艘，伤亡近万人。

第二十回

太宗山陵崩

凭借着孟珙的得当防御，蒙古军接连失利：南向施州方面的蒙古军被孟珙击败，死伤无算。孟珙于归州西大垭寨更是在经历一场激战后大获全胜，汪世显丢盔弃甲后撤到夔州，之前缴获的大量物资又统统还给了宋军。孟珙乘胜追击，收复夔州。这就是宋史上著名的"大垭寨之战"。在四川蒙古军受到重挫，不敢东进，依靠深沟高垒，和宋军对峙。

南征告一段落，不能说是败北，只是没赚到便宜，尤其是没能抢到金银美女，三路大军只得灰溜溜地撤了。

到这里大家会一头雾水。这大宋朝怎么变得一下子能打啦？那为什么让辽国和金国打得满地找牙呢？

前面已经交代过了，这里再强调一次。这都是后晋石敬瑭干的好事。他把燕云十六州割让给了契丹，就是辽国，后来又到了金国手里。这十六州在华北地区，在太行山两侧，包括今天的北京、天津全部，河北和山西北部，地势险要，易守难攻。自古就是中原的屏障，也是北方民族南下的必经之路和最大障碍。过了这十六州，就是一望无际的大平原。这十六州成了人家北方朝廷的，中原王朝几乎是赤裸裸地、一丝不挂地暴露在人家面前。北方人又善于用骑兵野战。

我们试想一下，大宋朝有多大的本事能抵挡住这些劲旅。而现在不一样了，宋朝不在中原了。

但是仗打到这种程度，窝阔台大汗知足了，也算是投石问路。大汗回想几年来的艰辛，该享福了。从窝阔台汗八年（1236）起，窝阔台开始营建哈剌和林宫。次年，建于哈剌和林的万安宫落成。它是一座传统形式的宫殿，完全以汉人的规制建造的，主持建造的人也是汉人，名叫刘敏，大家一会儿还能见到这个人。

窝阔台汗十年（1238），窝阔台又命伊斯兰教工匠在哈剌和林城北春季游猎地建造迦坚茶寒殿（扫邻殿）。窝阔台汗十一年（1239），又在城南营建了图苏胡（迎驾殿）。位处斡儿罕河上游的哈剌和林城成为大蒙古汗国的都城。

这宏伟的大殿才能显出天子的威严，你看汉人的宫殿，那是什么？是天人住的地方，这才哪儿到哪儿啊，小巫见大巫。大汗想开了，不能总是无尽地劳作，适当放松也是应该的，"文武之道、一张一弛"嘛。可是，没有了度，那就是跑偏了。这时窝阔台汗性格的两面性暴露出来了。

窝阔台汗九年（1237），斡亦剌部落中谣传，说有诏令要将该部的少女配给部队。人们害怕了，赶忙把他们的闺女在族内婚配，有些直接送到男家。窝阔台闻讯后大怒，下诏把七岁以上的女孩儿都集中起来，已婚配的从夫家追回。将四千多（一说是一万）少女聚集到了一处，命令兵士挑选，然后就赐给他们（帝怒，因括以赐麾下）。

其中有人当场自杀，剩下的则列队，有的送往后宫，有的赏给奴仆，有的被送至妓院和使臣馆舍侍候旅客，有的则让在场的人领去。而她们的父兄亲属，则必须在旁边站着观看，不能埋怨和哭泣。

在蒙古宫廷斗争中，窝阔台更是严酷、刻毒。有反对他的或者是政敌，他残酷镇压，无情打击，打翻在地，再踏上一只脚。拖雷一直是窝阔台稳固汗位的隐患，拖雷又在一次次征伐中表现出他卓越的军事才能，这不能不引起窝阔台的忌恨。拖雷英年早逝，和他是否有关，就留作世人的谜题吧。

窝阔台嗜酒如命，到晚年更是沉湎于饮酒，每饮必彻夜不休。耶律楚材见多次劝谏无用，便拿着铁酒槽对窝阔台说："这铁为酒所浸蚀，所以裂有口子，人身五脏远不如铁，哪有不损伤的道理呢（曲蘖能腐物，铁尚如此，况五脏乎）？"当时窝阔台领悟了，想一想，保命要紧，算了，每日只饮三杯。可是他秉性难改，过了一段时间，依旧是射猎饮乐，荒怠朝政。

窝阔台汗十三年（1241）二月，窝阔台游猎归来，多饮了几杯，感到身体不适。召太医诊治，报称脉绝，就是没气了。大家以为他"驾崩"了，正准备"举哀"，这位老先生又醒来，然后又脉绝，再苏醒，把这些文武百官折腾的，都想替大汗见长生天了。这也把耶律楚材吓得不轻，哭着上奏，这以后可不能再畋猎了，窝阔台答应了，休整了几十天，渐渐好转。

十一月，隆冬时节，窝阔台再次出猎，骑射五天之后回驾，到了谔特古呼兰山，在行帐中观看歌舞，亲近歌姬，畅饮美酒。窝阔台兴致很高，玩得很嗨，纵情豪饮至深夜才散。怯薛第二天入内探视，发现窝阔台已中风不能言语，不久便死于行殿之中。

窝阔台享年五十六岁，共在位十三年。

咱们在这里也评价一下这位大汗，好人乎坏人乎？人们都说窝阔台是个性情复杂的人物。他仁爱好施，喜好广播恩惠，他的宫廷几乎成了普天下的庇护所和避难地。

史料记载：他天性慷慨大方，他把来自帝国远近各地的东西，常常不经司帐和稽查登录就散发一空。从四方来求他的穷人，都意外地满足了期望。

有一次窝阔台在猎场上时，有人献给他两三个西瓜。他的扈从中没有人有可供施舍的钱或衣物，他就将皇后耳边戴着的两颗珍珠摘下赏给了那个人。皇后说："此人不知珍珠的昂贵，不如让他明天到宫里去领些钱物。"

窝阔台却说："他是个穷人，生活艰难，等不到明天。"

窝阔台更有宽仁的一面。三个罪犯被带到他面前，他下令将他们处死；当他离开大殿时，遇到一位在场号哭的妇人。他问："你这是为什么？"

妇人回答："因为你下令处死的这些人中有一个是我的丈夫，一个是我的儿子，另一个是我的兄弟。"

窝阔台说："三人中你任意选择一个活命吧，为你的缘故饶他不死。"

妇人答道："丈夫能够再找，孩子也可再生，但兄弟不能再得。"听到这话，窝阔台于是全部赦免了这三人的死罪。

这都是野史，有好多类似的记载，都不足为凭。

窝阔台性情率真，读书不多，不知道史笔如铁的说法，也没有太多的儒家伦理思想。就是想怎么活就怎么活，身后事任由后人评说，我都怀疑他是否想到身后。

总之，这位大汗光荣谢幕了，窝阔台汗时代结束了。下面的问题是谁能扛起他这帝国的大旗。

窝阔台汗立下遗嘱，由第三子阔出的儿子失列门继承汗位。其实大汗一直想传位给阔出，谁知天不假年，这阔出征战大宋时病逝（一说阵亡），这令大汗痛悼不已。这时候，失列门才十四岁，论年龄也确实不够执掌朝政的资格，拿现在来说，刚刚上初中，什么都懵懵懂懂的。

大汗哈敦（皇后）脱列哥那·乃马真。这名字也太长了，前文说过了，遇见人名要简写，咱们就称呼她乃马真后吧。她是一个富有心机且权力欲极强的女人，她一直想展示一下自己的政治才能。

这个时候，乃马真后的机会来了。她首先和法提玛密谋，想立自己的儿子贵由为大汗。

这个法提玛是何方神圣？听着怎么这么耳熟？她不是美国的代言人模特，也不是占领耶路撒冷的皇上法提玛。这位法提玛小姐是波斯人，本来是大蒙古汗国的驱口。但她是波斯国贵族，王侯将相，天生贵种，即使做了俘虏也是高人一等（玩笑啊，别砸板砖）。她嫁了一个怯薛歹（宫廷侍卫，类似带刀护卫，前文有交代），这位妇人也不是一个甘于寂寞的人。

这法提玛整天想的是出人头地，摘掉这顶俘虏的帽子，改头换面，一步登天。于是乎，她有事没事就往乃马真后的斡鲁朵里跑，也不管皇后有多少用人，自己总是抢着做事。

此外她还有一个本事，别人是学不来的：善卜，能通神，直接和神交流。

这天乃马真后召见她，法提玛已经猜到了合敦（皇后）的意图，也做好了准备。皇后含蓄地讲了自己的想法，想让神明指点。

法提玛心领神会（请注意这几个字），又召进几个懂巫术的人，把皇后团团围住。法提玛自己摇动法器，边抖边舞。

蒙古人也有一样好处，不用烧香燎纸，十分环保，有全猪或牛头尽管拿上来，祭祀后都替长生天消灭它。大家正玩得开心、皇后和观众们不耐烦时，法提玛突然大叫一声，晕倒在地。大家看法提玛面如金纸，牙关紧咬，不省人事。大家也经常干这个活，知道她已经被神附体了。乃马真后带人集体下拜。当然，拜的是神仙，不是一个俘虏。

也不知道过了多久，再看法提玛，突然整个身体像弹簧一样蹦了起来，直挺挺的，像僵尸一样，微闭着眼睛，说话了："下拜者可是大汗合敦乃马真氏？"听起来像一个男人的声音，干巴巴的，带着些许威严，尤其这称呼，你法提玛和合敦再好，是"闺蜜"，平时也不敢这样称呼的，活得不耐烦了吧？大家心里害怕，知道是神仙附体了。

乃马真后也没有了往日的威严，颤声答道："小妇脱列哥那·乃马真。"

神仙（暂且称为神仙）说："吾乃长生天掌管禄命的三神，今天受邀下界，指点尔等禄数。尔有十五年禄数，而后由太子孛儿只斤·贵由接替。切记，此长生天旨意，不可违拗，否则，整个汗国必遭天诛。切记切记，我去也。"

乃马真后心中大喜，赶忙带领众人磕头如捣蒜。这三神不容易，他得精通多种语言，不知道他是用什么语言说的。这时法提玛已经坐了起来，看着他们低垂着头礼拜自己，不知道她偷笑没有，心里一定是大乐，她赶快站起来扶起乃马真后。然后跪下去说："奴才该死，合敦请起，神仙法驾已经归天，奴才不知神仙所言，合敦教我。"

太能装了。乃马真后大声地重复一遍。

大家会有疑问，这不是密谋吗，怎么有那么多人听？这乃马真大声百嚷地，不怕被人家说图谋不轨吗？现在的乃马真后还怕谁啊，怕儿子、孙子吗？她的意图很明显，就是想弄个家喻户晓，妇孺皆知。

她心里清楚，这蒙古汗国的臣民们，哪个不信长生天？哪个不信会巫术的术士？术士代表的就是长生天。大家都知道了这件事，自然信服、敬畏，事情就解决了，水到渠成。

大家要问了，这乃马真信不信呢？这回笔者可以负责任地告诉你，信才怪呢！她心里比谁都清楚，这都是法提玛的策略。其实乃马真后还是挺佩服这个驱口的，她自己从来没告诉法提玛要执政，可这位奴隶就是明白。

两个人的心拉得更近了。

这事已经是公开的秘密了，可是想让那些宗王和那颜们轻易相信，那你也是想多了，这都是他们玩剩下的。于是皇后就和法提玛商量。法提玛知道自己得了"圣意"，极力迎合，想出了几个办法。

当然，第一就是得和当朝的总经理大胡子耶律楚材摊牌。

乃马真后把大胡子宣进大斡鲁朵，外加大断事官镇海和汗廷"财政部长"奥都剌合蛮。

第二十一回

红顶子商人

奥都刺合蛮这人是一个奇人,是历史上独一无二的奇人。奇在他是一个商人,是历史上最大的承包商。

他和窝阔台汗签过合同,承包整个大蒙古汗国的税收,然后每年向汗廷缴纳二百二十万两白银,自负盈亏,多了就算赚了,少了自己拿来赔上,这叫"扑买税"。

当时耶律楚材出台了课税制,随着地盘不断扩大,由开始的五十万两,逐渐地到了一百万两。当时也有许多西域来的商人和官员,目光和见识都超过漠北人。他们和窝阔台谈生意:"大汗啊,你不嫌麻烦啊?我们西域都是扑买啊,一把一利索多好,扯那么多没用的干什么!"

窝阔台汗一听,这法不错,好,竞标吧。

中国历史上最早的招投标开始了(没考证过是不是最早)。张三投标五万两燕京酒醋税;李四二十万两差发税(以税代役);王二麻子三十万两盐税,等等不一。窝阔台一看,确实比大胡子的方法好,不但省工省力,一年还多出来十万两。

这时奥都刺合蛮出现了,对着一百一十万两冷笑一声:"小意思大汗,我竞标，两百二十万两全包。"窝阔台有几分怀疑：一下子翻了一倍，这怎么可能？

奥都剌合蛮自有办法："老板，没关系，我先把一百一十万两交到国库不就完了嘛！"

窝阔台想：让你这奴才试试吧，反正往年的总数够了，大胡子和那个什么王二麻子，你们都先歇着吧。窝阔台同意了，下面就看奥都剌合蛮的吧。

大胡子气得吐血，想行汉法的大臣和理财大臣之间的宫斗大戏拉开帷幕，一直持续到与大元朝一起谢幕。

这奥都剌合蛮确实做到了，做得还不错，汗廷的宗王、那颜们（贵族们）都很重视他。至于他原来是干什么的，那就不用问了，他本身就是一个商人。他本是花剌子模人，一直为察合台汗国服务，出来混了好多年，可谓风生水起，混成了一个"红顶子商人"。

可是俗话说得好啊，出来混的迟早是要还的，这是后话。

几个人走进大斡鲁朵，行礼毕，各自落座。乃马真后也毫不隐晦，说出了自己的想法。耶律楚材儒家做派，虽为中书令，但是不愿意参与到天家之事。他知道，弄不好就会死得很难看，于是不置可否地说了几句。

镇海是个正经人，心里想：合敦，你好歹也挡一下外面，找个人提出来也好看些，自己就赤膊上阵了，这吃相也太难看了。他虽然心里有几分不高兴，但是也没敢反对，说："皇后，臣虽为副相，可是兹事体大，平时都由大汗做主。"

一句话把乃马真后怼了回去，大汗做主，是啊，大汗已经做主了，决定了，是皇孙失列门啊，这话外音人人都懂。气得乃马真后真想走下去咬他一块肉。

还是奥都剌合蛮心里清楚，只要自己的承包合同继续有效，还让自己承包大蒙古汗国的财税，管他谁当大汗呢！于是问道："皇后，臣斗胆问一句，贵由殿下如果登基，臣的合同还是否有效？"

这大帐里的人听完后的表情，用两个成语形容：面面相觑，目瞪口呆。

我们听错了吗？没有啊。这是什么人？吃相更难看，赤裸裸的一副市侩的嘴脸，在他的脑子里还有没有社稷？

乃马真后半天没出声，显然也是被他的"直率"惊住了，这是"地对地"啊，那好吧，老娘就给你来个"空对空"。登基后还不是我们说得算，我儿子杀你如同杀一只狗（不幸言中了）。于是斩钉截铁地答应了这个"红顶子商人"。这个"部长大人"来个投桃报李，斩钉截铁地回复合敦："同意。"完事了，乃马真后成功了。

过了几天，汗国召开了小型的忽里台，奥都剌合蛮提议，由贵由接任大汗之位，大胡子一百个不愿意。

不愿意的可不只是耶律楚材，术赤的儿子拔都也不同意，拖雷系的更不用说。这是为什么呢？当然每一次权力更替都会伴随着惊涛骇浪或滚滚暗流。各代王朝，"继承法"不可谓不完善，有时也是如此，更有甚者，腥风血雨，血染六宫。何况这大蒙古汗国还没有完善的继承制度。可这次还真不全是因为这，原因是这贵由是一个半残疾人。

哎，等一下，上文还提到他带兵打仗，怎么是残疾人？没错，不但是带兵打仗，而且也是所向披靡。

他是半残疾，他的残疾也不严重，是先天性小儿麻痹症，再加上有点癫痫。

就为这，大伙都觉得作为一国之君，他的形象还是有问题。如果正接见外国使臣时，一下子发了病，成何体统？大蒙古汗国天威何在？只是大家都慑于乃马真后的淫威，没人敢反驳。其实首都和林这里，也没有什么重量级的人物。各宗王的长子们都随长房的拔都去西征了，其中也包括贵由，都在斡罗斯一带大开杀戒呢。

于是乃马真后悲天悯人地说："祖汗口谕，大蒙古汗国汗位世代由先皇后人继任。失列门也是我们的孙子，大家都是明白人，父辈的还健在，怎么能让下一辈登上汗位呢？"

看大伙都点头称是，接着说："那就这么定了，由太子贵由承继大统。

可是他们正在斡罗斯征战，这一时半会儿的也回不来。各位都是打过大仗的，那是说停就能停的吗？"大家看她说得诚挚，都连连点头称是，只有参加过小会议的几人知道。

关键时刻"闺蜜"就能起作用了，这时法提玛挺身而出，提出由皇后登基，当然也有一套说服人的理由，"社稷不可一日无君，生民不可一日无主"。

这马屁拍得正好。

奥都剌合蛮也不甘人后，恐怕错过"拥戴之功"这趟马车，他积极响应法提玛，说得比她的还要具体："大家都知道了，长生天已经示警，由皇后执政十五年，不遵就会降祸给草原。还有，差剌萨（相当于钦天监）夜观天象，五纬合聚，月在其中，正应皇后当政，此乃天意，违者不祥。"

大家也早已听到这些传闻，不知真假，谁又敢和"长生天"作对，和大家作对？于是纷纷请求乃马真后登基。乃马真后看镇海和耶律楚材都不表态，这两位可是左右丞相啊，他们两个不说话，别人说了也没用。

乃马真后亲自上阵，说："本后先谢过大家的信任。但是，本人虽然是天命所归，但终归是女流之辈，本后权摄国事，待新汗归京举行大典再交权杖。"

到此大家都明白了，这极有可能是自编、自导、自演的一部"悬疑大片"，只是太急了点，这摄政也需要三次上表劝进的，是有点吃相不雅。

乃马真后如愿以偿地登上了宝座。可是臣民们的态度她还是不清楚，于是她和法提玛关起门来商议。第一步，决定开府库、散资财，收买人心。一旦诸王班师回朝，听见自己的口碑不错，也就说不得其他的了。

第二步，大封拥戴功臣，打压反对势力，让人们知道："顺我者昌，逆我者亡。"这也算是软硬兼施。

于是，摄政皇后接二连三地下了几道谕旨。先封法提玛为大斡鲁朵城门令，统率三千怯薛歹（禁卫军）。这下法提玛不是驱口了，是正儿八经的那颜了，地位在自己的老公之上。

乃马真后升奥都剌合蛮为中书令。不对呀，这个位置不是耶律楚材的吗？是啊，耶律楚材做了这么多年，该卸任了。

乃马真后升耶律楚材为太师，正一品。虽然没有"拥戴之功"，严格意义来讲，那纯粹是"反对党"。这封赏还是可以的。你看这乃马真后，不服不行。

但是大胡子接到谕旨，既没去谢恩，也没摆酒席，却大病了一场，于是不上朝了（托病不朝）。这是怎么回事？这中书令虽是从一品，那是实职；这太师，虽是正一品，严格说，有职无权。这耶律楚材被人家摆了一道，明升暗降了。其实大胡子先生不知道，他算是不错的。有许多人向乃马真后进言，赶走大胡子，让他回自己的老家辽东去。

乃马真后差点就批准了，她实在是太恨他了。权衡再三，觉得他毕竟是两位先皇重用的老臣，在这漠北口碑不错，又是大蒙古汗国的擎天巨柱，弄得太过分不好向臣民们交代。她心里想好了：大胡子，这笔账咱们先记着，以后慢慢算。于是在别人的建议下，明升暗降。这样也挺好，彼此也不伤面皮。耶律楚材不上班了，那正好了，现在有奥都剌合蛮，正好可以按自己的意图行事。

那镇海呢？他可就没那么幸运了。枪打出头鸟，也算是乃马真后为摄政立威了，要不然别人怎么知道在这蒙古高原谁是老大呢！镇海当时是副相，有人说他草菅人命，于是给乃马真后上了奏疏，当然是乃马真后事先安排的。于是乃马真后下令查他，还好镇海事先得到了消息，扔下一家老小跑了。当然这和家人也没有关系。蒙古汗国有一项法令：罪不及家人。

镇海跑到贵由的弟弟阔端那里躲了起来。乃马真后也没深究，正可以拿这件事做由头大兴冤狱，做好文章，剑指政敌。

一个比镇海还让合敦乃马真后头痛的是大蒙古汗国河中地区札鲁忽赤（大断事官，大法官）牙老瓦赤。在镇压马合木起义时，他起到了至关重要的作用。

咱们先说一下这牙老瓦赤，他也是花剌子模人。这位仁兄确实是一个人才。早年随太祖征伐，也立下不少战功。他的战功不是斩将搴旗、上阵厮杀，而是后勤保障，可谓是殚精竭虑，使饷道不绝。

大汗回到和林，把他就留在河中地区，治所在不花剌，后来迁到撒马耳干，他在名义上是达鲁花赤，实际是土皇帝。牙老瓦赤善于经营，又信奉宗教，会阿拉伯等多国语言，再合适不过了。在那里几年，真是如鱼得水，他采取措施，恢复经济、建立学校、鼓励耕织，使这里成了西域人的天堂，也给大蒙古汗国带去了无尽的财富。

太祖的几个儿子，尤其是大合敦弘吉剌·孛儿帖生的四个儿子，没有一个是省油的灯。牙老瓦赤在这里舞刀弄枪的，这地盘是谁的？严格来讲，是汗廷的。上文提到过，大家别忘了，太祖他老人家的二儿子察合台就封在这里，和牙老瓦赤的地方接壤。

都说卧榻之侧，岂容他人鼾睡，何况这察合台，自小就顽劣不羁。

第二十二回

老牙的心思

　　察合台开始没当一回事，什么卧榻之侧，牙老瓦赤不也是我家的奴才吗？由他去折腾吧。何况这老牙还不错，这次马合木闹得动静挺大，不是他处理得当，恐怕要大费周章。

　　几年以后，察合台发现，大把的金银财宝都被运回哈剌和林，给太祖消费去了。他眼睛红了，不，确切地说，眼睛绿了。后来，太祖死了，他的三弟窝阔台登基，机会来了，于是他找了一个借口，把靠近忽毡的一大片肥田沃土，连同几千户赏给了自己人，并且没有请示窝阔台大汗。

　　这件事要换作别人，睁一只眼闭一只眼也就算了。自己要摆正位置，自己虽然是"后勤部长"，也只是孛儿只斤家的"打工仔"。可是，这牙老瓦赤就是不干，给大汗窝阔台上了一件明折，告了大汗的皇兄一状。

　　察合台知道了也没当一回事，谁不知道这哥儿俩感情好，多年的征战让他们结下了深厚的战友情谊。尤其在这次窝阔台争夺储位时，二皇子出了死力，两人并肩作战，一致对外，建立了深厚的友谊。大汗感激我还来不及呢，怎么，我拿了几千户就处理我？

　　这回察合台真错了，大错特错，老黄历看不得了。窝阔台汗得报，龙颜大怒,"下旨切责",硬生生地要回了已经分封的土地。这察合台又气又愧,几乎吐血。

朝自己的弟弟发脾气吧,他不敢!那是皇上。只有牙老瓦赤这不识抬举的东西了,察合台想找借口杀掉他。还好,这窝阔台汗还算明智,考虑到牙老瓦赤的危险,把他调了回去。把他调到燕京去做达鲁花赤。留下牙老瓦赤的儿子麻速忽在原地做达鲁花赤,把治所搬到忽毡。

按理说,到了燕京,牙老瓦赤应该做好自己的本职工作,可他偏不,又和他的顶头上司刘敏杠上了。他上书朝廷,揭发刘敏专权受贿。

史料记载,牙老瓦赤回到中原,感觉不受重视,尤其在燕京一带,刘敏说一不二,这使他很不满。我是大蒙古汗国功臣,你是什么东西,一个汉儿而已,赶走他。于是他的部属忙哥儿散播流言蜚语诽谤刘敏,他自己奏请和刘敏一同治理燕京。窝阔台听到谣言,不大相信。因为这刘敏可不是凡人,上文交代过,哈剌和林宫殿就是此人设计、监造的。大汗命令中书左丞相粘合重山、奉御李简等彻查此事。最后查实全系诽谤。这使大汗不免对牙老瓦赤有了几分嫌弃,将他召回和林,本打算永不叙用。

这时还是乃马真后以河中之事劝谏大汗:"大汗,臣妾也听说过此人的一些事情,敢情这人还是一个有血性的汉子,对朝廷可谓忠心耿耿,还请大汗三思。"这才提醒了窝阔台汗,仍然让他领达鲁花赤。

这牙老瓦赤知道是皇后说情,保住了乌纱,是不是应该对皇后心存感激啊?说实话,笔者也不知道,如果他的思维还正常,那一定会感激涕零的。可事实恰恰相反:传位贵由,合敦摄政,反对最厉害的就是牙老瓦赤,他反对的呼声超过了耶律楚材和镇海。

大家想一想,这位仁兄怪不?他的心思真是让广大的吃瓜群众迷糊。老牙的心思你别猜,你别猜,你猜来猜去你也猜不明白。

乃马真后对这位老兄,真是恨得咬牙切齿,你恩将仇报,本后一定让你死得很难看。正在寻找机会收拾他的时候,机会来了,镇海跑了。乃马真后倒是没觉得怎样,是法提玛找到了开锁的钥匙,上奏乃马真后:"合敦,奴婢有一计，可一箭双雕。就说镇海是忠臣，是牙老瓦赤在陷害他，还扬言要杀掉他。"

行了，不用往下说了。乃马真后大喜，问计将安出？法提玛说这须如此如此。

过了几天，镇海的内弟，拿着一封信告到了耶律楚材这里。耶律楚材正在闭门读书，不问政事（当然，这种情况多数是在作秀，就像谢安读书、刘备弄圃一样，在韬光养晦，等待时机）。当他看到这封信，不敢怠慢，马上送给摄政皇后。乃马真后故作惊讶，召集会议商量。乃马真后痛心疾首地说，不应该冤枉镇海。但是说得再好，也有破绽，常言道"会说的不如会听的"，群众的眼睛永远是雪亮的。乃马真后看大家不太相信，真不知如何回答。

奥都刺合蛮说话了："皇后，臣以为这没什么难的，把牙老瓦赤请来一问，就真相大白了。"

法提玛心领神会，接着说："臣婢这就带人去请。"

大家明白，这是要兴大狱啊。谁知道法提玛带着怯薛军到达牙老瓦赤府上时，人已经跑了。

过了一段时间，汗廷知道了，牙老瓦赤跑到了河西的阔端处。这下出了一个千古笑话，"陷害者"和"被陷害者"跑到了一处去避难。当然，乃马真后不知道镇海也在那里，如果知道，不知道她老人家会作何感想。乃马真后派人到阔端那里索要牙老瓦赤，被阔端拒绝，山高皇帝远，乃马真后也无可奈何。

这时，贵由已经接到母后的通知，他正随大军和斡罗斯弗拉基米尔大公厮杀呢，一时很难班师，去国一万多里，虽然信使一个月就到了，因为那时已经有了非常便捷的驿站，不用六百里加急，四百里就足够了。可班师就没那么简单了，至少得半年以上。

咱们再说这耶律楚材，在太祖、窝阔台汗两朝任事近三十年，多有襄助之功，可以说是大蒙古汗国第一功臣。皇后乃马真摄政时，他已经被晾了起来,那就好好地闭门读书吧。

这耶律楚材却不甘寂寞,因屡次弹劾奥都剌合蛮而遭到了圣忌(是遭了乃马真后的忌),还动不动就拿出先皇说事,乃马真后想杀他何止一次,只是碍于他是先朝元老(后虽憾之,又以先朝旧勋,深敬惮焉)。尤其是奥都剌合蛮,那可是乃马真后宠信的人,是汗廷的钱匣子。

就这样乃马真后渐渐把耶律楚材排挤出去。

乃马真后三年(1244)五月,耶律楚材在郁郁不得志的情况下,悲愤而死,完成了自己光辉而伟大的一生,享年五十五岁。

笔者认为,耶律楚材这个结局,算好的了,否则他很有可能成为夺嫡的又一个牺牲品,"鱼见饵不见钩,人见利而不见害"。

这大胡子的改革触动了许多汗国之人的利益,他死了,人们应该庆祝啊,事实恰恰相反。史书记载"砥柱中流断,藏舟半夜移",消息传出,倾国悲哀,许多蒙古人都痛哭,如同失去自己的亲人(当然了,这里不乏溢美之词)。汉人士大夫更是流着眼泪凭吊这位功勋卓著的政治家。大蒙古汗国数日内不闻乐声。无非要做一下表面文章,为先皇歌功颂德而已。

不说别人,单说乃马真后,知道耶律楚材死了,恐怕睡觉都要笑醒了,可是她怎么做的呢?每日面有戚容,并且遵照耶律楚材遗愿,将他的遗体运回燕京故里,安葬在耶律楚材生前非常眷恋的玉泉山下的瓮山泊(今昆明湖)之滨,与先于他去世的夫人合葬。并为其建庙立像,仪式极为隆重。把他的儿子耶律铸从漠南调回和林,接替他有职无权的官职。

史书对耶律楚材先生记载不少,其中也不乏野史,流传最广的,就是下面这件事,正史、野史都有记载,说他不畏权贵,刚正不阿。

一次耶律楚材秉公断案,拘禁了窝阔台的宠臣杨惟中(一说是窝阔台的养子),窝阔台大怒,命人把他绑了起来,事后仔细想想,又觉得不妥,忙传旨释放。

耶律楚材却不肯解缚,执拗地让窝阔台就此事作出解释:"既然逮系,就该明示百官,某人罪在不赦;现在释放,是因为无罪。如此轻易反复,似耍弄婴儿，国家大事，岂可如此！"其实背后还有潜台词，你作为大汗，不是明显在打我脸吗？当着群臣面，以后我还有威信吗？

朝中群臣皆为他出言无状而大惊失色。最后呢，窝阔台承认了错误："我错了，我虽然是大汗，也不是每件事都是对的（朕虽为帝，宁无过举耶）。"

对于他的历史地位咱们就不过多地赘述了，窝阔台曾对他说过，如果没有你啊，就没有大蒙古汗国和中原的今天，我之所以能高枕无忧，全靠你了（非卿，则中原无今日。朕所以得安枕者，卿之力也）。

再说乃马真后摄政这几年，各方人物都闪亮登场了，大家别忘了，东蒙古还住着一位太祖的同父同母（也有的说是异母，在历史上有争议）的亲兄弟斡赤斤呢。窝阔台登基时他就有觊觎之心，只是脸皮还没厚到赤膊上阵的程度。

还有一点，这位仁兄行事优柔寡断，临机不决。现在一看乃马真后坐在宝座上不下来，不干了。怎么回事？这万里江山可是我老哥带我们打下来的，你坐着舒服啦？那不行，我得坐坐去。

他自己为上次没有坚持到最后、没登上宝座后悔不已。这次召集东部诸王回和林继位，大伙都拥护，也好立"拥戴之功"，能多得一些封地。

他雄赳赳气昂昂地带兵西进。距离和林四百多里扎下大营，汗廷来了"圣旨"，乃马真后"下旨切责"，并且明确告诉他，现在悬崖勒马，就当什么事情都没发生。

这老先生心里有了几分犹豫，这时斥候走马灯似的穿梭于和林和大营之间，送来情报，贵由已经到了夜迷立。这时斡赤斤料想自己难以取胜，率兵东归，这场夺嫡闹剧谢幕了。

这时大家该想到了一个人——拔都。现在来看，他是最有资格、呼声最高的储君了。大家不会忘记，是他和斡赤斤把窝阔台扶上了汗位，斡赤斤好歹也试了一下。那拔都呢，这位太祖（这时还没封这庙号呢）的长房长孙就不想吗？说句实话，他最看不上的就是贵由，他认为贵由没有人君气度，又对他们母子夺嫡不满；重要的一点是两人西征时发生过矛盾，无非是为了地盘、财富和女人。

这么说拔都可以登基啦？错，这次他是真不想了，他有了自己的地盘——钦察汗国。钦察汗国是最大的藩属国，他决定好好经营自己的一亩三分地，我的地盘我做主，不掺和那些事了。但是他时刻在关注着朝局。

第二十三回

幸福的泪水

还有一个人，大家应该想到了，拖雷。他不死了吗？还有他的老婆孩子呢。他的老婆唆鲁禾帖尼可不是凡人，她是拖雷的正妻。她生了四个儿子：蒙哥、忽必烈、旭烈兀、阿里不哥。自从老公拖雷去世后，唆鲁禾帖尼掌管拖雷家族，她有钱、有枪、有地盘，是一个十足的实力派，一呼一吸都会左右朝局。

窝阔台在世时对此可谓如芒在背啊，于是提出让她嫁给自己，这在蒙古汗国来说，再正常不过了。还有一点，唆鲁禾帖尼的大儿子蒙哥曾经由窝阔台抚养过。但是这个提议遭到了窝阔台家里人的反对，一定是他那一百多个老婆。

后来窝阔台没办法，又提出让她嫁给自己的长子贵由，这就有些过分了，倒不是因为婶子嫁给侄子，他才不管这些呢。那为什么说是过分呢？是因为年龄，贵由只比蒙哥大三岁，大家想一想，那两人岂不是差十几岁，这明显是为了利益。但是这件事被唆鲁禾帖尼以诸子尚未成人为理由拒绝了。窝阔台没办法，也不藏着了，动真格的，干脆把属于拖雷的三千户授予儿子阔端。拖雷属下很多大臣不服，唆鲁禾帖尼说服他们遵从大汗旨意，自己亲自带人去划定边界，并且又送给阔端许多东西，就这样笼络了阔端，使他后来站在拖雷家族一边，这是后话。

史书记载，唆鲁禾帖尼治家有方，管教诸子遵守札撒，学习汉文化。窝阔台十三年（1241）十一月窝阔台去世，汗位虚悬，乃马真后称制，法纪混乱，很多宗王、贵族滥发牌符征敛财物，唯有她和她的儿子们没有这样做，为拖雷家族赢得了声誉。

她爱护属下臣民，对违法官员和军士加以严惩，她的兀鲁思内百姓的处境比其他宗王领地的百姓处境要好（也不乏溢美之词）。

下一个该是主角出场了，谁啊？新汗孛儿只斤·贵由。这时他在西征，知道母后称制，上表祝贺，说自己忙于战事，就由母后受累了，这真是孝顺儿子！其实不然，他倒是想立刻回家登基，他敢吗？活得不耐烦啦？他只能让老妈玩够了再说。

乃马真皇后称制后，在位五年间，为了给儿子大创继承汗位的条件，滥行赏赐宗室和大臣，以取得他们的拥护。她确实想多玩两年，可是她毕竟不是大汗啊。

这么多双眼睛盯着自己，再加上几年的天灾，漠南闹蝗灾，很多地方颗粒无收，漠北高原连续几年大旱，有的地方寸草不生，许多河流干涸，牲畜几乎死绝了，这臣民们怨声载道（是岁大旱，河水尽涸，野草自焚，牛马十死八九，民不聊生）。宗王、那颜们正好有了理由，归罪于乃马真后不快点还政于贵由。

按照蒙古汗国规定，大汗的继承人必须经过忽里台最后决定，上文已交代。乃马真后一切准备就绪，决定在乃马真后五年（1246），举行忽里台，拥戴贵由登基，其实这已经是水到渠成的事了。

大会召开前夕，乃马真皇后遣使各地，召集宗王、那颜到都城和林参加大会。诸王中，钦察汗国的长房长孙拔都和贵由平时有矛盾，听说要推举贵由为汗，心中不满，托词有病，拒绝赴会，只派遣弟弟别儿哥代他参加。

八月这天，东西道诸王和各地大臣、将军、那颜等都已到达和林，乃马真皇后在和林附近的达兰达葩召开忽里台。会前，乃马真后遣心腹法提玛和奥都剌合蛮等人去看望来京的"代表们"，嘘寒问暖，各有赠品，根据不同需要，给予最大限度的满足。这些与会诸王百官已被皇后笼络，故大会一致推举贵由为大汗。

这里还有一位举足轻重的人物——唆鲁禾帖尼。她一看拔都不肯参加忽里台，皇太弟斡赤斤也领兵来争位，汗廷面临内战和混乱的危险。唆鲁禾帖尼权衡再三，毅然决定率诸子参加大会，拥立贵由登基，安定了局势。

拖雷系本来是觊觎汗位的，大家都心知肚明，谁也没想到唆鲁禾帖尼这么深明大义，就连乃马真母子都以为平时错疑了这家人，暗叫惭愧。

至于拖雷系当时到底怎么想的，史书并未记载，只是说唆鲁禾帖尼如何如何识大体、顾大局而已。其实笔者认为，也不乏欲擒故纵的成分。但是，不管怎样，拖雷系的威望进一步提高，也使窝阔台系的人不再敌视他们。

这时贵由早已回到和林，在密切注视着，"代表"们上表劝进，他假意以体弱多病为由再三推让，而诸王、大臣则再三劝进。

这只是一个程序，与是否登基无关，是效仿古代贤君大禹三让。经过一番假意地推来让去，贵由表示同意继承汗位，并提出了一个条件：如推其为汗，以后汗位必须让其子孙世代相传。

与会者立誓道："只要你的家族中还留一个哪怕是裹在油脂和草中的人，我们都不会把汗位再给别人。"

贵由听了，心中很高兴，宗王和那颜们都这样发誓了，以后的汗位就高枕无忧了，于是即位为汗，时年四十一岁。

贵由即位后，乃马真后仍在干政，贵由继位半年后乃马真后去世，贵由才得以亲政。这下臣民们高兴了，盼望新汗大展宏图，让百姓们别再饿肚子了。这想法是好的，但是往往事与愿违。

乃马真后死后，贵由上台前，由于母后长期把持朝政，滥行赏赐，法制废弛，从而造成了政令不一、矛盾重重的局面，政治已经日趋腐败。

贵由执政后，不但不从实际出发，勤于朝政，整饬官禁，反而大开府库，把金银财宝赏赐给那些推举他为大汗的诸王、那颜们，以炫耀他的慷慨和感恩之情。并且他昼夜沉溺于酒色之中。

在他执政的两年中，使得母后造成的那种"法度不一、内外离心"的衰败局面愈演愈烈。不仅是政敌、普通臣民，就连推举过他的宗王、那颜们也大失所望。

贵由别看治理国家不行，可大家的情绪他还是明白的，得想办法转变这种局面。老办法（估计他也没有别的办法），战争是转嫁矛盾的最有效手段。

但得想好了这次打谁，贵由这次豪气大发，打别人不算是好汉，啃一下最难啃的骨头——长房长孙、钦察汗国拔都。

这不免让人大吃一惊，拔都可不是你想打就打的，举全国之力也未必打得赢，那可是两败俱伤，国力大减啊，何况正赶上自然灾害。

汗廷的文武大臣都很着急。再说，想去征讨长房长孙，总得有理由吧，这好办，全天下最不缺的就是理由。但是贵由不能说，在推举他为大汗时，拔都以病为由拒不参加大会，我贵由怀恨在心，就决定西征，讨伐拔都。其实这是主要原因，但是这拿不到桌面上啊。

有了，你拔都滥杀无辜，父汗严旨不准屠城，你把弗拉基米尔屠城了，放火烧了大公一家。

但是他也知道，这件事不能公开，一旦让拔都知道，就拔都那暴脾气，我还没等打他呢，他早来兴师问罪了。

贵由汗二年（1247）秋，贵由又以西巡为名准备进行西征。第二年春天，他从和林出发，率军西行。三月，当大军到达横相乙儿（今新疆青河）时，身虚多病的贵由突然病情恶化，与世长辞，时年四十三岁（三年戊申春三月，帝崩于横相乙儿之地）。

贵由在位不满两年，死后由他的皇后海迷失后称制。

大家再看这一段："及各部又遣使于燕京迤南诸郡，征求货财、弓矢、鞍辔之物，或于西域回鹘索取珠玑，或于海东楼取鹰鹘，驲骑络绎，昼夜不绝，民力益困。然自壬寅以来，法度不一，内外离心，而太宗（后来为窝阔台上的庙号）之政衰矣。"

这是正史记载的，正史记载以好事为主，坏事往往一带而过。这是坏事，能假吗？还好，这贵由走到半路，崩了，出师未捷身先死，真使臣民泪满襟。

这眼泪可不是悲伤的，是高兴的泪水、幸福的泪水。

贵由的死因在历史上也成了一个谜团，史书记载贵由是病死的，但西方的文献里却记载是被拔都派人杀掉的。

据说贵由派人征召拔都，拔都表面上接旨启程，却派一个叫思梯坎的兄弟先行。思梯坎到了贵由所在之处后，在献酒时与贵由发生冲突，最后两人都死于争斗。

也有记载说是贵由定下来攻打拔都，唆鲁禾帖尼是与会成员，马上派人给拔都送信，让他早做准备，拔都派两个厨子接近贵由，最后取得贵由信任，被这两个人给毒死了。

当然，野史不足信。本人以为，贵由是走了他老子的旧路了，享乐过度，醉酒而亡。

大蒙古汗国还得过日子，按惯例贵由汗妃斡兀立·海迷失监国。贵由汗三年（1248），海迷失在诸王支持下，在哈剌和林监国。《元史》记载是由她抱着幼子失烈门登基，她垂帘听政，这是不确切的。

第一，失烈门不是贵由的孩子，而是阔出的嫡长子，他的老妈是弘吉剌部合塔合失；

第二，失烈门也不是幼子了，通过史料推算，那时候他已经二十岁了，而且已经当了爸爸。

这时贵由的另外两个儿子忽察、脑忽另建府邸，与海迷失相对抗，事实上成了一国三主；另一方面，宗王们又擅自签发文书，发令旨。

由于朝廷内部的纷争，使汗国陷入了混乱之中；又遇大旱，水泉尽涸，野草自焚，牛马十死八九，海迷失称制三年，民不聊生。

在这段时间唆鲁禾帖尼也没闲着，极力拉拢拔都，目的是取得术赤家族的支持。

贵由挂了，这不还得商议推举新大汗吗？这时候让窝阔台系感到最大威胁的是拔都。他们看到了唆鲁禾帖尼的做派，放松了警惕，还有那皇太弟斡赤斤前一年死了。

有的人会问，他怎么会挂了呢？他这时候虽然七十七岁了，但还很健壮，骑得了烈马，拉得了硬弓。还记得他造反的事吗？当时乃马真后许诺，如果皇太弟马上回到自己的兀鲁思，既往不咎。斡赤斤做到了，前文交代过。

这才过去不到几年，这老先生倒挺实在，根本没当回事，还大摇大摆地给他的孙子贵由登基撑门面呢。哪知道他这个孙子扣下了他，来个"秋后算账"。

贵由令蒙哥和自己的儿子忽察（贵由之子）审理，这两个主审官苦口婆心地劝。斡赤斤死活不承认自己造反，只说自己是带兵平叛。

蒙哥倒无所谓，忽察不行，要抢的是他们的江山，这江山一不小心还是自己的。

于是这两个"孝顺"的孙辈吊打斡赤斤，打得这老人家满地找牙，只好招了。贵由也不客气，既然招了，那只好去长生天陪伴你大汗哥哥了。这样不又少了一位实力派人物吗！

上文提到，拔都志不在此，于是他以长支宗王的身份遣使邀请宗王、大臣到他的兀鲁思召开忽里台。他在忽里台的选址上也动了一番脑筋，觉得在自己的斡鲁朵不合适，于是向东移了几百里，在一个叫作阿剌脱忽剌兀的地方，这地名太长了，看官们记住是阿剌就可以了。

窝阔台系和察合台系的宗王们多数拒绝前往，贵由皇后海迷失只派八剌为代表到会。唆鲁禾帖尼则命长子蒙哥率诸弟及家臣应召前往。

拔都在会上极力称赞蒙哥能力出众，又有西征大功，应当即位。八剌是钦差大臣，虽然别人没那么看重他，他还是觉得自己是高高在上的。

在这里有必要提醒一下，这八剌也是纯纯的天潢贵胄，是察合台系的，是察合台长子木阿秃干的孙子。他可不是凡人，虽然没有夺得汗位，也把大蒙古汗国闹腾了一阵子，这是后话。

八剌在临行前已经得到海迷失的谕旨："你这次去，不是和他们争论储位，你的任务就是把水搅浑。"

第二十四回

是天命所归

　　八剌看出来众人都不反对拔都的提议，虽然自己孤掌难鸣，但不能忘记自己的使命，他大声说："小王受监国所托前来，就是要提醒诸位，先皇驾崩，四海为之震动，在座各位宗王、那颜理应奉前皇（窝阔台）之遗命，奉失烈门为大汗。"

　　这话一出，大家确实吃了一惊，这海迷失也是拼了，不拿贵由儿子说事了，抬出了窝阔台汗说事。这言之凿凿，无法驳斥，霎时间一阵沉默。别忘了，还有一些大将呢，这次到场的有大家耳熟能详的兀良合台、铁木迭儿（不是后面的大奸臣）、也速不花，他们这些贵族都是心系拖雷系的，说话又不会拐弯。

　　兀良合台可不管你是不是钦差，大声说："八剌宗王，草原上有句老话，长生天在上，五年不给草原带来一滴雨，那毕竟有它的道理。你把话说完了，按理说末将不应该驳你，末将要问你一句，你的话道理何在？毫无缘由地提到失烈门宗王，大家都不理解。"

　　虽然这话说得没有力度，但是毕竟有人打破了沉默，于是大家都七嘴八舌地表示赞同。这时八剌急了："怎么？诸位，窝阔台大汗以皇孙失烈门为储君，你们可都是知道的（昔太宗以失烈门为嗣，诸王百官皆与闻之），忘啦？现在失烈门宗王还在，你们立别人为大汗，把他放在什么位置呢（将置之何地也）？"

大家又是一阵沉默，这时有一个人，在默默地观察了很久，看大伙又被这八剌问住了，心里冷笑，该出面了，于是站起来说话了："诸位宗王、那颜，小王说两句。"

大家看时，是一位三十多岁的郡王，身材高大，圆脸短髭，一双大眼睛炯炯有神，说话底气十足。此人是拖雷第四子、嫡二子忽必烈（"元史"记载是末哥），前文有交代，是拖雷妃唆鲁禾帖尼所生。实际上他比八剌高出两辈。但是今天八剌是钦差，代表的是监国。

大胡子耶律楚材在世时弄了一个朝仪，以官职作为尊卑顺序。八剌还是有自知之明的，即使没有，现在也明白了，还敢托大吗？只是觉得自己太有才了，这两句话就把他们都镇住了，他正在得意，看忽必烈站起来，也慢吞吞地站起来，喊了一声："叔爷，请赐教。"

忽必烈不慌不忙地问道："八剌钦差，小王问一句，既然当时定了失烈门，那为什么由先皇登基啦？小王糊涂，请钦差不吝赐教。"

八剌心里一阵冷笑，说："叔爷明知故问，那时长者都在，一个晚辈登基不合适，这事在座的都知道。"

忽必烈哈哈大笑，这一笑大家醒过腔来，这八剌说话前后矛盾。以子之矛刺子之盾，则何如？不等忽必烈反驳，早有人坐不住了，谁啊？忽必烈同父同母的弟弟阿里不哥。这阿里不哥是个暴脾气，不像忽必烈，忽必烈是一位汉化的蒙古郡王，讲究的是内敛，下文专门交代他。

现在只说阿里不哥，他气汹汹地问八剌："八剌，你不要在那儿狐假虎威，看一看，在座的哪个不比你辈分高？本王接你的话说，伯汗确实有旨，谁敢违背？又是谁违背了，还不是乃马真后和你们这些鼠辈违背旨意，公然推先皇登基，还敢在这儿大谈遵旨。快回你的兀鲁思吧，别在这儿丢人现眼了。"

大家哄堂大笑，八剌一下子愣住了，知道这个问题怎么都不好答，僵在那里不说话了。这时忽必烈给兀良合台使了一个眼神，兀良合台马上心领神会，站起来说："蒙哥王爷文武双全，德压众王，又是先汗领养的儿子，是草原上的雄鹰，是长生天赐予的草原之主，这是大家都知道的。为了汗国，为了草原，为了子民，拔都宗王的提议很好。"接着又把西征时在宽田吉思海上发生的事情讲了一遍。大家早听过这件事，一下子被镇住了，这是长生天的旨意，是"天命所归"。

拔都站起来，又重申一下自己推举蒙哥的理由，一语定乾坤，大家通过，是不是全票，这就不知道了。

窝阔台、察合台两家知道忽里台大会结果时，着实错愕了一阵，觉得被术赤系和拖雷系的耍了，拒不承认这次推举。

这事就不好办了，唆鲁禾帖尼知道，不能退缩，否则不但丢掉汗位，还有可能丢掉封地，甚至阖族人的性命，于是和蒙哥商量。大家不知道，这蒙哥可不是凡人，而且他还有一个非常有政治智慧的弟弟，那就是忽必烈，他拉拢了一些有学问的汉人，由他们给拖雷系出谋划策。

下文会介绍蒙哥。于是蒙哥又遣使邀集各支宗王到和林召开忽里台，拔都派他的弟弟别儿哥率大军随同蒙哥前往和林（其实是保护）。

但窝阔台、察合台两家很多宗王仍不肯应召，大会拖延了很长时间。这时蒙哥和重要幕僚杨惟中、姚枢商量，姚枢提议去广宁请来另一位皇太弟阿里古台。蒙哥如梦方醒，大喜，强烈同意。

阿里古台现在已经八十多岁了。阿里古台怕汗廷出大乱子，带兵到了和林。由于唆鲁禾帖尼的威望很高，并且善于笼络宗王、那颜，再加上拔都和老宗王的威望，多数宗王大臣最终应召前来。

蒙哥汗元年（1251）六月，举行忽里台大会，宗王、那颜们共同拥戴蒙哥登基，即大汗位。

成功了，江山易主了，也不对，应该是"易系"了。

蒙哥登基后，尊唆鲁禾帖尼为皇太后，此后，为了巩固汗位，唆鲁禾帖尼母子镇压反对者毫不留情。

蒙哥和忽必烈都做过大元朝（或大蒙古帝国）的帝王，旭烈兀在西亚开创了伊利汗国，阿里不哥在蒙古本土被部分宗王贵族推举即位，并和忽必烈争位达四年之久。由于她养育出这四个杰出的汗王，后人称她为"四汗之母"这是后话。但是，蒙哥汗二年（1252），唆鲁禾帖尼因病去世。

不管怎样，从此汗位继承，便由窝阔台系转移到了拖雷系，唆鲁禾帖尼忍辱负重、韬光养晦，关键时刻搏命一击，终于达到了目的。

蒙古汗国到了第四任大汗——蒙哥汗时代。汗国真正变为帝国。现在蒙哥皇帝走到了前台，是时候介绍一下他了。

孛儿只斤·蒙哥，成吉思汗四年（1209）生于漠北草原，是太祖的孙子，拖雷的长子，拖雷正妻唆鲁禾帖尼所生的嫡长子。

在中华文明里，但凡这种情况都有一些大贵的征兆，出生时有各种异象，向世人证明，此人"法当贵""天命所归"，其他人不要和他争了，和他争就是违天意、不祥、不吉利。但是在蒙哥的记载里没有出现，倒是西征时有了"天现异象"，我们就不再赘述了。

"蒙哥"的意思是"永久"。窝阔台即位之前，以蒙哥为养子，让昂灰皇后抚育蒙哥。在他长大后，为他娶火鲁剌部女子火里差为妃，并且分给他部民。窝阔台汗四年（1232）九月拖雷去世后，才让他回去继承拖雷的兀鲁思。

蒙哥多次跟随窝阔台参加征伐，屡立奇功。窝阔台汗七年（1235），蒙哥参加第二次蒙古西征，与拔都、贵由西征欧洲的不里阿耳、钦察、斡罗斯等地，战功赫赫，在宽田吉思海附近，活捉钦察首领八赤蛮，上文详细交代过。

蒙哥即位后，那窝阔台系和察合台系就没有什么反应吗？当然有。他们绝不甘心自己的失败，妄想"复辟变天"。正在拖雷系举杯庆贺之时，危险也在悄悄地来临。如果不是一个偶然的机会，历史可能又要重写。

这得感谢一个叫克薛杰的人，这个人是个奴隶。这个奴隶是蒙哥家的昔宝赤，就是鹰户。大家听到这个会感到惊讶，什么意思？

贵族就是贵族，他们有各种各样的专户，这不是现在的专业户，是朝廷的专户。其实也不算奴隶，只是入籍了，祖辈都得做这个。鹰户是捕猎专户，打猎用鲜肉来祭奉祖宗，外加训练海东青等猛禽。这个克薛杰就是专门抓大雕和驯鹰的专户，下文对朝廷的专户还要做专门的交代。

这天克薛杰走在路上，看到有一大队人马在行进，前面的几个大车陷在泥水里，不少人在推车。克薛杰认出是"黄金家族（太祖家族的称呼）"的车，主动上前帮助，谁知后面的一个车用力过猛，把车推翻了，撒出来的东西让他大吃一惊，他们说是银锭，其实一个银锭都没有，全是兵器。

克薛杰是个聪明人，他清楚，这叫"漏刃"，如果他们发现自己知道了这件事，不会让自己活着离开，一定会干掉自己。于是他装作一无所知的样子，继续推车，然后若无其事地走了。走出他们的视线后，克薛杰猛打缰绳跑向大斡鲁朵，向新汗汇报。

那大汗高高在上，是一个驱口、专户想见就能见的？克薛杰在前面吵了起来，出来几个怯薛歹，问明情况，骂他胡说八道，差点把他给杀了。克薛杰也不怕，死命往里面冲，惊动了大汗。还是姚枢老成持重，说宁可信其有，不可信其无。于是大汗派三弟旭烈兀带兵截住这伙人，带回了大斡鲁朵。

蒙哥一看，好家伙，全是天潢贵胄。领头的是差一点当上大汗的失烈门，还有两位，贵由的儿子脑忽和察合台孙子也孙拖。这几人开始口径一致，只说回京贺喜大汗，别无他意。这小儿科话，谁能相信？蒙哥汗下令旭烈兀严审几个部将，这些贵族们扛不住严刑拷打，全招了。

蒙哥汗下令处死了几个部将，把几位皇弟发往军前效力，这才是"刑不上大夫"。太祖规定"罪不及家人"，哪怕你谋大逆也没关系。

但是，下面要讲的几个人就没那么幸运了。

第一位是镇海，那是个好官，反对嗜杀，提倡用汉人，也比较清廉。他不是跑到阔端那里藏起来了吗？

这还得从乃马真后说起，她采取打一个拉一个的策略，说镇海是牙老瓦赤构陷的，是冤枉的，把他接回来，继续追捕牙老瓦赤，并且安排镇海为汗廷右丞相。

镇海对乃马真后和贵由忠心不贰，他极力反对拖雷系登基。你说这镇海，这是"天家之事"，和他一点关系都没有，没事你掺和这事干啥。

蒙哥汗登基后，十分忌恨他（帝深忌之）。

这就是丛林生存法则。

这时有人举报亦都护萨伦迪，准备对别失八里的当地人进行屠杀，蒙哥派人把人抓回来，不知怎么就牵扯到了镇海，没得说，都被送到和林处死。一朝天子一朝臣，贵由的重臣，蒙哥当然不用，找出理由该杀的杀了（不该杀的也没留着）。

大家发现了，少了一个人，谁啊？奥都剌合蛮，这个世界上独一无二的承包商，"红顶子商人"，他最后怎么样啦？他给大蒙古汗国搜刮了无尽的财富，自己也赚得是盆满钵盈。

当时乃马真后都答应他了，记住是娘答应的，儿子可没答应。你做得风生水起的，大汗国的府库可是要空了。达官显贵羡慕你，贵由大汗嫉妒你，百姓恨你。一介商人，富可敌国，斡鲁朵的府库都没有你的充盈，而且他引起了百姓的愤恨。有人劝他散尽家资，他摇头哂笑，就像三国的魏延一样，真想大喊三声"谁敢杀我"？试试吧，贵由大汗不但杀了他，还抄家了。乃马真后咬牙切齿要做的事没做到，她儿子做到了，汗廷的开销三年不愁了。

还有这几家宗王，各镇一方，足以和汗廷抗衡，这让蒙哥寝食不安，尤其和林附近的几个兀鲁思，真是让蒙哥如芒在背，卧榻之侧，岂容他人酣睡。

第一个就是贵由的合敦海迷失，她在忽里台上公然叫嚣蒙哥是篡位。唆鲁禾帖尼生前嘱咐蒙哥，不能留着这婆娘。这个海迷失好歹也是货真价实的皇后，怎么说处死就处死啊？当然，想杀你，理由还不是现成的！有人举报她和镇海狼狈为奸、乱发债券。

这倒挺好的，可是这罪不至死啊，也只能是"下旨切责"；正在这时，一个怯薛歹举报海迷失每天找女巫作法，那纸人与她的婆婆乃马真后像极了。

第二十五回

天子的家产

蒙哥汗大喜，马上下旨抄没，抓住女巫；查到了纸人。可是女巫招认，她以前在魔镇刚刚殁了的皇太后唆鲁禾帖尼，纸人画的也确实是唆鲁禾帖尼。

这么说老妈是她们下镇物弄死的，是可忍孰不可忍，天子之怒啊！其实这也够杀人的理由了，但是蒙哥汗还有两个汉人心腹呢，谁啊？当然是姚枢、杨惟中（下文再介绍他们）。他们觉得如果这样做，有打击报复的嫌疑。大汗嘛，是长生天派下来抚牧子民的，是天子，不能那么小肚鸡肠吧？

两人提议，干脆就说她在魔镇自己的婆婆，以便让自己的老公早日亲政，这样显得理直气壮、大公无私、光明磊落。于是蒙哥下令把海迷失抓了起来，公布罪状，朝野上下，气势汹汹，都上表请求杀掉她。蒙哥汗有些犹豫，毕竟她是一国之母。

这时还是谋士姚枢烧了一把火："大汗，小慈乃大慈之贼也。"

这还用再说嘛，杀吧。大札撒有规定，黄金家族的人犯了弥天大罪也不能见血，意思是不能杀掉。但是人们自然有办法，杀人不见血还不好办！于是把海迷失装在麻袋里，先用几匹马拖了一阵，看拖得差不多了，绑上巨石，沉河淹死了。

贵由两口子去和长生天团聚了，还有他的子孙呢。窝阔台系的封地都在附近，又是姚枢献计："陛下，汉武帝时有一位叫主父偃的，上书皇帝，实行了'推恩令'。"

蒙哥不同于前三任大汗，他"龙潜藩邸"时和他的四弟忽必烈招拢了许多汉人，他也学了汉文和汉人的历史，对"推恩令"很感兴趣，和谋士姚枢等人商量出了办法。

于是把窝阔台的领地瓜分成若干小块，脱脱在夜迷立（今新疆额敏）；窝阔台汗的孙子海都（大家记住这个人）分在海押立，这样汗廷分而治之。

大家应该想到了，还有一位察合台系，这个系是很没劲的，包括八剌，一有事这个系的人就前蹿后跳，跳得很高，他们也是拖雷系实实在在的政敌。其实大汗这把椅子从来都没他们什么事，他们就是刷一下存在感。

蒙哥当了大汗，八剌不管心里咋不愿意，还是投了赞成票，蒙哥为了"亲亲之义"，让他在自己的兀鲁思好好地生活。但是后来也露出了狰狞的面孔，这是后话。还有另一位，跳得比任何人都高，比海迷失都高。

常言说得好，跳得越高，摔得越重。

这位就是也速蒙哥，他本来继承了察合台系的兀鲁思，他也是吃饱了撑的，非得在这个时候跳出来刷刷存在感，结果把命刷没了，一切都没了。

有人要问了，他既然在自己的兀鲁思，那也是坐镇一方，汗廷也是鞭长莫及。确实是，可大家别忘了，蒙哥还有一个姚枢呢，他出了一个更损的招。

察合台有一个孙子，叫哈剌旭烈，本是长孙，是察合台点名的接班人。察合台在三弟大汗挂了以后，他也紧跟大汗到另一个世界去了。哈剌旭烈受命做了兀鲁思的掌权人，几年后贵由继任大汗，以合罕的身份对察合台汗国进行干预。贵由和也速蒙哥关系较近，为了培植势力，他对臣民说："也速蒙哥是嫡子，哈剌旭烈是嫡孙，嫡子在而传孙子，这有悖人伦。"说得义正辞严,把哈剌旭烈赶下台,扶持也速蒙哥做了察合台的掌门人,把哈剌旭烈赶回漠北,连大一点的兀鲁思都没有他的份儿。

哈剌旭烈每天抱怨,凭啥?是啊,凭啥!这些情况让姚枢知道了,于是给老板蒙哥献计,如此如此……

这天,蒙哥的怯薛长、万户唆都去拜见哈剌旭烈,带了好多礼物。这哈剌旭烈也不傻,自己虽然贵为王孙,可是现在没钱没枪没地盘,落毛的凤凰不如鸡。而这唆都是万户,大汗的警卫部队司令、宠臣,他知道此番登门必有大事,丝毫不能怠慢。哈剌旭烈热情地招待了唆都,酒足饭饱,进入正题。

唆都性格直爽,没有那么多弯弯绕,问他:"小王爷,你的兀鲁思太小了,这一年的花销也不够。草原上的乌云是遮不住太阳的,你是草原上的雄鹰,以你的才干和雕弓,你应该会得到一个更大的兀鲁思。"

就这一句话,哈剌旭烈已经知道其来意,心中大喜,说:"谢谢将军,只是这块乌云太大,不知道什么时候才能驱散,将军教我。"

唆都就等他这句话,说:"咱俩虽是君臣,但也是多年的朋友。只要你拿掉这块乌云,我对着长生天说,你就什么都有了。"

哈剌旭烈虽然高兴,但还是有自知之明的,和也速蒙哥比拼实力?那是活得不耐烦了,大汗要想征讨他,还轮得上自己?知道唆都是有备而来,于是虚心问计。

过了几天,蒙哥大汗发了诏告,剑指哈剌旭烈,"党附海迷失,阴谋造反,证据确凿,发天兵征讨"。等大军到了哈剌旭烈的兀鲁思,人已经跑了,于是汗廷画影图形,发出"通缉令",列出"追逃分子"。

溥天之下,莫非王土,哈剌旭烈往哪里逃?只有一处可去,他亲叔叔也速蒙哥的兀鲁思。也速蒙哥虽然很聪明,也觉得这事没有什么值得怀疑的。蒙哥大汗不杀尽自己这一系是不会善罢甘休的,这是自己的亲侄子,虽然自己代替了他的位置,但那都是贵由的意思。自己平时和这位侄儿没有什么过节,也还说得过去。

这时他和钦察汗国拔都正是剑拔弩张之时，早晚会有一战，哈剌旭烈来了，正好多了一个帮手。干脆就把他留在了自己的兀鲁思。

过了一段时间，也速蒙哥和哈剌旭烈正在说话，来人报告："钦察国派兵来围城，声称奉旨抓小王爷。"

也速蒙哥马上问："来了多少人？拔都有没有来？"

来人说："来了几千人，没有拔都汗王。"

哈剌旭烈忙说："叔汗，他们既然是要抓我，我随他们去就是了，有叔汗你在这里，谅他也不敢把我咋样。"

也速蒙哥看来人不多，他最怕的拔都又没来，索性爷们儿一把，说："你不用怕，我先带兵去会会他们，你和我一起去。"

这话一出口，着实让哈剌旭烈吃了一惊，这人是真汉子。自己是"通缉人员"，藏还藏不住呢，一起去迎敌？

两人准备停当，出城迎敌。刚刚扎住阵脚，敌营闪开，放马跑出一员大将，赫然就是拔都。也速蒙哥魂飞魄散，刚要撤军，早被自己的亲侄儿、前任大汗、现在的"通缉分子"哈剌旭烈一刀斩于马下。

拔都大喊："众将不要乱，奉旨斩杀反贼也速蒙哥，与诸位将军无干，都随本王进帐吧。"大家惊魂未定，拔都宣布，兀鲁思汗位由哈剌旭烈继任。砍下也速蒙哥首级，向和林报捷，这时候也不知道蒙哥大汗还有没有"亲亲之义"。

尤其这哈剌旭烈，为了这块兀鲁思，投靠自己家族的政敌，用苦肉计亲手杀了自己的亲叔叔，可悲、可叹。更可悲的是也速蒙哥，虽然做了大汗，看他的做派，匹夫之勇也，政治智慧为零。哈剌旭烈是你的亲侄儿不假，他也是你的政敌，是你死我活的政敌，竟然相信他是自己人。

不管咋说，蒙哥大汗消除了内患，但是这也给大蒙古帝国留下了更大的隐患。这个隐患其实一直都存在的，而蒙哥汗让这个隐患变得更大了，它的根本原因在于太祖时期。

我们都发现了，大蒙古帝国对外战争几乎所向披靡，是没问题的，问题在于内部。我们试想一下，大蒙古帝国东起高丽，西到斡罗斯这么大的兀鲁思，语言、风俗各异，太祖又不是文化人，只识弯弓射大雕，他如何来统治，没别的办法，这是自己的家产。

太祖当然还没忘了他那些安答，比如"四杰""四獒（称呼，无贬义）"，把他的大兀鲁思分成若干个小兀鲁思，封给了宗王们和那颜们。

蒙哥登基后，大一点的兀鲁思已经成了气候，能与汗廷分庭抗礼了。东道诸王都是太祖的老兄弟，在那里还比较不错，用他们自己的话说"共享太平富贵"。可是西部的就没那么听话了。

太祖正妻生的四个儿子，不管做没做过大汗，都有一片大的兀鲁思，这是东部诸王所不能比拟的，毕竟是自己的儿子，有时老子都没得比。

这兄弟四个，老大术赤的封地最靠西，在宽田吉思海到咸海的广袤的草原，是钦察部和斡罗斯。后来由拔都攻城略地，形成了属国中最大的兀鲁思。前文交代过，他已经不屑于和朝廷争夺汗位，守住自己的一亩三分地就好了。

察合台汗国在别失八里一带，窝阔台封地在花剌子模和西辽地带。拖雷系的在漠北地区，这时蒙哥把波斯一带分给了自己的亲弟弟旭烈兀，他不辱使命，建立了庞大的兀鲁思——伊利汗国，这是后话。

这笔者不厌其烦地唠叨了一遍，大家应该看懂了，这还是大蒙古帝国吗？问得好，眼下还是，但是长此以往，必是国将不国了。

蒙哥成了大蒙古帝国的当家人，他也没有其他办法，还是走前三位大汗的老路吧，分封。这时有人提出了异议，应该仿效前几个朝代，或大金朝、大宋朝，宗王和那颜们只吃食禄，不问正事。

蒙哥有几分疑虑，怎么，挑拨离间啊，我们家分蛋糕，关你什么事？把蛋糕给谁？都给汉人啊？你是什么居心！退下吧，"吾今欲睡君且去"。

大家看明白了，这个人确实高屋建瓴，人才啊。如果蒙哥汗采纳了，那蒙古帝国可不是后来的样子，可这世上有如果吗？"大不了从头再来"，哪有那么容易的事！

这蒙哥汗不但没听，还烦了，每天这么哓哓鼓噪，这大蒙古帝国还不得是你们的！走吧，离开和林吧，让朕的耳朵根子清净几天，还是到漠南去帮帮老四忽必烈吧。

那这人谁啊？还有谁，姚枢。别看蒙哥不待见他了，忽必烈知道他要来漠南，大喜过望。以后的事基本都依靠他来出谋划策。这姚枢是何方神圣？

姚枢，字公茂，柳城（今辽宁朝阳）人，后迁洛阳，又到许州。史书记载，姚枢自幼读书刻苦，自期甚高，当时闲居许州的名士宋九嘉对他倍加赏识，认为他有"王佐之才"。

这个时候，大金国已经是日薄西山了。窝阔台汗四年（1232），蒙古军攻破许州，姚枢被迫出逃。这时，宋九嘉已出任蒙古官职，姚枢就到燕京投靠他，宋九嘉将他推荐给了名臣杨惟中。

杨惟中是谁？上文提到过几次，他还被耶律楚材绑过。传说他是窝阔台的养子，不管真假，最起码你捕捉到了一点，这时候他还是个年轻人，他比姚枢小五岁，姚枢三十二岁，杨惟中只有二十七岁，可谓青年才俊，他们惺惺相惜，这时候杨惟中刚刚从西域各国回到燕京。他推荐姚枢前往漠北，觐见窝阔台。

当时耶律楚材作中书令，对姚枢的才华大为赞赏，极力推荐。窝阔台接见了他，谈及治国方略，掷地有声，窝阔台大喜，留他在身边做幕僚，食邑千户（喜其来，甚重之），留他在身边数年，姚枢因此熟知了蒙古的语言、风俗和文化。

窝阔台七年（1235），皇子阔出统兵攻宋，姚枢受诏从杨惟中随军出征，到汉地求访儒、道、释、医、卜、酒工、乐人等类人才。姚枢出色地完成了自己的使命。

第二年蒙古军又攻陷德安（今湖北安陆），"其民数十万，皆俘戮无遗"。其时，姚枢还没有能力制止滥杀，但他拿着窝阔台的诏书四处奔走，尽力解救身着儒服的人，其中一位叫赵复的人言谈不俗，慧眼独具的姚枢当即将赵复带在身边，与他同吃同住。不久，姚枢亲自护送赵复北至燕京。

为"传继道学之绪"，在中书令耶律铸的支持下，姚枢协助杨惟中在燕京创立太极书院及周子（周敦颐）祠，"以二程、张、杨、游、朱六子配食，请赵复为师，选俊秀有识者为道学生"。"从学者达百人之多，由是，理学在北方传布日广"。

这是史书记载，大家发现，自古就是中华一统，只是他们地处漠北，不知教化，后来也逐渐接纳了汉学。

第二十六回

此子聪大师

窝阔台十一年（1239），窝阔台任命姚枢为燕京行台郎中。当时的札鲁忽赤（行台大断事官）是牙老瓦赤，当时各地官员和掌握兵权的世侯争相往燕京送银子。

牙老瓦赤经常把贿赂分一份送给姚枢，有人说是为了堵住姚枢的嘴，这倒未必，说明他是挺看重姚枢的。

姚枢是个洁身自好的人，不想要，但顶头上司又得罪不起，他不想留下污点，只好挂冠而去，携家小迁至辉州苏门百泉隐居。

这时他的命运发生了一次重大转折，这成就了他与辉县百泉的一段缘分，也成就了他与许衡、窦默等大儒之间的情谊。

来到苏门后，姚枢的生活是简朴的，没有了燕京城的高堂华屋，他"诛茅为堂"，盖起了茅草屋，然后出资垦荒田数百亩，"修二水轮"灌溉，让自己的生活有了基本的保障。随后置家庙，奉祠四世堂龛，自己"终日危坐"，潜心研读程朱之书。

姚枢隐居苏门山时，许衡已三十多岁，也在开馆授徒，他得知姚枢在百泉，于是前来拜访，被姚枢的道德文章所折服，于是许衡就带着家人和学生迁至苏门,与姚枢"相依以居"。另一位饱学之士窦默也前来隐居,与姚枢、许衡等人"慨然以道为己任"。

史书记载,他们过从甚密,经常聚集在一起,朝暮讲习,"凡经传、子史、礼乐、名物、星历、兵刑、食货、水利之类,无所不讲"。

有一个人一直在默默观察着姚枢,在蒙哥汗"龙潜藩邸"时就已经对他"垂涎三尺"了,是他把姚枢召到漠北推荐到蒙哥的府上,使姚枢得以结识杨惟中。这个人就是忽必烈。忽必烈知道他挂印隐居,时刻派人打听他的踪迹,几年后终于找到了他,又把他召到了漠北。

想知道姚枢,我们得先放一放,先说一下他的老板和挚友,已经走向前台的忽必烈和大家耳熟能详的刘秉忠。

忽必烈生于成吉思汗十年(1215),是太祖的孙子,拖雷的第四子,母亲为唆鲁禾帖尼,上文介绍过,不再赘述。有的史料记载,忽必烈文化不高,四肢发达,头脑简单,几乎和他的爷爷一样,只识弯弓射大雕。而且生性凶残,嗜杀喋血,而且有不少史料这样记载,这让人很费解。

这忽必烈可是个儒学通,他通晓各民族文字,除蒙古文化外,还通晓契丹文、女真文等,他尤其痴迷中原文化。其实大家想不到,对他启蒙影响的却是契丹人耶律楚材,他被大胡子的文化造诣深深折服。

他的母亲是一位卓越的女性,太祖在世时,一再强调子孙们必须学习汉语。其实太祖未必想到会统一中原,做华夏之主,他的意思无非是我们多掌握一门语言,和汉人交往时,免得通译(翻译)两头通吃。他还给这些子孙们开设了汉语课,可惜了,这些子孙们是在马背上长大的,见到本族语的课本还直打瞌睡(没有课本,连文字都没有),哪认得了那么多"外文",更何况他们经常驰骋疆场,时间也不允许。一般的也就是认识几个汉字,会简单的交流就行了。

拖雷家族不这样,用现在的话说,他们有一个虎妈。上文交代过,唆鲁禾帖尼对子女的教育非常严格,尤其是他自己的四个儿子,蒙哥、忽必烈、旭烈兀和阿里不哥。阿里不哥那样的,也能读中原书籍,可见这虎妈确实是有一套。那三位所学足够用了,大蒙古帝国赫赫天威,中原各国国事衰微,尤其是他们看到了大金国的灭亡,大国的骄矜心态占了上风,对中原文化也就不做过多的涉猎了。

可是忽必烈却不然,他熟读中原学典籍,被中原文化深深地震撼了,知道了一点:"以古为镜,可以知兴替",于是更加如饥似渴地学习,是太祖子孙中的学霸。难道他就那么爱中原文化吗?我想也不至于。他的心中有一个世界,那个世界大得连他自己都不敢想,这是他的梦,一个庞大的帝国梦。

窝阔台汗时期,忽必烈才十几岁,就已结识中原文士,熟悉中原汉地的情况。他处处留心中原文士,聚集了一大批以汉人为主的大儒,他们成为忽必烈的幕僚。其中最早的有刘秉忠和张文谦。

刘秉忠和张文谦同龄,都比忽必烈小一岁。

这时刘秉忠还不是叫这个名字,刘秉忠原名侃,字仲晦,祖籍江西,祖上在辽、金两朝做官,落户邢州(今河北邢台)。他的曾祖父是金朝的邢州节度副使。蒙古灭金后,他父亲在邢州元帅府里是个军事长官,刘秉忠长大了,在邢州节度府里当了一个小官儿,相当于照磨一类的品级极低的刀笔吏。

那时正值天下大乱,各国鼎足而立,河北诸郡群雄并起。历史记载,刘秉忠感慨"大丈夫怀才不遇,应当隐居起来寻找机会"(丈夫不遇于世,当隐居以求志而),于是放弃官职上了武安山,干什么?做了道士。

注意了,这个武安山可不是江西那个有普宁寺的武安山,很多史学家都把它当成江西那个了,其实就是在邢州不远的武安,现在人称古武当山的地方。那时人们称之为武安山,山上有一个真武大帝庙,它其实是道观。道观香火极盛,就那样的时局,对这个道观没有丝毫影响。

为什么?问得好,因为有一个人曾经在观里住过半月,各国军队都不敢去破坏它,可以说是修道成仙的好去处。有人会问了,这个人是谁啊,这么厉害?

我说出来，各位一点也不陌生，那就是全真教长春子丘处机。我们在这里多费一点点笔墨讲一下此人。

在那动荡的年代，有道高僧或道士都特别受欢迎。这丘处机是执掌天下道教的领袖，在《射雕英雄传》里这个人物经常出现。他曾经应召赴燕京拜见金主，并主持"万春节"大醮，从此名闻天下。从北京返回时在武安山住了一段时间，金朝下令保护这个道观。

那么蒙古兵呢？他们可不管那些。你还真别说，蒙古兵更不敢。"名人效应"的因素肯定有，丘处机名声在外了，哪个带兵将领也不愿意惹上绯闻啊、官司一类的。最主要的原因是，这些兵都不想丢了吃饭的家伙。因为这个丘处机也到了漠北（其实是在西域，严格意义讲，是现在的阿富汗）去见太祖，这时真人道士已经七十四岁高龄了。

他算是一位高龄的"驴友"，带着十几个徒子徒孙，从中原出发，过居庸关，横过蒙古高原，又穿过按台山（今阿尔泰山），走过伊犁河谷，到了撒马尔罕。到这里又没见到太祖，于是又沿着蒙古西征大军足迹暴走，终于在昆都斯（阿富汗境内）见到了太祖。

前后走了两年多，才到了太祖驻地。他其实是被太祖召见的。和他一起去的徒弟在路上死了三个，他却一点问题没有，这让太祖很吃了一惊。一见面，太祖看他鹤发童颜，仙风道骨，称羡不已，于是请教长生之术。那时候人们的平均年龄很低。

丘处机不远万里来的目的是啥？大家也都知道，蒙古帝国横扫欧亚，杀戮太重，天下尽知，太祖的名字使世人闻风丧胆，丘处机就是来给他上课来了，教育他怎么"做人"。他给太祖归纳出来十二个字——"清心寡欲，敬天爱民，好生止杀"。

这个杀人不眨眼的大汗竟然答应了，回道："神仙说得好，我一定做到（神仙所言，正合朕心）。"于是下令不准屠城。后来是否屠城，我们下文专门有介绍。于是太祖赐给丘处机虎符、玺书。这是干什么用的，这是护身符。

你神仙还用这个吗？这笔者就不知道了，按理说神仙应该是刀枪不入或者说长生不老啊。这意思是拿着这个"如朕亲临"。

你说，蒙古军还敢动这个道观吗？

咱们还说刘侃吧。这个刘侃真的就想暮鼓晨钟地度过一生吗？笔者不信。过了两年，邢州天宁寺高僧虚照禅师听说刘侃是个人才，派弟子请他下山。于是刘侃又到天宁寺当了和尚，做了虚照的徒弟，虚照禅师赐其法名子聪。

但是不管是做道士还是做和尚，对于刘侃来说，无非是"息影垂钓、静待时机"。这无非是把道袍换成僧袍，这样想我们就错了，这次不同以往了，这虚照可是名人啊，和达官显贵，包括蒙古皇族都有往来。刘侃随师父云游四方，到了山西，在大同南堂寺住了下来。

乃马真后二年（1242），高僧海云奉召前往和林，去王府觐见忽必烈，路过大同，听说子聪大师（大师叫的早点了）博学多才，邀其同行（看看，和在武安山当道士一样吗）。有机会接近蒙古亲王，子聪自然很高兴地答应了。忽必烈召见二人，问："佛法里有没有安天下的办法呢？"

海云回答道："应该在天下大贤硕儒中求问古今治乱兴亡的事情。"

忽必烈又和子聪大师交谈了一番。这子聪大师无书不读，尤精于易经，至于天文、地理、律历、武备、三式六壬、奇门遁甲，无不精通，论天下大事了如指掌。多少年了，等得花儿都谢了，这满腹经纶无人识，现在机会来了。他向忽必烈上万言策，提出："治乱之道，系乎天而由乎人，以马上取天下，不可以马上治。"他主张改革当时的弊政，减赋税差役，劝农桑，兴学校等。

神仙啊！《三国演义》中的诸葛孔明也无非如此。

忽必烈大为赏识，于是把刘秉忠留在幕府，参与军政大事。当然，蒙哥也非常赏识他，经常问计于他。他中间离开一段时间，因父丧守制，就是"丁忧"。有人说三年，因为汉人的习惯为三年。

笔者对这里也做了研究，不是三年，应该是半年。那应该是朝廷"夺情"（日期不到诏令回朝，觉得不近人情，其实那是莫大的荣耀）了，也不是。别忘了，刘侃在漠北，蒙古汗国没有这个制度，应该是忽必烈给了他半年假，然后他又返回和林。从此刘侃得遇明主，改变了自己的命运，改变了蒙古帝国的命运。这刘侃不失时机地把姚枢推荐给了忽必烈。

忽必烈派人前来征召姚枢到漠北，史书记载，姚枢初到漠北，蒙哥和忽必烈"时召与语"。其实这是一种试探，姚枢没有错过机会，他给这兄弟两人上书数千言，总的要领是劝他们用汉法治理汉地。

姚枢说："二帝三王，为学之本，为治之序，与治国平天下之大经，汇为八目，曰修身、力学、尊贤、亲亲、畏天、爱民、好善、远佞。"这是形而上，然后是形而下，谈改革时弊的要务多达三十条，"施张之方，其下本末兼该，细大不遗"。

忽必烈大感惊奇，"奇其才，动必召问，且使授世子经"。姚枢也确实不负所托，这两年来，殚精竭虑，和刘侃一起为蒙哥兄弟出谋划策，使拖雷系终于登上大位。但是姚枢却隐居了。

第二十七回

拳击手登场

蒙哥汗二年（1252），汗廷已经基本稳定。蒙哥开始思考国家战略，对内搞活经济，对外发动战争。这是前三任都已经做到的，他也不能甘于落后。

这时国库已经空了，乃马真后和她的宝贝儿子贵由这一阵挥霍，有多少金银也用完了。可汗廷还在继续建造宫殿，臣民们怨声载道。

第一项惠民政策就是停建，工匠们回家，发给路费。臣民们欢声雷动。

第二件事，大赦天下，这是每个新登基的皇帝都要做的功课，他的"作业"交晚了，不是不会，是有意拖拉。一登基就宣布大赦天下，那是蠢材，别忘了，他的政敌还没搞定呢，天下大赦，这些人你赦，还是不赦？

第三件事，采纳姚枢和杨惟中的建议，取消"羊羔息"，什么是羊羔息？"斡脱"钱，印把子钱，俗称羊羔息。

百姓们奔走相告，盼星星盼月亮，终于盼到深山出太阳了。大汗万岁！

笔者告诉你，喊早了。

杨惟中不是窝阔台的亲信吗？蒙哥为什么也这么重用他，史书上没有记载，笔者不敢妄言。但是有一点我们要注意了，蒙哥和杨惟中都是窝阔台的养子，二人是兄弟，多数是在儿时就已经结下了深厚的友谊。

宗王和那颜们，仍然是火药味十足，面子上一团和气，背地里磨刀霍霍。你蒙哥把人家的宝座抢去了就完啦？没有那便宜事！

要转嫁内部矛盾，最有效的手段是对外战争，这往往能让大家团结在一起，一致对外，哪怕有杀父之仇、夺妻之恨，也先放在一边。

窝阔台汗、贵由汗都这样做了。蒙哥汗更是一个谙熟政治的达人。是不是老规矩，先西征后伐宋？比较而言，西域诸国还是比南宋容易对付的。但是蒙哥确实与众不同，有他堂哥贵由的英雄气概。

是好汉吧？是好汉就不要欺软怕硬，那好吧，就打大宋朝了。

话又说回来，蒙哥可不是贵由，他那时也有军事思想，在战略上藐视敌人，在战术上重视敌人。于是把杨惟中和汪田哥（下文专门做介绍）找来，开军事会议。大家对大宋颇为忌惮。双方已经有了两次大规模的战争，互有杀伤，除了最早占领的几个城池，几乎还是金国灭亡时的状态。大家忌惮的主要是几位宋朝名将。

四川北部，蒙古仍然控制很多城池。十几年来一直胶着不下。大宋在蜀的主将是余玠，此外还有张钰、杨大渊和老将王坚，这几人都是能征惯战之将，这些年一直是使蒙古兵闻风丧胆的将帅。

在两淮，吕文德据守襄阳，一夫当关，万夫莫开。宋蒙两家来来往往打了多少个回合，蒙古大军丝毫占不到一点便宜。两淮地区把守得严严实实，如铁桶一般。大将李曾伯在大江上游弋，往来驰援。

虽然大宋是一块难啃的骨头，但是一旦拿下大宋，那可是靖平宇内之功，功劳绝不逊于爷爷太祖。他受中原文化影响，已经知道身后之事，必将名载史册。

这时杨惟中建议大汗，为了使自己的家族控制漠南，任用四王爷忽必烈总领漠南，蒙哥汗采纳了他的建议。这是最好的人选，在这次夺嫡斗争中，这位亲弟弟展示了他高超的斗争策略和政治智慧。

亲兄弟四人，齐心协力，夺得了汗位。

打虎亲兄弟啊，信乎！蒙哥汗在内心感叹。其实还有一句话应该问大汗一声，没有老虎，只有肉时会怎么样？难道术赤、察合台、窝阔台和拖雷不是亲兄弟吗？

下文再回答这个问题，也许到时就不用回答了。

忽必烈受命后，大喜过望，他大摆筵席（宴群下），与幕府众多谋士、名流庆贺。对于整个忽必烈利益集团来说，这是天大的喜事，因此众人都忘乎所以，兴高采烈，说得难听些，得意忘形了，当然也包括子聪大师（刘秉忠）。

唯独姚枢坐于席中，默然无语。等到散席了，众人都走了，忽必烈让人留住姚枢（遣人止枢），问道："众人在席间皆作贺词，你却默然而坐，这是什么缘故（诸臣皆贺，汝独默然，何也）？"

姚枢直截了当地回答："今天下土地之广，人民之殷，财富之阜，有超过汉地的吗？军政大权全都归了我们，大汗还管什么？"

这下子，轮到忽必烈"默然"了。

姚枢继续说道："以后大汗身边的人乘隙进谗言，大汗必定疑心、后悔，因此将夺了你的权。不如只接下兵权，将行政权力交回，请大汗派出相关机构掌管。这样才势顺理安。"

这番话，令忽必烈恍然大悟，他肃然答道："我没考虑那么多呀，不如你考虑得周全（虑所不及也）。"

按照姚枢的建议，他把汉地政务交还蒙哥。按事态发展看，这是非常明智的，这是后话。

过几天，忽必烈召集众文武开会，商量对策，大家总结了屡次征宋的失策之处。

姚枢说："殿下，我国大军虽然在两淮和蜀地用兵，可是将士们只知道杀人放火，抢夺女子财帛，而且都窃为己有。掠夺南人为驱口，以至于城无居民，野外没有庄稼，只有野草繁衍（野皆榛莽）。这就好比敌人坚壁清野，我们在帮敌人。一直这样烧杀抢掠，坚定了南人抵抗之心。望殿下深察之。"

还有一位有头脑的大儒张文谦也说："殿下，自古以来，凡王者之师，有征无战，当一视同仁，不可嗜杀，既不能虐杀战俘，也不能乱杀无辜。"

众人都附议。忽必烈听从劝告，诏令三军，进入宋境后不可随意杀人，不可乱烧民房，要释放全部俘虏，否则以杀人罪论处。这不仅对蒙古军取得胜利起到了重大作用，而且最大限度地保护了战败地区的原有文明。

忽必烈对他俩的话深信不疑，实际上，在忽必烈的心里，姚枢比刘秉忠更受器重，因为姚枢始终保持着清醒的头脑。而张文谦是一个全面人才，既懂军事，又会抓经济，到哪个朝代都是抢手的人才。

子聪大师接过话头说："两淮和江南之地水洼处处，湖河极多，我朝铁骑无法施展，臣的意见是，多使用汉军攻伐，必能一战而下。"忽必烈然之。

几人拿出地图，开始调兵遣将。右路军刘黑马率部从汉中入蜀，会同汪田哥攻下四川，然后沿江而下；左路军由博罗欢在济南入淮；中路军由史天泽率领，从汴京直插襄阳。忽必烈亲率大军，假道吐蕃，征伐大理国，大理被攻下，就算在宋朝南面撕开一个口子，如此三面夹击，不日即可拿下大宋。

这也真是从实际出发，荆襄、两淮地区被把得如同铁桶一般，急攻很难攻下，这是迂回曲折的策略。大家定下计策，赶快报批，蒙哥汗愉快地同意了。这样，华夏地区两大拳击手又开赛了，还有一个打太平拳的大理国。这样就有了四个分赛区：

四川赛区，领队：汪田哥，后来换成掌门人蒙哥；宋朝：余玠；

荆襄赛区，领队：史天泽；宋朝：李曾伯，吕文德；

淮左赛区，领队：博罗欢、李壇；宋朝：夏贵；

大理赛区，领队：忽必烈；大理：段兴智。

当然，双方领队后来都发生了变化。

这时双方都在热身，做着赛前的准备。因为大家都清楚，这种比赛赌注太大，赌掉了脑袋还是小事，那赌注是华夏的锦绣江山。

在这里，大宋朝野上下不免又想起了已经作古的孟珙。他早就看到了这一步，因为大理不归大宋朝管辖，属于三尺门外。常言说得好："管得了三尺门里，管不了三尺门外。"那就好好地管理三尺门里，别让外人进来就是。

孟珙就是这个主张。他曾经上书朝廷，扎紧自己的篱笆，这就是他著名的"藩篱三层理论"。他奏请朝廷，准备设立三层防线：

第一层设在川东的涪州、万州；

第二层设在湘西北的鼎州、澧州；

第三层则设在湘西南的辰、靖及广西的桂州一带。

全称"藩篱三层"。"藩篱三层"是具有远见卓识的，尤其是第三道防线。孟珙已经预见到蒙古军从云南、广西迂回进攻湖南的可能性极大。他在奏章里指出，尽量不向贵州一带增兵。

那这仗怎么打？这岂不是纸上谈兵吗！皇上拿出来与近臣讨论时，那些大宋朝的"擎天之柱""鸿儒巨匠"，认为这孟珙不是脑子进水了，就是智商下线了。

这是因为他们不懂孟珙。孟珙认为第三道防线大多数是少数民族地区，一旦在那里增兵，当地人会引起警觉，也许会引起干戈，一旦把他们推到对立面，那就适得其反。他建议派一些官员分赴各地，用当地人，驻扎在险要地带。并且积草屯粮，以备长久之计。他还提出，在当地奖励耕织，劝课农桑，免征赋税。就算蒙古人入侵，如果得不到当地人的支持，也会落得失败的下场。

可惜孟珙向朝廷上的奏折已经过了十年了，他本人也已经死了六年了。谁还能记得？记得还有用吗？他在泉下有知，是应该骂蒙古汗国不讲信义，还是骂自己的老板呢？

第二十八回

两省回华夏

再说忽必烈，所谓假道吐蕃，史书这样记载不够严密，因为这时候吐蕃已经归属大蒙古帝国。这还要归功于大家非常熟悉的宗王阔端。大四川让他折腾得千疮百孔，占领区被他杀得十室九空。

前文提到过，阔端是窝阔台第二个儿子，窝阔台即汗位后，将甘肃、青海及原西夏的属区，作为封地划归阔端。他的兀鲁思，和吐蕃（这时候已经称乌藏了）毗邻，而且犬牙交错。

吐蕃在汉朝时就已臣服于华夏。太祖在世时，吐蕃也给蒙古汗国纳贡。太祖去世后，他们不怕了，不纳贡了，而且与华夏关系越来越紧张，整个地区门派林立，各自为政。

阔端在窝阔台汗十二年（1240），也来了一次西征，小规模的。他的目标就是吐蕃。他派大将多塔从凉州（今甘肃武威）率军攻入吐蕃，进驻热振、澎波地区。

多塔不是一个只知道打打杀杀的人，他是一个有政治智慧的将军。他了解到当地佛教各教派的情况后，向阔端建议，迎请佛学造诣很深的萨迦派高僧萨班·贡噶坚赞去凉州，和平解决吐蕃问题。

阔端采纳了多塔的建议,在乃马真后四年(1244)下诏请萨班。诏书中说:"萨迦班智达贡噶坚赞贝桑布知之。我为报答父母及天地之恩,需要一位能指示道路取舍之上师,在选择时选中了你,故望不辞道路艰难前来此处。若是你以年迈为借口(不来),那么以前释迦牟尼为利益众生做出的施舍牺牲又有多少?(对比之下)你岂不是违反了你学法时的誓愿?你难道不惧怕我依边地的法规派遣大军前来追究……请尽快前来,我将使你管领西方之僧众。……龙年八月三十日写就。"

萨班·贡噶坚赞接诏书,同吐蕃的一些地方势力商议了归顺蒙古的事项后,不辞辛苦,以六十多岁高龄,长途跋涉三千里,于贵由汗元年(1246)到达凉州。

第二年,萨班·贡噶坚赞带着两个侄子,八思巴(记住此人)和恰那多吉一起与阔端见面。这样,萨班就代表吐蕃地方势力和蒙古帝国建立了直接联系。

阔端与萨班议定了吐蕃归顺大蒙古帝国的具体条件:

蒙古任用萨迦人员为达鲁花赤,赐予金符和银符,所有当地头人必须听命萨迦的金符官,不得妄自行事;吐蕃各地缮写官吏、户口、贡赋清册三份,一份由各地官吏自行保存,两份分别呈交阔端和萨迦;蒙古帝国将派官员到吐蕃,会同萨迦人员议定税目,等等。

接着,萨班·贡噶坚赞写了一封致卫、藏、阿里各僧俗首领的长信,将上述条件通知他们,并反复晓喻吐蕃归附蒙古帝国的必要性。长信中说:"阔端励精图治,愿有益于天下各部族人民,用意甚善;蒙古军队众多而战术精良,西夏等部先后覆亡,反抗阔端之藏族偏师一败涂地,因而只有归附一途;只要真诚归附纳贡,作一个没有二心的臣属,即可同畏吾儿、别失八里部族一样得到优待,地方官吏依旧任职,人畜依旧归己;正因为出于上述考虑,为了佛法、众生,造福吐蕃人民,我才亲往阔端驻地接洽归附事宜;也正因为蒙古帝国接受我之归顺,近年蒙古军队才未袭击吐蕃;汝等凡遵从蒙古法令者,必能受福。"

萨班·贡噶坚赞这封著名的长信，说明大蒙古帝国认定了萨迦教派在西藏的领袖地位，萨迦人员被授予治理卫、藏、阿里的权力。政教合一的萨迦地方政权对西藏的统治即由此开始。

大家想一下，这吐蕃还用借道吗？但是，上文交代过，吐蕃地区，没有一个统一的领导，这里归顺了，那里还一样抵抗。因此，忽必烈在乌藏地区也打了许多大仗，把一些不尊王化的地方收服了。

忽必烈这几路大军于蒙哥汗三年（1253）八月由忽必烈和大将兀良合台（速不台儿子，上文多次提到）统军，发动了对大理国的大规模征伐，兵分东、西、中三路。

下面我们用一点笔墨说一下大理。

云南地区早在唐代就由南昭国（乌蛮人）统治。宋时白蛮族（今白族）取得政权，建立了以大理为都城的大理国，统治区域包括今天的云南、贵州、广西西部和四川南部，以及缅甸、泰国、老挝的一些地区。主要民族为今彝族和白族，还有麽些（今纳西族）、和泥（今哈尼族）、金齿、白夷（今傣族）和与他们杂居的汉族等。

说大理，就不免要提到高智升，大理段思廉继位时，是由相国高家所立，由于这拥立之功，因而高氏凌驾于各士族之上，又把多年把持朝政的杨氏势力驱逐出朝廷。相国杨义贞病退，其实是以退为进，敛迹遁形，韬光养晦，伺机再起。段思廉在位三十多年，高智升一直作为相国，权倾朝野，夺取了朝廷的全部权柄。段思廉几乎被架空，他不愿做汉献帝，于是出家为僧，把皇位传给儿子段廉义。

这时在养病的杨义贞突然发难，率兵突入宫中，杀死段廉义，自立为帝。高智升得报，马上派自己的侄子高升泰率兵"讨逆"，诛杀杨义贞，恢复段氏王朝。这样高家在大理国的地位就更加巩固了。

大理国虽然从中原分离出去，但是仍然奉大宋朝为正朔，作为大宋朝的属国，每次继位都需要宋朝的册封。所推崇的也是佛教。

王室对佛教更是趋之若鹜，国王（不能叫皇上，只有华夏大宋朝可以称作皇上，附属国称王，官员下宋朝一等）做着做着就不想做了，出家当和尚。

当然了，国王当和尚，可不是黄卷经书、青灯古佛，段思廉、段寿辉、段止明等，都出家做了和尚。不过段正明可不是自愿出家的，是为相国高升泰所逼。

高升泰看这国王老板一个个的都在关键时刻出家，相国很生气，后果很严重：这王位你们段家不稀罕，那好吧，我稀罕，你们去寺庙里玩吧，这里交给我了。于是把段正明赶到寺里出家了，高升泰自己当了国王，他僭越了，自称为大华夏皇帝。

不过话又说回来，这皇上不是好玩的，历代朝廷都是家天下，高升泰篡位，大臣们不干了，用各种方式抗议。高升泰是个文化人，知道史笔如铁，历史会给自己记上一个大大的污点，于是在临死前嘱咐儿子高泰明还政于段氏，于是，高泰明拥立段正淳为帝，自己仍为相国。

这段正淳大家应该不陌生，大家还记得他的儿子段誉，也出家当了和尚。这高氏却在朝里立稳了脚跟。

到了忽必烈南征时，大理国的国王是段兴智，可是大权仍然在高氏手里，相国是高泰祥，袭鄯阐侯，权倾朝野。

忽必烈亲率中路军，于蒙哥汗三年（1253）过大渡河，忽必烈率军穿行山谷两千多里才抵达金沙江，多位酋长归附，于是忽必烈先派使者到大理劝降，大理相国高泰祥主张坚决抵抗，杀了使者。忽必烈勃然大怒，令大军一路进攻。

顺便说一句，清朝以来，云南的统治中心在滇池一带，昆明是政治、经济、文化中心。那时候却不是，而是在云南省第二大湖泊——洱海地区。这是由于历史因素和地理环境所决定的。洱海地区是少数民族聚居区，是云南文化的发祥地和聚集地。那时候又以冷兵器为主，由于这里的自然因素和地理环境，历代王朝把都城建在了大理一带。从最早的隋末云南六诏，到皮逻阁的南诏再到大理国，都属于割据政权，易守难攻的地理环境是最重要的。

到过大理的看官们都知道，大理东面是洱海，平均宽度十多里，长一百多里，在元朝的记载，长两百多里。在那时是一个天然屏障，没有大型舰船想渡过大部队，几乎不可能。而西面是苍山，这个山脉平均海拔三千多米，南北连绵三百里，多处常年积雪，也是一个天然屏障。

再就是南北两个方向了，南北都是地形开阔、水源充足的产粮区。这么说从南北就很容易攻进来了。错了，看一下地形。南北两地和苍山洱海交接处一下子变得特别狭窄，各个朝代就在南北两处修了关隘，北有龙首关，南面有龙尾关。这就是在那冷兵器时代云南人的选址，非常智慧。

当时忽必烈的中路军渡过金沙江后和东路军合攻黎州（今四川汉源），合兵一处，攻下建昌（今四川西昌），然后又分兵，东路军进攻会川，忽必烈进攻罗共赕。

这时西路军兀良合台已经兵临丽江，三军会合，攻下丽江，长驱直入，进军龙首关。但是蒙古大军已经损失近半，粮秣也出现了问题，这时幸亏有董文炳，才解决了粮秣问题，下文再交代。在进攻龙首关时，三路大军死伤惨重，总算拿下了关口。于是三路大军对大理城形成包围之势。大理国内的贵族纷纷降蒙。

当时的大理国，军事力量并不薄弱，丞相是高泰祥，在朝中势力庞大。高氏家族为了削弱段氏势力，控制国政，一方面把大理国军队的精锐置于自己的控制之下，一方面发展自己的地方武装，京畿的力量反而相当薄弱。

段兴智与高泰祥，引兵背城出战，惨遭大败，弃城而逃，各奔一方，蒙古军队攻占了大理都城，但是蒙古军也死伤惨重。大理城作为国都，城高池深，地势复杂，蒙古铁骑在这崇山峻岭之中无法展开，这里又处于烟瘴之地，损失可想而知了。

史料记载，蒙古军队损失七成以上。但是历经四年总算打下来了，一将功成万骨枯，不管咋说，结果好一切都好。忽必烈因为招降失败，自己人马死伤惨重，大理国又擅杀信使，所以他非常暴怒，就要下令屠城。

子聪大师说："殿下，出征前，臣与殿下议定，不妄杀百姓，不抢掠女子财帛。两军交战，互有杀伤，此战争也。杀百姓，掠子女，必损阴骘，且史笔如铁，殿下会留下残暴之名。"

忽必烈余怒未消，说话也没给和尚留客气，当时就怼了回去。

子聪大师也生气了，跪下来大声呼道："殿下本是人君，平日息杀爱民，臣自以为得遇明主，不远万里，追随殿下。臣乃化外之人，不图封妻荫子，只求名垂后世，现殿下所做与臣之愿违也。请杀贫僧，或放老臣归隐山林。"说罢放声大哭。姚枢、张文谦也都跪下哭求。

忽必烈这时已经冷静下来了，但是并没有应下，这时有人来报："报大帅，城内有多处起火，军士在到处抢掠。汉军和蒙古军士打了起来，末将请大帅定夺。"

子聪大师痛呼："殿下！"几乎昏厥。

忽必烈马上吩咐兀良合台："命令巡查队火速分队巡查，再发现抢掠者，处以军法。"

兀良合台刚要离去，姚枢说："请慢，眼下这局面，这样说是很难控制局面。马上贴上安民告示，传示四方，再派人巡查。"忽必烈同意，可哪里去找告示？

张文谦说："请殿下裂帛为旗，上写止杀，分头号令各街巷，军民之心可定也。"忽必烈让兀良合台赶快去办，可是很多地方已经被抢掠一空了。姚枢自己到大殿搜集了大理的图书档册，命人保护起来。

蒙古兵在姚州抓获高泰祥，高泰祥拒绝投降，斩之（不屈，命斩于五华楼）。高泰祥临刑前，大声疾呼："大理国运如此，这是天意啊，我今天殉国，也算报答主上了（段运不回，天使其然，为臣殒首，盖其分也）。"

忽必烈听完汇报，后悔杀他了，认为他是忠臣，下令把他的家人保护起来，他的后人可以出来做官。到后来，史书记载，高氏子孙有的被封为姚安、鹤庆等地方的土司，世代承袭几十代，直至改土归流，这是后话。

蒙哥汗四年（1254），忽必烈命令拜住回成都，准备在四川决战，自己带着幕僚们回到汉中和燕京，留下兀良合台继续进攻。

当年秋天，兀良合台带兵向东追击段兴智，一直追到陪都鄯阐（今云南昆明），大军团团围定，发射火炮，并且抛火烧城，十多天攻下鄯阐，活擒段兴智。段兴智被擒后，兀良合台不知道怎么处置他，遣使请示忽必烈。忽必烈原打算按老办法，杀掉，然后派官入驻大理，全盘接管。子聪大师不同意，说："殿下，现在大理一下，宋朝偏安江左，旦夕可下。大华夏地大人稠，我们要想有效管辖，必须得多设土官，一旦时间成熟，我们有足够的人力时再做计较。"

忽必烈同意，只是不知如何处理，姚枢说："殿下，可以依照河北诸郡世侯例。朝廷只要户口、地理图册，照章课税可也。"

忽必烈大喜，命兀良合台派兵把段兴智等人先送到汉中。忽必烈先见了他一面，刘秉忠和姚枢分别和他谈了话，把忽必烈的意思和他谈过，并且飞报汗廷。蒙哥大喜过望，命人将段兴智押送和林去见蒙哥。

蒙哥于是用姚枢的怀柔之计，赐金符，令其归国，继续管理原属各部。段兴智不但捡了条命，还得到蒙哥汗的赏识，被任命为世袭总管，继续掌管大理，对蒙古帝国感恩戴德。从此后，云贵高原又重新并入华夏的版图。

单说这段兴智，因祸得福，忽必烈帮助他拿掉了"曹操"高氏集团，让他告别了"汉献帝"的生活，虽然被灭国了，可是却成了大理国真正的当家人，真是历史上运气最好的帝王。

这时蒙古帝国没有停下战争的脚步。蒙哥命令兀良合台继续进军东南，征伐安南。

第二十九回

血战大四川

其实安南在五代十国以前一直是华夏的属国,后来有一个叫吴权的打败了华夏的军队。大家都知道,五代十国时期,大中华一盘散沙,无暇顾及其他国家,独立就独立吧,华夏也没再出兵征讨安南。

到了蒙古帝国时代,似乎任何一个政权都得罪了他,一旦有机会,就去打一拳头,不知道是为了地盘还是为了地盘。和华夏的"以邻为伴,与邻为善"的传统文化有些背道而驰。

安南建立了吴朝,后又经过李朝,现在由陈氏当政,安南历史上称作陈朝,在位的是陈朝开国皇帝陈太宗。陈太宗叫陈日煚。陈氏一直是交趾国的贵族,他老子是李朝辅国太尉陈承,母亲黎氏,也是世代贵族。

有人说,陈家是华夏人,迁到大越国,这种说法不靠谱,笔者也查了好多资料,没有支持这个说法的依据。

这个陈日煚出身不凡,出生时伴随着许多祥瑞。这也多数是后人加上去的,但是有一点是真的,大鼻子,有帝王之姿。《大越史话》记载"降准龙眼,似汉高祖"。汉高祖有一个雅号,叫"隆准公",全靠这高鼻梁,当上了皇帝。

陈日煚被李朝惠宗相中了，招他做了驸马。李惠宗没有儿子，把皇位传给了公主，李惠宗自己做起了太上皇。历史称作李昭皇（没有名字，帝名），就是陈日煚的老婆。老婆做了皇帝，老公至少也得是王爷了。但是，我告诉你，这时的陈日煚夫妇还都是七八岁的孩子，这时是大蒙古帝国太祖十九年（1224）。

第二年，惠宗认为，女儿是一个女人，"以一阴而御群阳，众所不与，必至悔亡"。意思是一个弱女子，领导这么多男子，若指挥不动，到时候还不得让他们给掀翻桌子！他看陈日煚有汉祖之相，干脆禅让了。

不管安南怎样写，我们也知道，自从高宗李龙那时，李朝已经摇摇欲坠了，王室衰微，这李惠宗就是汉献帝。这陈日煚八岁当了皇帝，而且是开国皇帝。他继承了李朝的衣钵，对宋朝称臣，年年纳贡，岁岁来朝。对大蒙古帝国了解得不多，只是由于和宋朝的关系，对蒙古帝国不感冒。

这陈太宗下令全国备战，和蒙古军队决一雌雄。但是一些将领看兀良合台兵精将广，一路斩关夺隘，都建议暂避锋芒，诱敌深入再打不迟。

安南国小民贫，可是天生的悍勇好斗，等闲人不放在眼里。他们也知道蒙古帝国几乎征服了半个世界，但仍然不屈不挠地坚持战斗，也留下了一些可歌可泣的英雄故事。在这就不一一赘述了。

但是蒙古军队有着先进的武器和强大的战争机器，陈太宗采纳了群臣的建议，只好暂避庐江和天慕江，国都升龙（河内）陷落。

这时有人提议，转向大宋朝求援，与其结盟，抵抗蒙古。但陈太宗不同意，决心用自己的力量抵抗到底。几场大战下来，双方各有胜负，蒙古人也没赚到什么便宜。陈朝有一位将军叫黎秦，率领少量壮士袭扰蒙古军。在兀良合台疲惫不堪之时，陈太宗和太子陈晃乘坐楼船亲自指挥战斗，在东步头和兀良合台主力展开决战。

兀良合台由于轻敌落败，带领败兵退往归化。这时忽必烈也到了蒙宋的京湖战场，代替塔察儿，正在那里打得难解难分，传檄兀良合台不要在安南缠斗，率师从大理向北攻击前进，到潭州（今湖南长沙）会合。

兀良合台在安南丢了面子，走到归化时纵兵大掠。归化大寨主何俸召集民人截击蒙古军，蒙古军损失惨重，边打边撤出安南。这兀良合台很生气，走时一定也狠狠地说："你等着。"

别人说这话是吓唬人，兀良合台可不是，这方面陈太宗还是明白的。打胜了也不行，保不齐哪天就来兴师问罪，他真正地领教了蒙古军队的作战能力，还是和谈吧。于是派出使节送回俘虏，恳请签约。

这个使节就是黎秦，陈太宗赐名辅陈，并且升他为御史大夫。这黎辅陈不辱使命，与蒙古帝国签下合约，合约规定安南每三年向蒙古帝国进贡一次，定为常例，并且世代友好。

这又是一张废纸。现在大蒙古帝国和大宋正处于胶着状态，无暇西顾，等抽出手来，就是兀良合台那句话"你等着"很不幸言中了，这是后话。

在此时，四川也正进行着一场殊死大战。蒙古将领汪德臣带兵在成都附近摧营拔寨，宋军虽然殊死抵抗，但还是被连克十几城，蒙古大军正在向四川腹地挺进。

前文有交代，这汪德臣是巩昌都总帅汪世显的次子，赐名田哥，字舜辅，老子在四川战死，他袭爵做了都统帅。这次是他再次入川，是一个还不到三十岁的年轻将领。有的看官直呼，又是一个叛徒。这次我们都错了，真错了。他们可不是金人，是地地道道的蒙古人（严格意义来讲是色目人），是巩昌汪古部贵族。

当然，他们原来是金国的官员，金国灭亡后，投降了蒙古（其实是认祖归宗了）。史料记载，"汪德臣出身将门，时逢战乱，耳濡目染，尽杀伐征战之事，自幼即习骑射，多有过人之处"。他们父子受到当时蒙古大汗窝阔台的赏识。十七岁时，便跟随其父出征四川，在战场上充分显示了这位青年将领的勇武和才干。成为蒙古军中很有名气的将二代。他曾经带兵讨伐西羌，大胜而回，这时人们真正认识了这个新贵，虽是官二代，但是这个官二代确有真才实学，在第一次伐宋中"几无败绩"，大汗赐名"田哥"，后世人称汪田哥。

大家试想，窝阔台汗时，虽然四川被蒙古大军蹂躏，但是蒙古军也没赚到便宜，也经常被张钰、王坚这些大宋名将吊打，损兵折将，逃回汉中。

可这汪田哥偏偏就能全身而退，让所有的蒙古军将领刮目相看。大汗和忽必烈都对他寄予厚望，忽必烈征伐大理前，带着幕僚亲自到了汉中，把四川的形势互相作了通报。

我们不得不说，这次汪田哥运气不太好，遇见了大宋最有名的、最能打的将领，和他一样，也是几无败绩。这人是谁？当然是余玠了。

忽必烈通过幕僚子聪大师、姚枢等人的介绍，已经全面地了解了余玠的情况。大家拿出图舆，听子聪介绍。这时的四川已经不是几年前的样子。贵由汗死后，宋朝趁蒙古帝国内乱之际，派余玠挂兵部尚书、四川制置使兼知重庆府，全面负责四川防务。余玠乘机重整四川防务，收复失地，一直追到被蒙古兵占领十几年的汉中，看汉中把守森严，这才作罢。

子聪说："汪统制想必也和余玠交过手了，此人心思缜密，而且胆子极大，能攻善守。是宋军中难得的不贪贿、不惜命的将领。据报他的祖上也是岳飞的部下，深得岳元帅真传。当然，这些都不足信，但是有一点是真实的。"

看大家都在认真听，子聪继续说："余玠赴任后，革除弊政，实行轻徭薄赋、整顿军纪、除暴奖贤、广纳贤良、聚小屯为大屯等政策。"余玠在四川，开屯田以备军粮，整顿财赋，申明赏罚，修筑山城。抗蒙有功将士都得到奖赏，违法的将官，受到惩处。利州都统王夔凶残跋扈，号称"王夜叉"，不听余玠调度，到处劫掠。余玠依军法斩王夔，众军股栗。经过余玠的整顿，四川驻军声势大振。

大家耐住性子，笔者多些笔墨，介绍一下著名的钓鱼城。

史料记载：余玠采纳播州人冉琎、冉璞兄弟的计策，采取依山制骑、以点控面的方略，先后筑青居（今四川南充）、大获（今四川苍溪）、钓鱼（今重庆合川）、云顶（今四川金堂）等十几城，并迁郡治于山城。又调整兵力部署，把金州（今陕西安康）守军调到大获；把沔州（今陕西略阳）

守军调到青居；兴元（今陕西汉中）守军也调到合州（今四川合川东钓鱼城），共同防守内水（今涪江、嘉陵江、渠江）；把利州守军调到云顶，以备外水（即岷江、沱江）。各个城池依山为垒，据险设防，屯兵储粮，训练士卒，经数年建设，逐步建成以重庆为中心，以堡寨控扼江河、要隘的纵深梯次防御体系。

这时除成都等几个城在蒙古军手里，其他的都被余玠收回。蒙古大军多次攻打，每次都无功而返。

子聪大师讲完后，看着诸位的反应。大家心里都有几分畏惧，知道这是一块硬骨头，此外还有孟珙呢，孟珙虽然已经去世了，他的部将还在。

汪田哥少年新贵，意气洋洋，当然没把余玠放在眼里，说："大人尽管放心，现在末将说什么都为时尚早，就让事实说话吧。他余玠又不是长着三头六臂，说句不怕得罪几位的话，汉人，打仗不行，只会欺负百姓罢了。"

忽必烈又强调一下军纪。忽必烈看他言之凿凿，反而有些不放心了，留下许衡助他一臂之力，自己率兵征伐大理。

针对南宋加强了防守并不时出兵北攻的情况，许衡建议，采取持久攻防的策略，在沿边一带筑城积谷，置军屯守，作为攻宋前沿基地，步步为营，稳扎稳打。汪田哥奉旨修复攻蜀战争中毁坏的沔州城垣、房屋，部署官属。同年冬，都元帅太答儿出兵攻掠成都等地，进围嘉定府（今四川乐山）。

余玠派老将王坚火速支援嘉定，汪田哥大败；带兵回撤途中，余玠檄令各部邀击，汪田哥边打边撤，总算全身而退（力战得还）。这是史料记载，未免美化汪田哥了。大家试想，各路邀击，还能全身而退吗？

王坚这时已经是五十几岁的老将了，他本是孟珙部将，随孟珙入川，孟珙在宜州（今湖北宜昌）策应，他留在了四川。王坚乘胜追击，又在兴元、文州追上汪田哥大战。

冬天到了，双方相持了几个月，第二年春天，余玠率大军收复兴元府，然后率兴州兵驻合川旧城。汪田哥这次真的是满地找牙，满四川跑，常胜将军的神话破灭了。他对部将说："余玠不死，四川难平。"

汗廷非常着急，两淮地区也陷入了胶着状态，四川又大败。你蒙哥汗不说有其祖气势吗？就这样啊，那些宗王和那颜们开始喋喋不休。蒙哥严令忽必烈，必须在今年占领四川。

忽必烈这时已经攻下大理。忽必烈派拜住（不是后面提到的拜住）火速驰援四川。这拜住从南面进攻，这时孟珙的大将张钰（孟珙已经在几年前病逝）正在宜州，你拜住想亮个相，也得找对了时间，找对了对象，也好好打听一下，他偏偏就碰到了张钰。

张钰是个暴脾气，正准备驰援两淮地区，没等动身呢，拜住来了，好了，就拿他祭旗，这一顿吊打，拜住落荒而逃，退到阔端兀鲁思，取道逃回汉中。拜住不行，打不过宋将，但是也有能打过的。关键时刻，还得是幕僚，什么幕僚，饱读诗书的汉人幕僚。

拜住带了五万兵马，没管用，忽必烈幕僚的一封信管用了。

谁的信？是子聪给许衡的信，许衡在汪田哥大营中。拜住虽然人跑了，信还是派人送到了。许衡一看，只是寥寥一行字"曹阿瞒中计杀二将"，许衡点头赞许，心里暗暗叫好。

怎么回事？子聪的意思是，我在战场上打不过你，我玩阴的，你余玠不是厉害吗！和孟珙似的，得岳飞的真传，那好了，让你也当一次岳鹏举吧。大家都知道曹阿瞒被周瑜的反间计骗过，杀了新降的水军都督。

有人问了，不对啊，那时候还没有《三国志通俗演义》这本书呢。不错，属实没有。但是这一段是取自《九州春秋》，那时这本书已经流传了几百年了。许衡也是满腹韬略，马上定出计策。

在两军对垒相持时，大宋朝主战派和主和派仍然在争吵不休。

第三十回

旭烈兀西征

过了几天,宋理宗赵昀收到了姚世安的折子,说余玠有不臣之心,和蒙古都元帅汪田哥秘密接洽,意图媾和,不臣之心昭然若揭,请陛下早做打算。

赵昀在位二十多年了,在一些事情上也不是很糊涂。对这事半信半疑。自己有心相信余玠,可又怕万一是真的,那四川可就是蒙古帝国的了。有人说,用人不疑,疑人不用,说得轻巧。这时的大宋朝有多少人首鼠两端,又有多少人投了敌人,然后带着敌人来吊打老东家。

赵昀还是挺慎重的。得找人商量一下,找谁啊?找宰相吧,这时宰相是谢方叔,地地道道的主和派,他早已经得到别人的暗示。这天皇上找他,提起这件事,他早有准备。说:"陛下,无风树不响。宁可信其有,不可信其无,现在无从考证,也只好委屈余尚书了。"

话里有话,赵昀狐疑地说:"这么说你是听到一些风声啦?"

谢方叔马上跪下,"痛心疾首"地说:"陛下,臣事主不忠,罪不容赦,臣确实知道一些。"

皇上有些焦躁,说:"朕不想听你说这些,说出一个实例来。"

谢方叔说："臣遵旨，臣有一联，请陛下听之。一柱擎天头势重，十年踏地脚跟牢。"

谢方叔脱口而出，赵昀听罢，失声赞叹："好联！有气魄，余玠和这副对联有关系？"

谢方叔说："陛下，这是余玠私宅的对联（明明是重庆府衙的门联），人们都争相传诵，说他有钟会之志，又暗讽钟会不才。"

我们知道，钟会是伐蜀第一人，到达蜀国后，可能被天府之国所吸引，异想天开地想学一下刘备，最后好了，下场悲催了。

大家都好好看看这副对联，这明明是引用辛弃疾《贺新郎》的词句"看试手，补天裂"，和钟会一点关系也搭不上，真是欲加之罪，何患无辞啊！皇上听完，没有表态。

谢方叔知道，老天保佑，老板有些信了，哇，成功了。

过了两天，皇上下了三道金牌给余玠，令他速速还朝。三道金牌，比他的前上司少了九道。余玠知道，自己遭了暗算，看大宋朝风雨飘摇，朝廷偏安江左，朝内互相倾轧，悲愤异常，在五月突然去世。至于死因，史料记载不多，倒是野史记载不少，有的说他服毒自尽，本人比较倾向这种说法。

不管怎么说。汪田哥达到了目的，睡觉都得笑醒了。他可以隔江大喊了："大宋朝，还有谁来和我比画比画，我弄不死我的敌人，让我的敌人弄死我的敌人。"

余玠的死是大宋朝的巨大损失。但是，你汪田哥还不是他的对手，虽然余玠死了，他的策略却被部将们延续下去，他的钓鱼城阵地是他的遗产，此外还有他的政治遗产。宋朝下旨由王坚接替余玠。

这时的两淮地区相对平静。史天泽在荆襄地区没赚到便宜，撤军了，江淮门户襄阳在宋朝大军手里，名将吕文德在镇守。济南一带仍然还是李璮的地盘，他带兵攻下南宋海州，把治所迁到此处，和宋朝隔淮河对峙。其实他是蒙、宋两头通吃，前文已经交代。

大家已经发现了一个规律，一旦新汗登基，除了发动对中原的攻击，还要东征西讨，东征当然是征高丽国，西征大家都知道了。不同的是，东征也好，西征也罢，似乎都比攻打中原容易得多。统军元帅也容易获得政绩。

这就很奇怪了，怎么所向披靡的蒙古铁骑反不如大宋朝，前面已经交代过了，这里不再赘述。正当伐宋屡屡失败的时候，征伐大理传来了喜讯。

还有就是旭烈兀西征也大获全胜。

蒙哥汗三年（1253），蒙哥命亲弟弟旭烈兀率大军十万西征。旭烈兀的西征军从漠北草原出发，攻打波斯。旭烈兀这次西征，严格意义来讲，应该是攻打西南地区了，其实就是西南亚地区，是宽田吉思海（今里海）以南的广大地区。第一次和第二次西征时都到过这里。在这里，蒙古人有自己的统治机构。

上文交代的在河中地区有牙老瓦赤和他的儿子，各宣抚司、阿兰的万户府、呼罗珊途思城的行省，都已经进行了多年有效的管辖。但是还有两个国家一直在威胁着汗国（其实根本没有威胁，只是蒙古帝国在给侵略找理由），一个是木剌夷，一个是波斯和报达（今巴格达）地区。

这个木剌夷我们并不陌生。看官们想必读过金老先生的《倚天屠龙记》，在第三十二回提到过山中老人霍山，他是暗杀派的领袖。在《世界征服者史》和《马可·波罗游记》里都提到了这个"山中老人"。

其实此人不是一个真正的暗杀者，而是一个狂热的宗教信徒。但是他创建的这个门派成了一个地地道道的暗杀组织，就是我们说的木剌夷。金庸老人家说霍山的阴损招数是为了夺取过往客商的财宝，这当然是小说了，也有作者的杜撰和演义。

其实这些人政治目的大于经济目的。他们广收门徒，形成了一个独立的宗教国。他们在崇山峻岭上建立城池，有记载"所属山城三百五十个"，这当然是夸张了。但是一百左右城池还是有的，有的海拔在三千米左右。那时被人们形象地称为"鹰巢"。木剌夷把国中的贵族都称作"长老"。就这样被传成了"山中老人"。

木剌夷的教主是老大，他广蓄死士，给他们灌输极端主义思想。洗脑后，为了圣战训练刺客，然后把他们派赴各地，执行暗杀任务。霍山的招数都是杀招，一招毙命，这在华夏武术里是不符合尚武精神的，和武术的精神背道而驰。

当然，武术也是一种竞技，打赢就是硬道理，管他是什么拳法。但是，所有的当地人都把这个组织视为异端。

这个组织那时被明教（正直的教派，不是金老先生小说中的明教）中人称为木剌夷，意思是"迷途者"，有的语言翻译成"假道学"。不管怎么翻译，咱们都可以给他们一个名字："极端恐怖组织。"

这个木剌夷，本来和蒙古帝国八竿子也打不着，他们占据的是几十块高地，地盘又不大，蒙古军队也犯不上招惹他。说实话，谁也不愿意招惹他，虽然都义愤填膺地谴责他们。

可这木剌夷和其他组织就是不一样，这里的大片土地都在蒙古人控制之下，呼罗珊的达鲁花赤（监临官）当然是蒙古人，也有许多蒙古官员在这里管理。

木剌夷很生气，后果很严重。这里是我的地盘，哪里来的异端邪说，在我的地盘上指手画脚，胡说八道，打他！

说干就干，木剌夷教主鲁克奴丁倒是一个汉子，说到做到。在蒙哥大汗即位时，派人暗杀了达鲁花赤。达鲁花赤全家被暗杀，木剌夷抢占了大量的土地。

虽然事情发生在蒙哥即位时，但传到和林时，旭烈兀已经出发了。

我们都明白了，旭烈兀西征本来没有木剌夷什么事。有的史料上说，这木剌夷想刺杀蒙哥汗，这真是想多了，他的手还伸不到东方。

旭烈兀有一员爱将，叫怯的不花，现在做大军的先锋。旭烈兀派他带兵攻打木剌夷。可是木剌夷的城堡都建在大山之上，弓箭根本起不到作用，训练有素的蒙古铁骑也只好望山兴叹。怯的不花自己带兵冲杀了几次，均告失败。

木刺夷占据着有利地形，再加上这些刺客都训练有素，单兵作战能力极强，蒙古兵损失严重。旭烈兀这才明白这个组织为什么能活得这么逍遥，于是下令，调来郭侃的火箭营（也叫火器营）。

上文提到过郭宝玉，郭侃是他的孙子。郭侃是地地道道的汉人，陕西人，是唐代名将郭子仪的后人。他爷爷郭宝玉原来在金朝做官，在中都城破时投降蒙古。史书记载，郭宝玉上识天文，下知地理，这样的人在中原地区比比皆是、车载斗量。

可是郭宝玉有一个绝活——造炮、制造火药，这就是稀有人才了。太祖命令失吉忽秃忽（记住这个人）把他礼请到漠北。

史书记载，太祖曾经问过郭宝玉天下大事和夺取中原之策。郭宝玉说："中原地区可不能小视，西南诸藩国可以用武力平定，先取西南，再图伐金，这样就行了。"太祖听从了他的建议，这也成了蒙古帝国的对外策略。当时蒙古铁骑最怕的就是敌国在高山上建城。

太祖曾经问郭宝玉，这个问题怎么解决。郭宝玉答道："如果这城堡建在天上，那我就没法了，只要不在天上，总会被我攻破的。"

看看，这气度，这口气，不服不行，帝国正需要这样的人呢，太祖大喜，命令他组建火器营。史料记载，郭宝玉是在牛肚子里存活下来的，是自己的老板救了他。

郭宝玉随太祖西征，在快要胜利时被流矢击中，很快就没有了气息，他的儿子呼天抢地的哭声惊动了太祖。太祖下令找一头巨大的牛，把牛肚子豁开，把里面清空，把郭宝玉塞进牛肚子里。过了大半天，郭宝玉苏醒过来，被医生救活，郭宝玉和儿孙们感恩戴德，死心塌地地为老板干活。

太祖更加器重郭宝玉。这件事记载在《元史·郭宝玉传》中，不是笔者杜撰。郭宝玉看太祖器重自己，于是向太祖推荐，自己的儿子已经青出于蓝而胜于蓝，自己老了，让儿子做他的佐贰，太祖愉快地答应了。于是郭宝玉随太祖东征西讨，屡建战功，死后将位子传给儿子，儿子又传给了儿子。

郭侃由一名百夫长、千户接过祖父的大纛旗，成为火箭军的达鲁花赤，这是汉人少有的殊荣。尤其这火器，在三代人的努力下不断改进，又加上对大宋、大金国和西域火器的研究，可谓兼容并蓄，火器威力已经超过了大宋，成为当时世界上最先进的火器，没有之一。这在中西亚各国，也让他们长了见识。建在高山上怎么了！刺客又怎样？你横行无忌，那是没遇见郭侃，没遇见这些蒙古兵。

木刺夷还是架不住郭侃的一顿炮轰，教主克鲁奴丁马上派人下山请降。怯的不花这回不干了，你不是木刺夷吗？你不是想杀谁就杀谁吗？我的兵就白死啦？你好大的架子！不行，必须由教主亲自下山。

克鲁奴丁不敢下山，他怕怯的不花羞辱他、折磨他，只好派自己的亲弟弟代表他请降。

这"请降"二字似乎不妥，他们是极尽卑躬屈膝之能事，但有一点，克鲁奴丁就是不出面。这时旭烈兀也到了山下，他勃然大怒。

第三十一回

这是"胜利病"

郭侃早等得不耐烦了,下令开炮,炸得天崩地裂,把克鲁奴丁最后的希望炸没了。还是乖乖地投降吧。于是克鲁奴丁带人下山投降了。

教主投降了,各处"鹰巢"相继缴械。旭烈兀下令炸毁城堡,把俘虏一律杀掉,当然也包括克鲁奴丁。也有史书记载,克鲁奴丁作为战俘被押往漠北和林,这个会武功的刺客头子企图逃跑,被押解的士兵一顿乱箭射死了。

这个嚣张了一百七十年的恐怖组织灭亡了,当地各国都来旭烈兀这里庆贺,并表示感谢,这也许是一种溢美之词。但总的来说,当地人苦木刺夷久矣,这是事实。

旭烈兀消灭了木刺夷,大军继续向西南进发。下一个目标,黑衣大食——阿拔斯王国,都城在报达(今巴格达)。这个国家是一个历史悠久的国度,是美丽的童话《一千零一夜》的故乡,自从第八世纪开始由哈西姆家族掌控阿拉伯帝国。可是这个苦难的帝国啊,经历了无数的灾难,内部政权更替,每次都伴随着血雨腥风,不断地遭到外族入侵,其中最严重的罗马教会的十字军入侵,给帝国带来毁灭性的打击。

不过还好，不管如何的多灾多难，总还能保住帝国的名字，哈里发（国王）还是哈里发，到13世纪中叶已经传了三十六代，这时在位的哈里发名字叫穆斯台绥木。

这次轮到"东方人"蒙古帝国来了。

旭烈兀派人给哈里发穆斯台绥木送信，命令他们自己毁掉都城，出城迎接大军。哈里发虽然遭到过多次打击，但军队还有十几万人，看蒙古使者态度傲慢，信里大有居高临下的口气，哈里发一生气，割掉了信使双耳，号令全国，与蒙古军决一死战。

旭烈兀是个暴脾气，这次被激怒了。你报达想试刀吗？那好吧，本王成全你，试试就试试。还是先让你们尝一下大炮的味道吧，于是下令郭侃轰他。

就这样，只用了四天，就攻破了报达的西城。旭烈兀下令屠城，命令郭侃不要停，继续向东城施放火箭。黑衣大食的宫殿和古建筑都在东城，宫殿里有数不尽的奇珍异宝，并且整个宫殿都是用檀香木建造的，一天下来，整个东城变为一片火海。据史书记载，檀香木的香味传出两百多里以外。哈里发看打不过，服了，不试了，扔下老婆孩子逃跑。可惜了，在出城时早被等在那里的郭侃堵个正着。

哈里发的老婆孩子看哈里发先跑了，干脆宣布投降了。旭烈兀不同意，现在投降，晚了，命令军士继续攻打。最后在城里摄政的王子带领百官冒着矢石出城投降。旭烈兀这才下令停止进攻。对王子说，只要出城集结就可以免死。

可他们哪里会想到，出城集结后，都聚在一起后，被杀了。据史书记载，这次大屠杀仅次于太祖征讨花剌子模时的规模，不到一百万，也有八十万。但是我不认为有这么多人，那时很少有五十万以上人口的城市。太祖那次一次杀掉一百二十万人也根本不可能。

西方人说，这次屠杀时血水汇成了滔滔大河，把大活人扔进去迅速冲走，这是言过其实了，但是杀人的数量也许靠谱，都记录在西方的典籍里。

这黑衣大食灭国了，所有的财富、女人都属于蒙古汗国了。那被捉住的哈里发呢？旭烈兀没有立即杀掉他，而是玩了一把猫捉老鼠的游戏。作为一个人，死则死耳，一了百了，没什么可怕的。

看到历史上的英雄人物，都喜欢说一句话，"给老子来个痛快的"。确实如此，当死亡不可避免时，痛快地死去可以说是一种幸福。旭烈兀把这位哈里发锁在了一个充满奇珍异宝的房间里，让他好好地体味，金银财宝和一只羊耳朵哪个更重要。在这种煎熬下他慢慢地饿死了，最后又被点了天灯（一说是扔到大街上，让大象踩成了肉泥），尸骨无存。

西征大军做了短暂的休整，又向西攻克天房（今沙特阿拉伯），和罗马的十字军结成同盟，攻克法国东部一百多座城池，这些城池全部被劫掠一空，这次是郭侃统兵。

郭侃毕竟是郭子仪的后人，还好，没有大规模地杀戮，也没有屠城，因为西方人都知道"郭天神"，做梦都梦着他，有的就箪食壶浆以迎"郭天神"。这是西方史书记载，当然，主要原因是被"东方人"打怕了，这是一种高帽，戴给了郭大侠，还好，真的起了作用。

都称作"天神"了，还能乱杀无辜吗？可是旭烈兀和怯的不花就没有那么仁慈了。拿下报达，下一个当然是叙利亚。这时旭烈兀分兵三路，进攻叙利亚。这叙利亚虽然是独立建国，但其实是埃及的附属国。国王纳西尔还是挺明智的，前车之鉴不远，他知道蒙古大军的厉害，干脆请降，但是遭到了王朝的主战派抵制。

历史记载，为此纳西尔差点被将军们杀掉。将军们有所依仗，那就是幼发拉底河这个天然屏障。他们也不想一下，这些蒙古人从遥远的东方一直打到这里，去国万里，什么样的大江大河没见过？

虽然叙利亚沿江布防了五万大军，可是不到一周，防线就被攻破。

接下来，蒙古兵三路大军合围阿勒颇。叙利亚一面向埃及求援，一面固守城池，任由蒙古军攻打，就是不出战。

这种战法还是不错的：

一是蒙古军队一路势如破竹，气焰正盛，一鼓作气，再而衰，三而竭，等他们士气已衰，再出城交战；

第二，蒙古军远来，给养不足，看他能坚持多久；再一个就是固守待援。

这计策不可谓不完美。有人说了，那木剌夷国建在大山上的城堡，最后不也让郭侃一顿大炮轰老实了。但是我们要想一下，如果长时间固守，你又有多少炮弹可打，单说那石头，都是经过特殊打磨的，不是随便拿出一个就能打的，更不用说火药了。何况阿勒颇城四边城池还有十万守军呢，岂能让你轻易得手！

这怯的不花先锋，想先扫清外围，打了十多天，毫无进展。旭烈兀把郭侃调来，打了几日，虽有死伤，根本打不到城墙上，城池还是固若金汤。

城东有一座山，叫班胡赭山，山不算大，可它是阿勒颇的东部屏障，攻下此山，取阿勒颇北面的阿扎兹城就易如反掌了。阿勒颇人可不是饭桶，他们是最会打仗的。他们在山的周围布满铁蒺藜，又有寨栅，蒙古军攻了几次都是无功而返。

蒙古军士气受损，大家正在无计可施之时，奇迹出现了。

阿勒颇人恃强斗狠，那是出名的。躲在班胡赭山的军将们愤愤不平，都想出寨和蒙古军决一死战，但是军法无情，想是想，谁也不敢动。可是这老百姓就不管那些了，我们怕过谁？他们结成队伍，又鼓动一些军人，竟然杀了出来。

怯的不花以为看错了，大喜过望，抓住时机，全线出击。这些民人，错了，这些兵民这才见识了这些"东方人"的厉害，还没等他们反应过来，就都做了刀下之鬼，接着蒙古军就像旋风般的冲向大寨。

晚了，一切都晚了。

这个阿扎兹的屏障迅速被蒙古军占领（有的史书记载是兵民从阿勒颇城擅自出战）。旭烈兀把郭侃调到山上，还没等开炮，阿扎兹投降了。

这样，阿勒颇城已经无险可守了。但是阿勒颇城高池深，储备充足，军民同心，打下来也着实困难。最后旭烈兀采纳拜住（非前文提到的拜住）的建议，沿城掘壕，步步为营，稳扎稳打，一直到城下。两军展开激战，对战将近十天，东门和北门先被攻破，阿勒颇投降了。

旭烈兀拿下了重要城市阿勒颇，紧接着，旭烈兀的大军又攻入大马士革。大马士革请降，但是有三万军队拒绝投降，撤到城西继续抵抗。怯的不花愤怒，下令屠城，但是敌军仍然斗志昂扬，又坚持了十几天才失败。不到一年时间，旭烈兀把叙利亚全境收入囊中。老规矩，抵抗的，屠城；放下武器的被征兵。

这旭烈兀和怯的不花，犯了一个大错误。从报达到这里，伊斯兰教派居多，他们屠城也就算了，有的行为比屠城还让西亚诸国愤怒，那就是侮辱当地教派。

旭烈兀的老婆信奉基督教，受她的影响，旭烈兀身边信基督教的人很多，这让旭烈兀很尊重基督教。他本人不信基督教，他信佛教，因此看当地宗教不顺眼，甚至仇视当地宗教，这给后来埋下了祸患的种子，下文交代。

面对蒙古大军，西大食海（今地中海）西岸诸国惶惶不可终日。这次不知是哪路神仙保佑，旭烈兀大军忽然班师了，只留下少数部队。当然这不是哪路神仙，而是大蒙古帝国的皇帝蒙哥驾崩了。而且大汗的继承人还很难说，旭烈兀是蒙哥的六弟，也有资格当选，现在自己有钱，有枪，有地盘，有什么不能争的？旭烈兀果断命令五军，拿好抢来的金银财宝，班师回国。

旭烈兀留下怯的不花继续进攻巴勒斯坦和埃及。正当旭烈兀走到波斯时，信使走马灯似的来报，四哥忽必烈和七弟阿里不哥争汗位。这时他感到没什么意思了，不想再搅到那些是是非非里。他权衡再三，不回去了，自己这么多金银财宝，这么大地盘，一点不比拔都差。干脆，我也建立一个汗国，做一个真正的大汗。

于是他让蒙哥的儿子玉龙答失和郭侃带兵回和林，自己在这里建立汗国，名叫伊利汗国。但是旭烈兀没有意识到，他犯了一个致命的错误，他只给怯的不花留下了两万人马。

这也恰恰说明了一个问题，在旭烈兀和西征将帅的思维里，战必胜，攻必取。他们膨胀了，把西方视作无物，这就是人们常说的"胜利病"。

这给怯的不花带来了灭顶之灾。

当时旭烈兀攻下阿勒颇时，大马士革还在叙利亚国王手里。但是这位国王放弃了抵抗，跑到埃及求援。埃及这时是马木留克王朝，曾经打败过十字军，严格意义讲，叙利亚是埃及的属国。看到自己的小弟被打得满地找牙，也知道唇亡齿寒的道理，也想上手帮忙，只是不知道蒙古人的虚实。平时传言蒙古军厉害，他不敢以卵击石，开始虽然也是挺担心，但不能认怂，于是马上组织军队准备一决雌雄（和其他王朝一样）。

这埃及无疑是幸运的，"东方人"竟然撤了。但是马木留克苏丹（国王）忽都思也不敢大意，知道他们留下了军队，而且在准备渡船，有西进迹象。经过多方打探，他们知道了怯的不花的底细，蒙古人总兵力不超过两万人，真正的蒙古军和探马赤军不过五千人，另一些都是沿途投降的军队，都是墙头草。

蒙古军虽然和十字军结盟，可是也矛盾重重，尤其是最近这次摩擦。法兰克的十字军驻守在加沙地带，怯的不花的侄子偷偷地劫了他们的运粮队。十字军的将领们气不过，趁着黑夜，杀掉了这些蒙古兵，当然也包括怯的不花的侄子。

怯的不花打仗厉害，但是在政治上还比较幼稚，或者说是目空四海、眼里没人，一看自己的侄子被杀，也不管什么结盟不结盟，率兵一顿猛杀，把十字军是打服了，但是出现了不可挽回的后果：

第一是与十字军离心离德了；第二暴露了自己的兵力。

第三十二回

汉化的王爷

这马木留克国王忽都思早就听说，蒙古军是老虎屁股摸不得。他本身也心存顾忌，蒙古汗国这些年灭了四十多个国家，当然不是泛泛之辈。但是，这次不一样了，老底都被他摸实了，蒙古人的大部队走了，这好办了。

我老忽偏要摸一下这老虎屁股，一旦摸成功了，自己的国家保住了，还能抢到一些财宝美女，一不小心，在这红海和西大食海（今地中海）之间哪个不敬我、不怕我！我忽都思可是这里的老大了。于是他马上派兵收复叙利亚失地。

而怯的不花呢，还在故伎重演，派信使命令埃及放下武器，缴枪不杀。

中统元年（1260）五月，马木留克派先头部队前往巴勒斯坦，击溃了加沙一小支蒙古军。在这里驻守的法兰克十字军不但不帮助蒙古军，反而允许马木留克军过其境，并且在其眼皮子底下补充粮草。忽都思的联军有五万人左右，他们借道十字军控制的加沙地区，向报达进军。

七月，马木留克骑兵和蒙古骑兵在艾因·贾鲁平原交战。蒙古军队的野战能力威名远扬，旭烈兀西征大军一路势如破竹，阿拉伯军队被蒙古军威所震慑，大家都选择固守坚城，避免野战。

怯的不花看这些人这样小心，更加骄横，毫不掩饰内心对阿拉伯军队的轻视，他完全低估了阿拉伯军队，特别是马木留克骑兵的野战能力。

阿拉伯联军正是抓住了怯的不花的这种心理，将蒙古军队引诱进忽都思设下的陷阱。这马木留克骑兵稍作抵抗，就向山谷内撤退，蒙古军队紧追不放，冲进山谷。

怯的不花和他手下的蒙古将士一样，已经被胜利冲昏了头脑，毫不起疑地闯进忽都思的包围圈。拜巴斯军团迅速回归本阵，这样马木留克阵营的全貌展现在怯的不花眼前。

马木留克骑兵排成十多里长的阵线，目的是充分发挥弓箭的密集火力。忽都思在中央指挥全局，部署在两侧群山里的轻骑兵这时也冲了出来，形成对蒙古军队的三面包围。

发现自己被包围以后，蒙古军队出现了短暂的慌乱，怯的不花迅速判断战场上的形势，立刻命令蒙古军队向马木留克阵营薄弱而突出的两翼冲击。怯的不花率队，向马木留克阵营的左翼猛扑过来。

史料记载，冲锋的蒙古军队遭到来自前方和侧面遮天蔽日的弓箭齐射，损失惨重，此时，蒙古骑兵体现出高度的战术纪律，不顾伤亡向前冲击。马木留克阵营两翼的骑兵看到蒙古骑兵舍生忘死，迎着一波又一波的弓箭冲了过来，有些蒙古骑兵身中数箭依然狂呼向前，不禁让人胆战心惊。

眨眼间蒙古军队就冲到跟前，本来就缺乏信心的马木留克骑兵逐渐丧失斗志。马木留克左翼面对怯的不花亲率的蒙古骑兵，受到极大的压力，已经开始溃散。史料记载，"两翼骑兵战斗意志的动摇像传染病一样扩散到中央"，整个马木留克阵营都开始后退，局势危在旦夕。

忽都思绝望地看着自己的大军已经接近崩溃，将头盔掼到地上，大呼："为了先知！"单枪匹马冲进蒙古军阵中，挥舞着大马士革弯刀大力砍杀，所向披靡，至少砍死十几个蒙古骑兵。

忽都思孤注一掷的英勇行为，激起了马木留克骑兵的勇气，他们只犹豫了片刻，就狂呼着冲了上去，用弯刀同蒙古骑兵进行激烈搏斗。

这下好了，二虎相争，西方十字联军坐山观虎斗，适当地打一下太平拳，有跑到加沙的就干掉，一直跟随旭烈兀的降兵也早都逃跑了。

这时怯的不花也意识到问题的严重性，可是已经晚了。部下请求他撤退，他们掩护。其实就是让他快跑，但是他拒绝了，他大呼："蒙古人没有后退的习惯。"最后战败被俘，他的家人也同样被俘虏。

其实怯的不花大可不必这样，留得青山在，不怕没柴烧，大丈夫能屈能伸。他可以跑到伊利汗国，向老板搬救兵，就搞定了，何苦如此。

埃及人也很聪明，怯的不花是一个烫手的山芋，这下把"东方人"彻底得罪了，如果他们来兴师问罪，可是够喝一壶的。干脆劝降怯的不花，让他在这里做官，也算和蒙古有了缓冲的余地。

可是这怯的不花不领情，只求速死。没办法，埃及人杀了怯的不花，埃及人战战兢兢地过了一段时间，也没有什么动静，所以放下心来。

他们哪里知道，现在华夏正有一场腥风血雨；旭烈兀和金帐汗国的别儿哥也剑拔弩张，这两位堂兄弟，太祖的亲孙子正准备大打出手呢，根本无力顾及这里，这才使埃及免遭一场大规模的杀戮。

而在这之前，忽必烈已经回到了自己的兀鲁思河南、陕西、关中地区。忽必烈幕僚大多数都是汉人，对他的思想起到了至关重要的作用，也可以说是决定性的作用，在和这些幕僚的接触中，他对于征服宋朝、入主中原有了全新的认识。

尤其是子聪大师的至理名言"可以马上得天下，但不可以马上治天下"，对他的触动更大。他是一个睿智的蒙古人，他逐渐地看到了大蒙古帝国的短板，那就是如果不迅速地融合到中华文化里，想在中原站稳脚跟，那无疑是痴人说梦。

早期的蒙古人以游牧业为主，基本不用粮食，需要时杀牛羊就可以了。但是后来的东征西讨，给他们以启迪，也让他们开阔了视野，长了见识，似乎也明白了一个道理，如果有大规模的战争谁也不可能牵着牛羊上战场，必须有足够的粮秣，就是说必须有足够的仓储。

忽必烈向刘侃等人学习了《孙子兵法》，真正领会到了"兵马未动，粮草先行"的道理："凡用兵之法，驰车千驷，革车千乘，带甲十万，千里馈粮，则内外之费，宾客之用，胶漆之材，车甲之奉，日费千金，然后十万之师举矣。"

这句话有些晦涩，大意就是出动两百乘战车，十万人的军队，每天所需要的费用高达千金。

于是忽必烈采纳了子聪和姚枢等人的建议，对大宋实行缓攻政策，先实行屯田制，进行军屯和民屯。制备军械，和大宋长期相持。

史料记载：忽必烈在汴京设经略司，以忙哥、史天泽、杨惟中、赵璧为经略使，屯戍军队，耕战结合，在唐、邓等州屯田，在西自襄、邓，东至陈、亳、桃源一线布置重兵，并构置工事，与南宋边境上的重镇襄阳成掎角之势，敌人来就拿兵器，和平时就拿农具。

随后，忽必烈又接受姚枢建议，设置都运司，通过黄河转运粮草。不过一二年，河南、关中大治，成为蒙古军日后进攻襄樊的根据地，也成为忽必烈的重要根基。

忽必烈重新设置官属，试着取消万户府和千户府，和原来的金朝、宋朝一样，设置宣抚司，下设路、府、州、县；

完善法律，裁抑世侯，提拔任用汉族儒家官员；

在各处试行新税制，取消"斡脱"，就是"印把子钱"，也称羊羔息。忽必烈派出多位官员，劝课农桑，引导流民返乡，垦荒种田，官给种子，三年不征，三年后三十税一，各地流民迅速回乡。

我们在这里会发现一个问题，一个大问题。忽必烈的老板兼兄长把中原的大片地方封给了他，并且允许他自作主张。但是忽必烈走得比大汗预料的还要远，几乎是自治了。

这时，漠南漠北出现了奇怪的现象：漠北还停留在半奴隶、半封建制度上；而漠南地区，尤其是忽必烈的兀鲁思，已经是汉人治汉，高度自治了。忽必烈的做法更像是汉人，眼下获利的也是汉人，这样蒙古人的特权何在？蒙古人原来能得到的女子、财帛，现在去哪里要？在汉人和其他人那里高高的头颅还能不能扬起来？还能不能有驱口？

告诉你，一切都没了。

这些封地的宗王、那颜不干了：禁止我们圈地放牧？我们去哪里放牧？这就是我的封地。再说开始这土地也没有主人啊，我一圈起来，主人就来啦？我凭啥退出去？

就这样，宗王、那颜们经常和守牧官吏或百姓发生冲突。

逐渐地，这些那颜发现了，这些汉人这么嚣张，敢情这些人后面背靠一棵大树，那就是四殿下忽必烈。这些宗王、那颜苦口婆心地轮流规劝忽必烈："咱们是一家人啊，你怎么能胳膊肘往外拐呢？那些汉儿都是咱家的驱口，是咱们家的长工。咱们攻下这些地方没杀他们就够给他们面子了，还是让他们乖乖地给咱们放牧吧。"

忽必烈是谁啊，那是古今中外少见的领袖，雄才大略，他的梦想和信念在强有力地支撑着他。不论这些人如何聒噪也不为所动，坚持推行自己的主张。

于是这些宗王、那颜们纷纷去和林大汗那里告状。

开始蒙哥听到这些，还在心里冷笑：抢了你们的饭碗，你们当然不高兴了。可是我这充足了，我们家老四把钱粮源源不断地送回了和林国库。我才不那么傻呢，把他喝止了，这钱粮岂不都是你们的了！哼，退下吧，寡人有疾，寡人好货。蒙哥根本没理这茬儿。

这时有一个人粉墨登场了，这个人是阿蓝答儿，他是蒙哥正妻的斡鲁朵总管，是实实在在的家臣，他也对蒙哥汗说起这事。他的说辞和那些宗王、那颜完全不同。他说："大汗，奴才略知一些情况，四殿下在中原一带做得风生水起，各处官吏皆出自四殿下幕僚的亲戚故旧，各处世侯们也衷心拥护四殿下。而且各处仓廪都存满钱粮，数量大得惊人。奴才恭喜大汗，朝廷有四殿下，真乃社稷之幸、陛下之福啊。"他看了一眼大汗狐疑的目光，又加了一句："主子，奴才有一个不情之请，和林内库钱粮入不敷出，奴才斗胆想向四殿下借贷一些。"

这才是高手，比那些人高明许多，这叫正话反说，或是反话正说。不管怎么说，说到点子上就是好说客。尤其最后补充那句话，充满了鼓动、挑拨的意味：大汗家的内帑还要向忽必烈借贷，这不是富可敌国，这是富可超天子了。

尤其后面这句话，蒙哥坐不住了。问道："你说的属实？各路钱粮都运到和林了，中原各库还是满的？"阿蓝答儿坚定地点点头。

这样不行，蒙哥大汗也不在心里冷笑了。他的心里涌起的是一种恐慌。自己在漠北，老四在中原，他这是在收买人心啊。中原百姓现在只知道有四殿下，哪里还知道有大汗？他想到了更深层，那军队呢？那里可大多数是汉军世侯啊。

蒙哥把在关中的刘太平召回和林询问这些情况。忽必烈在关中、河南、河北舞刀弄枪的，早就让刘太平不满了，听蒙哥问及此事，心里明白，有人告状了。这下好了，省得自己告状了，于是添油加醋地奏报给蒙哥大汗。

蒙哥一听这是千真万确的，静下心来一想，感觉这四弟志向不小，大汗的位置也许会受到威胁。即使自己在世时不被夺位，那自己百年之后也传不到子孙那里，是时候对他做点什么了。

和林的情况忽必烈哪里会知道，自己的兀鲁思，刚开始时，他看到的是千疮百孔：民有菜色、法纪俱坏、百废待举。过了两年兀鲁思总算有了起色，可是这律法还是难以推行。尤其是守牧之官和当地世侯，认为自己就是律法，就是天，民人犯了法，想怎么判他们就怎么判他们。

到各路巡视的张文谦气愤地回报，在燕京行省的牙老瓦赤太不像话。看官们说了，作者你等一下，怎么又出来一个牙老瓦赤？

第三十三回

没有虎，有肉

告诉看官们，还是那个牙老瓦赤，就是他！他是一个打不死的"小强"。他当初和乃马真后作对，被奥都剌合蛮和法提玛设计陷害，跑到河西凉州阔端那里躲避。他的儿子麻速忽（这是一个能人，特意带上一笔，记住这个人）在别失八里也跑了，跑到钦察国拔都那里躲了起来。

贵由登基，杀了奥都剌合蛮。贵由的合敦（皇后）海迷失提议重新起用牙老瓦赤掌管财赋，于是贵由下令由他总揽天下赋税。牙老瓦赤干了几年还不错，谁知贵由短命去世了，按约定，又由合敦海迷失摄政。这个牙老瓦赤老毛病又犯了，拼命反对，这下把海迷失气坏了，虽然没杀他，也把他晾起来了，哪儿凉快哪儿待着去吧。

这样，牙老瓦赤消沉了很久，曾经一度想投奔他的大儿子麻速忽。这时麻速忽在呼罗珊重新执政，总揽赋税，不受各方辖制，做自己的达鲁花赤。还没等牙老瓦赤动身，海迷失退位被杀，蒙哥登基，重新起用他，让他做燕京行省达鲁花赤，和不只儿一起掌管燕京赋税。这是一个不倒翁，几起几落，而且和他过不去的人都倒霉了，这确实是有史以来的官场神话。

牙老瓦赤到任后，还依照旧历，由汉军世侯自治一方，税赋以钩考、抽成的形式上交国库，有的干脆还用"扑买税"，这是漠北模式，和忽必烈的中原改制背道而驰。

这是忽必烈的兀鲁思，忽必烈以为不妥，命令张文谦巡抚各地，整顿官制。

这牙老瓦赤脑后一定有反骨，他对忽必烈的新政消极抵触，迟迟不落实，这让忽必烈很不爽。这次张文谦汇报他草菅人命，忽必烈大发脾气，若不是子聪大师和姚枢极力劝谏，牙老瓦赤和不只儿的脑袋早就搬家了。

燕京行省到蒙哥汗时代，人口和经济已经有所恢复。牙老瓦赤对发展经济很有一套，百姓的日子也好过了许多，就是滥施刑罚这一点，张文谦几次劝谏他就是不听。这次是牙老瓦赤和不只儿断案，一天就判处死刑二十八人，都是斩立决，立即执行。

看官们都知道，自古至今，不管这个朝代政治如何黑暗，判处死刑也是小心又小心。死刑都是层层上报，层层审批，最后还需要皇帝的朱批，在秋冬交替时行刑，称作"秋决"，也是为了应上天的"肃杀之气"，其实完全是为了起震慑作用。

有的朝代死刑需要两次上折子，称作"两复奏"，到了明朝朱棣时代，需要"三复奏"，一直到后来的"五复奏"，可见是多么慎重。就拿大元朝来说，连续多年，一年的死刑犯数量都不会超过一百人。

尤其让张文谦生气的是，当天还有一个盗马贼一同被审判，罚四十金、笞刑三十七，释放。有人可能奇怪为什么是三十七。这是辽、金、元时代的特点，笞刑和杖刑以七为尾数，去掉三个数，意思是以仁治天下，虽然你犯罪了，也要讲究人性。行刑时，天让你一下，地让你一下，天子让你一下。但凡有数，都以七计算。

这个盗马贼的家人雇了轿子把人抬走，刚刚到门口，有人来给牙老瓦赤献宝刀。大概和《水浒传》里杨志的刀差不多，献刀的人吹牛，这把刀吹毛过刃，削铁如泥，杀人不沾血。牙老瓦赤不信，马上命人把盗马贼喊回来，当着他家人的面试刀，把人杀死了。

至于这把刀沾没沾血没交代，但是盗马贼是被一刀剁掉了脑袋。盗马贼的家人不干了，连同这二十八起死刑案一起告到了张文谦那里。

张文谦本来想报到大汗那里，就先告诉了忽必烈。可告到大汗那里又能怎么样？这忽必烈不同于他的大兄，发了雷霆之怒，非要杀牙老瓦赤和不只儿。

牙老瓦赤两人亲自到王府认罪，到死人家里送上"烧埋银子"才算作罢。忽必烈撤了牙老瓦赤的差事，让赛典赤接替他，推行忽必烈的政策。

这一切，都看在蒙哥的眼里，他在心里千万次地问："老四你到底想干啥？想干啥？你的眼里还有没有我这个大汗？"蒙哥想忽必烈在汉地的一系列行动，又想到他率军平定大理，既打通向南的商路，又对南宋形成包围之势，他的势力和声望大大提高，这一切都让蒙哥感到如芒在背。其实，忽必烈也确实"功高震主"，有"尾大不掉"之嫌。

蒙哥汗后来又听到一些不和谐的声音，比如"王府（指忽必烈）得中土心"，又有人告发王府人员"擅权为奸利事"。

这么多年，蒙哥汗已经掌握了政局，开始思考自己的汗位，如何做到既能坐得稳，又能传续无穷。听着越来越多的闲话，开始对亲弟弟有了猜忌之心。

蒙哥汗指派亲信阿蓝答儿到忽必烈兀鲁思、山西行省任左丞相，设置专门机构"钩考局"，核查京兆、河南赋税，借经济问题开始说事。倚仗蒙哥大汗声威，阿蓝答儿扬言除史天泽、刘黑马外，对汉地其他世侯、忽必烈委任的关中及河南官员都有擅杀之权。这阿蓝答儿说到做到，他带着善于理财的汉人刘太平，雄赳赳气昂昂地杀向忽必烈的兀鲁思——京兆地区。

半年不到，他给河南经略司、京兆宣抚司官员罗织了一百多条罪状，忽必烈的亲信受到严重打击。

这时，京兆榷课所大断事官是马亨，字大用。这个人是个人才，也是一个好官，对忽必烈也是忠心耿耿。《元史》记载：马亨简政宽刑，不横征暴敛，经过五年，人民安居乐业，赋税充足。宗王的封地所得课税要留给坐镇的藩王一部分。

马大用看到这阿蓝答儿来者不善，这钩考局是干啥的，马亨心里门儿清，不就是核查忽必烈藩库的钱谷吗？于是他处处多加小心。

说也凑巧，这天马亨正把去年所办课银五百锭运送到藩府，经过平阳与阿蓝答儿相遇。

马亨内心盘算："让他们看见了，必然会把所征课银拿去；不让他们看见，则必以罪加我。与其不能把银运送到王府，还不如我自己获罪（毋宁罪焉）。"

于是马亨悄悄地回避了阿蓝答儿。但还是让刘太平的跟班小厮知道了，小厮马上向阿蓝答儿汇报。阿蓝答儿知道后勃然大怒，马上派人去王府逮捕马亨。

忽必烈虽然在汉中，可王府里还有家人、管家等。真不知道谁给阿蓝答儿的自信，他真就把人抓走了，他手握尚方宝剑，府里的人当然拦不住，马上派人到汉中给王爷送信。马亨被抓到了阿蓝答儿那里，阿蓝答儿对他进行百般审讯，他就是不招。当然，审讯的理由是贪污。

忽必烈得报，异常震怒，令在邢州的史天泽处理。阿蓝答儿不得不释放了马亨。

这样的事当然不止一件，我们就不一一赘述了。总之，忽必烈和阿蓝答儿的关系日趋紧张。在阿蓝答儿的心里早就想把忽必烈碎尸万段了。

阿蓝答儿和刘太平所做的这一切，显然是"圣意"，是冲着忽必烈来的，这毋庸置疑。子聪和姚枢对此洞若观火，深知个中险恶。尤其是姚枢，他一直反对接受关中作为兀鲁思，就怕出现今天这个局面。姚枢对忽必烈说："大汗君也，兄也；大王弟也，臣也。这事没法儿计较，远离朝廷本来就容易遭受不白之冤。当务之急，是要彻底消除大汗的疑忌，这是釜底抽薪的办法。"

子聪向忽必烈建议，请他将自己的老婆和世子送到首都和林，送到蒙哥汗的眼皮底下，在那里长期定居，以表明忠诚心迹，这样，蒙哥汗的疑忌自然会解除。

忽必烈犹豫不决。第二天，姚枢又一再敦劝忽必烈返回漠北，回到大汗身边，彻底解除他的猜忌。忽必烈思考再三，终于断然回答："好吧，就听你的（从汝）。"这年十一月，忽必烈先后两次遣使觐见蒙哥，表白自己愿意"归牧"漠北的心迹，得到蒙哥的诏许后，忽必烈即驰归和林。

史料记载，兄弟相见，忽必烈端一杯酒站着敬献哥哥，恭恭敬敬行了礼退回座位，然后再次敬献一杯酒，再退下来。

他第三次去献酒，这是最为尊贵的三献礼。接到第三献，蒙哥汗的眼泪潸然而下，忽必烈的眼泪也止不住地流淌，他想为自己告白，蒙哥汗却伸手制止了，两兄弟张开双臂相拥在一起。

当然，忽必烈没忘了告一状，告谁？阿蓝答儿。说钩考局恃宠而骄、擅作威福、搜刮民财、贪贿成风，任他们这样胡闹，朝廷的脸面何存？大汗的仁爱之心将置于何地？经过再三权衡，蒙哥汗下令撤销"钩考局"。你阿蓝答儿还是斗不过皇上的弟弟。

大汗应该是想起有虎的时候，那时亲兄弟齐上阵，现在不就是有肉嘛，至于吗？但是，这眼泪未必是真诚的。

钩考虽然停止了，忽必烈仍然被解除兵权，留居漠北。

子聪建议，可以学刘备学圃，忽必烈然之。他大兴土木，在和林装修官殿，又在开平大建宫殿，下令子聪、史天泽带着汉人和工匠，建造王宫。豪华气派的宫殿里，有数不尽的珍宝、各民族的美女。

忽必烈每天登高览胜，临水逐春，牵鹰架犬，纵马围猎。既显草原英雄本色，又像是一个荒唐王爷。他把乌思藏教主八思巴请到和林，大做法事。这样有两年多，不但是蒙哥大汗，就连不知底细的幕僚都对他失望至极。

消息传到旭烈兀和阿里不哥的耳朵里，这兄弟两个不免对他们这位亲哥哥嗤之以鼻，四哥啊，看你那点出息，还是太祖的孙子吗？

忽必烈知道，他成功了。

这时一些地区和大宋朝正在交战，各处用兵失利。在四川，伐宋之师屡次败北，损兵折将，蒙古众王和诸将军心有不甘，汪田哥更是如此。可以想象，拥有"熟读兵书，谙习兵法，将门虎子"等光环的汪田哥，让一介书生余玠撵得满世界跑。好不容易让敌人大宋帮忙，把余玠拿掉了，还有一个老将王坚，打得汪德臣（汪田哥）满地找牙。刚刚三十岁的年轻新贵丢不起这个人，屡次上奏章请求出兵伐蜀。

告诉大家一个事实，这时候汪田哥就在四川呢，大本营在汉中。这王坚老将军不是说惹就可以惹的。汪田哥只有一个办法，抱团儿取暖，我单挑不行，但可以群殴啊。成都附近有蒙古大军驻守，还有汉军万户刘黑马，人多势众，害怕你这须发皆白的老人？这份奏章合了圣意，大汗的想法和他的一样。诸王、那颜们也想出兵放马，是时候弄两个钱花花了。

这时大宋的几位令蒙古军闻风丧胆的大将余玠、孟珙和杜杲相继去世，大汗没有了顾虑。于是，蒙哥汗下旨征伐南宋，留下自己的亲弟弟阿里不哥守和林，分成三路大军伐宋。把忽必烈的帅印交给塔察儿，带领诸王和各部贵族将领挥师南下。

汉将万户史天泽、李璮、张柔进攻荆襄地区，限期五个月拿下襄阳；

檄令兀良合台从大理向潭州攻击前进；

御驾亲征，率领弟弟末哥、儿子阿速台和大将纽麟，率大军四万，号称十万攻伐四川。

三路大军呈"品"字形，相约一年后会师鄂州（今湖北武汉）。

看人家蒙哥汗这气度，不服不行。大家发现没有忽必烈。是啊，你以为奉上几爵酒、掉几滴眼泪就完事儿啦？门儿都没有。

蒙哥就这样把忽必烈晾了起来。

第三十四回

遭遇滑铁卢

大家有疑问,怎么又攻击襄阳?这个城不是在蒙古汗国手里吗?确实是这样。上文已经有交代,孟珙那时在世,任京湖安抚制置使,弃守了襄阳,本来与蒙古军再战,三战三捷,克樊城复襄阳。

虽然收复了襄阳,当时由于蒙古军队对襄阳的破坏导致襄阳城防破落不堪,人员物资严重匮乏。此时的襄阳城已经成为易攻难守之城,孟珙考虑后,不得不弃守襄阳。

随后的几年中,孟珙一直担任京湖安抚制置使兼夔州路制置使,负责襄阳地区的全面防御工作,使得在这一段时间内,宋军在这个局部战场上保持着一定优势。

虽然没有了襄阳这个门户,但蒙古军、汉军万户都知道孟珙威名,躲还躲不掉呢,没有人敢去招惹他,就这样双方相持了几年。

孟珙率师增援四川,上奏疏举荐李曾伯为京湖安抚制置使,李曾伯认为,郢(今湖北钟祥)、襄(今湖北襄阳)一带很重要,尤其是襄阳绝对不可弃之不顾,便在修复郢州城后,向朝廷请求派一万五千名兵力增援及提供钱粮支持,打算收复襄阳。

大宋朝廷别的比不过蒙古帝国,就是银子多,这是大蒙古帝国没法比的。宋理宗从别处给李曾伯调派八千人支援,并拨钱一千万贯作为军费。李曾伯派荆鄂副都统高达、幕府王登,率二万多荆湖军,向盘踞襄阳的蒙古军队发动进攻。战斗中,大宋朝将士英勇顽强,浴血奋战,一举攻克了襄阳、樊城。

这样大宋王朝的北面屏障襄阳失而复得。

收复襄阳后,李曾伯又下令筑城,限期两个月内在城内建造营房一万间,以备屯驻之用。加固后的襄阳城,周围长九里,樊城则约四里半,防御能力大为增强。

鉴于"筑城容易守城难",蒙哥汗二年(1252)春,李曾伯又向朝廷提出六点经营襄阳的建议,包括实行营田、奖励屯田、运输米粮、修筑城堡、免税、增兵协防等。朝廷部分采纳了他的建议,下拨一百万缗的屯田及修筑渠堰补助费,并免除襄阳、郢州三年赋税。

蒙哥汗四年(1254)春,李曾伯调任夔州路策应大使、四川宣抚使时,又有近一万户军人家眷迁入襄阳定居,这样襄阳渐渐恢复生机。

咱们就先说一下荆襄战场。

塔察儿作为赛区领队,刚刚征伐辽东,大胜而归,所到之处,顺者昌,逆者亡,抢了无数财帛女子,可谓盆满钵盈。现在头戴一顶金冠,腰缠金腰带,正想到处炫耀,本人是赛场冠军,谁还敢试试?

他发现原来宋朝的老朋友、老对手都先他而去了,根本没把大宋现在的守将放在眼里。部将劝谏,历数败北战役,希望自己的主帅能够重视大宋。

尤其是史天泽,这个史天泽可是一位杰出的将领。可是这个斡赤斤的孙子不屑一顾,对史天泽说:"你们汉人,贪污行,打仗不行,别人败给了李曾伯,本王偏偏要会会他。先打樊城,然后再下襄阳,记住,没有我的命令不准出击。"

史天泽说:"大帅,襄、樊两城,把守得如铁桶一般,以臣将之见,先扫清周围，来个釜底抽薪，最后再困死两城。"

这计策不能说不好，可是这塔察儿不听，令所有军队猛攻樊城，他又怕史天泽争功，令汉军去扫清外围。他自己每天饮酒，搜括美女，令部下去各地搜罗奇珍异宝。大家都知道，这边都已经是蒙古军占领区了，朝谁搜括，自己人吗？百姓怨声载道。这也没关系，打下襄、樊就可以了。可那襄、樊是你想打就能打下来的？他率军打了一年多，损兵折将。

史天泽不干了，这史天泽可是天子近臣，王孙怎么啦？照样参你。大家别忘了，还有宗王移相哥，这是皇孙，也不干了，给大汗上疏参塔察儿。

还有一人，汉军万户李璮，他率军从益州出发攻下海州（其实是和宋朝达成了默契，宋军退了），按理说这和襄、樊地区隔着十万八千里呢，但是因为受塔察儿节制，塔察儿也派人向他索要财帛、美女。

这都不是外人，有东西互通有无也是应该的。为什么要这么讲呢？因为李璮是塔察儿的亲妹夫。这李璮可不管这些，和你联姻了就得惯着你吗？和他联姻的多了，他惯过谁？大汗都让他三分，于是他也把自己的大舅子塔察儿告了。

蒙哥正在沿着嘉陵江挺进，看着顺利，他就停在了六盘水，谁知到了利州，挺进不了，各路人马也是损兵折将，粮饷难继。大汗坐不住了，正准备去战场，各种告状的奏章雪片般的飞来。

蒙哥龙颜大怒：塔察儿竟敢把国家大计视作儿戏，你们的兀鲁思早都让先皇收回去了，不是我蒙哥，你们一家子不知在哪个沟待着呢！不思回报，却贻误战机，换掉！

说着容易，换谁？还有谁？总不能让史天泽挂帅印吧？不是不能，只是那些蒙古的骄兵悍将不听汉人节制。旭烈兀西征了，阿里不哥守和林，老兄弟末哥跟着自己呢，再说他也不是带兵的料。

想来想去，想起他最不愿意想的人——四弟忽必烈。

忽必烈这时正在漠南开平，摆出一副息影垂钓、终老山林的架势，实际却在冷眼观望这朝局。子聪大师早都已经撒出大队人马，去各处侦刺，对眼下的局势洞若观火。这时，钦差来宣旨，令忽必烈接到旨意后，火速赶往襄阳，接替塔察儿，统率东路和中路军队。

忽必烈大喜，施展抱负的时机到了，他马上下令，整装待发。子聪却制止了他，这个和尚，其实说是道士也行，现在穿的是袈裟，还是暂且叫他和尚吧。和尚说："殿下，贫僧一直在观望时局，知道这是迟早的事。只是臣以为不忙，几天前，贫僧就放出风去，说殿下身体欠安，此时正可以告知大汗，待身体痊愈，再临阵不迟。"

忽必烈何等之人，当然懂得他的意思。你蒙哥汗金口玉牙，你说去就去啊！我们是亲兄弟，一起打过虎、射过大雕的，在那险象环生的政治生态下，我们挺过来了。我正在前线厮杀，你却误听人言，怀疑你的亲弟弟。现在想起我是你的弟弟了，没那么容易。

于是他又看了姚枢一眼。姚枢赶忙说："殿下，这也是臣的意思，臣和子聪大师议过的。以臣之见，在奏章上还要加上，望陛下速速选帅，军旅大事，非同儿戏。"

忽必烈有几分犹豫，这的确非同儿戏，一旦前线三军崩溃，那可是千古罪人，另外他也怕事情玩过火了，不好收场。

和尚看出了他的心思，说："殿下尽管放心，宋朝虽有小胜，但是还没有力量反攻，现成鼎足之势。李曾伯用兵向来谨慎，不会贸然出击。我军有史天泽在，必保无虞。东线李璮，已经把治所移至海州，宋军已退到淮河以南，在扬州和李璮对峙。一年半载的也不会有大的变动，此其一；其二，现在殿下可遍览汗廷，哪个宗王、那颜可领导三军？殿下尽管安心养病，贫僧绝不误殿下。"说完又高呼一声佛号，把这时局动态分析得透彻尽致。

忽必烈点头称是，说："二位言之甚善，就依二位。"

姚枢写好奏章，六百里加急送往行在。

蒙哥汗收到奏章，心里清楚，这是以退为进，也有几分和自己耍性子的意思。于是自己亲自书信一封，让亲弟弟末哥送到开平。信中许诺所有东部各线人马，均由忽必烈节制，加封黄淮、汉水地区为忽必烈兀鲁思。这时候忽必烈就别装了。汉水地区土阜民丰，他早已垂涎三尺了。

两位谋事写好奏章，让忽必烈审核。奏章中答应立刻动身前往两淮战场，但是恳辞新的封地，忽必烈白欢喜一场，但是他明白，这是最正确的选择。这时张文谦也来到了开平，受子聪大师委托，讨好拉拢末哥。

子聪大师提议，忽必烈"带病"和弟弟豪饮。忽必烈几乎晕厥，依然坚持到最后，把自己"疼爱的"老兄弟陪好了。然后忽必烈启程去两淮，末哥回到四川。

忽必烈率军抵达邢州，大会诸王、将军，拿到军队指挥权，而后向河南进发，并派杨惟中、郝经宣抚江淮。张文谦和子聪大师、姚枢他们一样，是一位有远见的政治家。他一路走来，时时不忘提醒忽必烈，不可妄杀。于是忽必烈下令军中，攻入宋境，不准妄杀百姓，不准抢夺女子、财帛，放下刀剑即为良民，放其归乡。

发布这些后，忽必烈还是不放心。于是忽必烈令张文谦带人去整饬军纪，有敢犯令者立斩，三军悚然，军纪严明。过了汝南后，原计划直接进攻襄阳，这时忽必烈突然问道："南军何人在襄、樊为帅？"

董文炳接过话头："殿下，现在贾似道坐纛，襄、樊有两员大将，李曾伯和吕文德。"忽必烈一听，这有些麻烦，别慌，他还有子聪和姚枢等谋士呢。

子聪大师说："殿下，我军要想不重蹈覆辙，只有绕开襄、樊，直趋鄂州，和入川部队遥相呼应，打通水道，令兀良合台速速进攻潭州，三路大军会师鄂州，攻下鄂州，宋朝大江防线就形同虚设，则大事可定矣。"大家都听出来了，柿子拣软的捏，官面话叫避实就虚、避强就弱，大家都点头称是。

最后定下来，为躲避李曾伯的主力部队，忽必烈绕过樊城，迅速渡过淮河，攻入大宋境内，随后一路向南，在湖北开辟新的战场，进攻长江中游的鄂州。

蒙哥汗九年（1259）秋天，忽必烈采纳董文炳和姚枢的建议，避开襄、樊地区。率中路军走汝南，老办法，采取招降与进攻的政策，一路势如破竹，于八月中旬忽必烈率主力渡过淮河。五天后到达大胜关（今河南罗山南），宋朝守军只是象征性地抵抗一下就撤回了黄陂，忽必烈紧追不舍。

这时行军万户张柔率东路军走山东，攻到最险要的虎头关（今湖北麻城东北），先与宋军战于沙窝（今河南商城西南），将宋军击败，紧接着打散守关宋兵，进攻黄州。

这时，两淮制置使是大名鼎鼎的贾似道。

看官们一听此人，哦，那好吧，荆襄地区好办了，有贾似道这猪队友，蒙古大军还怕啥啊！连笔者都这样认为。为什么？就是因为这贾似道在历史上名声不咋样，被列入奸臣一列，评价他的话大都是"不学无术""蟋蟀宰相""裙带入仕"。他和张邦昌、秦桧、丁大全一样，被钉在了历史的耻辱柱上。

咱们写元史小说似乎躲不掉这个人，那我们就来说一说他。其实史料未必全部可信。

这贾似道开始入仕时并不是以他姐姐的关系，那时他的姐姐还不是贵妃。他的父亲是赫赫有名的抗金将领贾涉，贾涉一路做到淮东制置使。贾似道的姐姐参加入宫选妃是特批的，特事特办，是因为贾涉的战功，如果按资历和品级贾似道的姐姐是不够条件的。

朝廷选宫女那是有着苛刻条件的，一个硬件就是父亲或兄长的品级得够，大宋朝是在京四品，外官三品。贾涉去世时四十六岁，贾似道才十一岁。有的说他由生母带着改嫁养大了他，这个不见于正史记载，不能妄谈。

贾涉死后十年，朝廷还想着他的功劳，让贾似道在嘉兴做了一个小官，这没他姐姐什么事。这是一种正常的荫袭。可是贾似道是一个满腹经纶的人，他恃才傲物，不甘于只做一个刀笔小吏，于是又弃官苦读，四年后考中进士，这时他才二十几岁，此时他的姐姐已晋升为妃子，但还不是贵妃。

这时候贾似道应该是真正的借光了，开始平步青云。

第三十五回

文人贾制置

其实最早举荐贾似道的是临安大尹史岩之，他在历史上是一个官声不错的人，他说贾似道有大才，可堪大用。后来也有贾似道姐姐的关系，他很快做到了三品官，这时他还不到三十岁。他能统兵，做军事主官，还是孟珙举荐的，这说明他有一定的军事才能，绝非浪得虚名。

孟珙临死前上奏章，让贾似道接替自己任京湖制置使一职，宋理宗又加封他为枢密使。

忽必烈到达荆襄地区，正值贾似道在这里。大宋朝廷里专门宠信主和派，阎妃乱政时主和派和宰相丁大全等人沆瀣一气，朝野上下噤若寒蝉，主战派基本都靠边了，连余玠这样的将领也不得善终。

当然了，这也不单单是理宗时期，上文提到过，这大宋朝专门和主战派过不去。这时的宋理宗早已没有了刚亲政时的雄心壮志，只是偏安一隅，得过且过。有人就把这个罪名加在了贾似道头上，错了，张冠李戴了。

告诉你一个真实的历史，贾似道是主战派，贾贵妃这时已经死了十几年了，她死后阎婉容才成了阎贵妃，生前两人水火不容，宫里、宫外形成了两派，宰相丁大全是阎派，当然在他的眼里根本容不下贾似道。

现在贾似道挂帅，面对的是强大的对手，是历史上罕见的对手——忽必烈。忽必烈接替的是诸王塔察儿的位子。塔察儿折戟沉沙，灰溜溜地回辽东了。

忽必烈知道自己得有所作为，知己知彼，百战不殆，于是带领幕僚、随从登上阳逻堡北面的小山，俯瞰宋营，只见宋方五军整肃、甲仗鲜明。襄、樊几个城池内外把守得如铁桶一般，心里凉了，于是问史天泽是何人统率。

答曰："贾似道。"

忽必烈自言自语地说："这贾似道确实是个人才。"看得出来忽必烈早已闻其名。这时候蒙古将领非常惧怕大宋军队，除了李曾伯，大家别忘了，宋朝在两淮地区还有一位赫赫有名的战将——吕文德。

忽必烈登上阳逻堡北面的铁塔寺，向南俯瞰大江，见江北有武湖，湖东江岸筑阳逻堡，这是通向鄂州的门户，自古为兵家必争之地，攻下它，鄂州门户大开，渡江易如反掌。再看宋军，大江之上战船往来，旌旗蔽日。看南岸，马步兵列队备战，刀枪林立，甲仗鲜明，水陆阵容严整。忽必烈早已经得到报告，鄂州守军超过十万，战船两千多只。

这让蒙古这些能征惯战之将几乎胆寒。

子聪大师建议道："殿下，兵法云，夫战者，勇气也。一鼓作气，再而衰，三而竭。我军刚刚到此，士气正盛，可连夜准备，次日夺取阳逻堡。"

忽必烈心想，这和尚，你哪里看到士气正盛啦？你没看到这些兵都蔫儿啦？他知道这和尚其实是在鼓劲、打气呢，那好吧，就听和尚的。下令连夜准备舟船，攻下阳逻堡，而后强渡大江。

第二天凌晨，下了一些似雨非雨、似雪非雪的东西，江面昏暗不清，诸将以为不可渡江，忽必烈也有几分犹豫。还是和尚劝谏众将："这天气是长生天赐予诸位的，我军正可乘这混沌不清之际渡江，机不可失，时不再来。"忽必烈如梦方醒。于是下令扬旗伐鼓，分兵三路并进。董文炳率队数百人冲在最前面，乘大船击鼓急进，直达南岸，诸军随后争渡。

汉军万户张荣实率军乘小船攻击阳逻堡，缴获宋朝大船二十艘，而后虚晃一枪，率船杀向南岸。宋军虽然凶悍，只是这大雾天，放松了警惕，节节败退，有来不及撤退的，战船成了蒙古军的战利品。

史料记载，这一战蒙古军夺宋船四百多艘，阳逻堡防线全线崩溃，蒙古军迅速渡江。董文炳派董文用以轻舟渡江，向忽必烈报捷。

忽必烈闻报大喜，传令全军进围鄂州城，同时派兵去湖南接应绕道大理、攻击潭州的兀良合台军。忽必烈渡江后，子聪大师提醒注意军纪。忽必烈马上下令，"军士有擅入民家者，以军法从事，凡所俘获，悉纵之"。然后派人招降鄂州城。使者走到东门，宋军箭如雨下。忽必烈知道宋军有所准备，于是下令将鄂州团团围住。

忽必烈登上城东北的压云亭，立高楼观察城中军情。城中守将是都统制张胜，城内兵力不过两万人。部将都建议杀他一阵，于是张胜派兵出城，但是被击败。这时江陵送来鸡毛信，援兵在四日内到达。张胜大喜，看蒙古军攻打太急，于是以缓兵之计，佯称归附，诱劝蒙古军东撤。

蒙古军中计后撤，张胜趁机将城周围民居焚毁，使鄂州城防成为一体。这时宋朝名将高达从江陵率军入援。蒙古军迎战，高达埋下伏兵后假意撤退，杀伤蒙古军一千多人。于是忽必烈不敢轻举妄动，鄂州之战处于相持状态。

由于蒙哥进攻四川的缘故，四川制置副使吕文德等人率领的大军都在支援长江上游。宋理宗马上下诏贾似道节制江西、两广人马，立即增援鄂州。

贾似道接到旨意，不敢怠慢，立即传檄各处，会师汉阳，然后率军到鄂州城内督师，亲自指挥鄂州保卫战。宋理宗为了更好地节制诸路军马，拜贾似道为丞相，让他顶替了丁大全的位置。

蒙古军包围鄂州后，在城外造起了一座五丈高的瞭望台。忽必烈每日在上面指挥攻城。听说宋朝援军到来，忽必烈下令抓紧攻城。蒙古军组织敢死队，由勇将张禧（记住这个人）、张宏纲父子率领，自城东南角入战，高达率诸将力战，张禧身负重伤而退。攻城停了下来。蒙古军士气低落。忽必烈和众将商议，张柔献计，掘洞入城，忽必烈然之。于是张柔选敢死之士用木牛车，冒矢石，这边攻打，那边挖洞。

可是贾似道早有准备，命令高达率军奋力抗击，并组织人力修城墙，随破随修，忽必烈一筹莫展。他看城墙上宋军军容整肃、斗志昂扬，对宋将赞叹不已。子聪大师给诸将鼓劲，说："今天几乎就要破城了，说明张柔都帅的战法奏效，明天除敢死队外，大队人马也都协同攻城，争取一鼓而下。各位将军，建功立业就在此时，攻下鄂州，立不世之功。"

大家又来了劲头，摩拳擦掌，明天立功，立大功。

第二天，这些雄心勃勃的蒙古骑兵和汉人水军都傻眼了，偌大的鄂州城方圆几十里被木栅团团围住。忽必烈众人都目瞪口呆。

这是天上掉下来的吗，还是有长生天保佑？

其实早有探马报告，为防止蒙古军再掘城而入，贾似道命宋军沿城墙建造木栅，形成夹城，仅一夜时间，环城木栅全部竣工。贾似道派使者来和谈，请求蒙古军退兵。忽必烈拒绝了贾似道的请求，但不得不承认贾似道的军事才干。他感慨一番，然后郑重其事地对幕僚们讲："诸位先生，想尽一切办法为本王找到一位像贾似道这样的将领（吾安得如似道者用之）。"

这时姚枢和许衡都推举王文统。忽必烈与王文统谈话后，很合心意，把王文统留在身边。这是后话。

看着双方胶着不下，有些蒙古将领归罪于这些汉人大儒，说都是他们力劝忽必烈不可杀人，这才是造成鄂州不肯投降的原因。忽必烈也没客气，当即驳斥道："宋朝守城的只是一个读书人贾制置，你们十多万人不能胜他，杀人杀了数月也不能攻下鄂州，这是你们的过错，怎么成了这些读书人的错（汝辈之罪也，岂士人之罪乎）！"忽必烈称呼贾制置而不称呼名字，可见对贾似道有多么看重。

在贾似道的指挥下，宋朝各路援军纷纷奔救鄂州。尤其是吕文德部自重庆沿江而下，在岳州（今湖南岳阳）击败张柔部的拦截后，也来到了鄂州。

但是不管咋说忽必烈还是长生天、腾格里的宠儿。因为在合州（今重庆）宋蒙两军激战正酣，连蒙哥汗都亲临战阵了，吕文德率师沿江而上支援重庆，这忽必烈大军才能斩将搴旗，攻到鄂州。只等兀良合台从大理到潭州、岳州，合攻鄂州。

就在这时，出事了，出大事了。是四川出大事了，谁在四川？大汗啊，大汗崩了。

自从余玠制定"依山制骑、以点控面"策略以来，蒙古军一筹莫展。在川的蒙古将军还是汪田哥，为了破解余玠的阵法，他也是拼了。

蒙哥汗三年（1253），汪田哥修筑利州城（今四川广元），蒙哥下令将四川北部蒙古占领区都划归汪田哥节制，并命令都元帅太答儿等协同建城。忽必烈进兵大理前，到了临洮，特召汪田哥入见，报告利州建城的情况，作为攻蜀大计。上文介绍过。

汪田哥虽然不是汉人，但是熟读史书，是一位半汉化的蒙古儒将，他一改蒙古帝国的老战法，来个以攻心为上。史料记载，汪田哥免徭役，减课税，运粮、屯田以充实利州贮备，并置行户部（管理财赋的机构）于巩昌，设漕司于沔州，造纸币、发盐引以通商贩，实军储。

忽必烈临行之前令汪田哥大哥汪忠臣权都总帅府事，领兵屯利州以嘉陵江以南为外围，并屯田于白水。利州本来是宋朝边防重镇，四川制置司治所原来就在这里，这里是通向蜀中的咽喉要地。

蒙古兵在这里建城引起宋将王坚注意，王坚明白，卧榻之侧不能容他人酣睡，绝不能让你建成。于是他三天两头攻打一次，截住运粮通道，放火烧栈道。这里的蒙古军伤透了脑筋，历经两年多，才草草完工。

蒙哥汗四年（1254）春，蜀中大旱，嘉陵江水位下降，运输困难，军粮不济，部分蒙古军将领建议弃城而走。汪德臣便将自己的乘马杀掉，分享给士兵，并激励将士说："国家把规蜀大计交给我们，我们应当以死相报，怎么能轻言放弃呢？"可见他是一条好汉，他也真说到做到，率兵奇袭嘉川，得军粮二千余石，继而攻占阴平、彰明。

大宋守将吕达率领五千兵截击，与汪田哥展开激战，最后宋军战败，死伤一千五百人，缴获粮草五千石，吕达被擒。

水陆交通逐渐恢复，粮饷纷纷运到蒙古军大营，军队屯田也获较好收成，粮秣大事解决了；

然后召集流亡百姓，回家种田，官给种子，借给百姓耕牛；

鼓励商旅通行，利州名副其实成为蒙古军战略基地。

大家发现了，这汪田哥比那些蒙古贵族聪明得多。还有一点，和汉人学的，降兵愿意留下的，编到军伍里，不愿意当兵的，就发给他们和家属路费，让他们回家种田，也照样给耕牛和种子。一时间欢声雷动，四川百姓对他们十分感激。汪总帅之名传遍附近州郡，各山寨相继投降。

汪田哥看到宋军在紫金山筑城，于是选精兵衔枚疾进，奇袭紫金山，大破宋军。这时候两军对垒，没有太大的战役，两军都是在深挖洞、广积粮、少打仗，以为长久之计。

第三十六回

魂归钓鱼城

忽必烈绕道吐蕃占领大理后，形势就完全变了，北面江淮地区、西面四川地区，对大宋已经形成三面合围之势。蒙古汗国几路大军分进合击，全力伐宋。攻克苦竹后，汪田哥派人致书大宋龙州（今四川江油）守将王德新，劝其归顺，王德新表示愿意投降。

汪田哥上奏皇帝，蒙哥同意王德新投降，加官一级。

到了冬天，蒙古军进攻长宁（今剑门关以北），攻克山城鹅顶堡，知县王仲投降，守将王佐拒不投降，率军苦战。

不得不说，汪田哥"攻心为上"的计策效果显著。在当时来看，王佐不识时务。他们自己人喊出了口号："官长不投降，就叫他灭亡。"于是非常悲催的故事发生了：王佐被部下绑缚送给了汪田哥，最后被斩首。部下们都加官晋爵了，他们的首长成了"投名状"。于是蒙古大军水陆并进，以汪田哥为前锋大将，南下阆州（今四川阆中）大获山。

蒙古军派王仲前去劝降守将杨大渊，被杨大渊所杀。于是汪田哥下令全线出击。双方激战二十多天，蒙古军夺取了宋军水门，堵死了守军归路，部将都劝杨大渊投降。杨大渊不想做王佐，不想成为部将的投名状，干脆派儿子到汪田哥帐前乞降,汪田哥准其所请。

第二天,杨大渊率城中官吏将士出降。汪田哥把他引见给蒙哥,蒙哥汗不高兴,这是走投无路才投降的,算不得真心投诚,于是下令杀掉他。汪田哥死命苦劝,才免死(宪宗命诛之,汪田哥力谏止,乃免)。蒙哥汗也学了一下梁山的王佐:那好吧,留下你这颗项上人头,去山下纳一个投名状献给山寨吧。杨大渊招降了蓬州(今四川仪陇)、广安(今四川广安)诸郡。蒙哥大汗这才把他的乌纱帽还给他。

蒙哥现在底气十足,想毕其功于一役,彻底打倒老对手——大宋朝。蒙哥汗在阆州行在召集诸王及各路大将,举行军事会议,重新确定了伐宋军事部署。主要是给诸将打气儿、鼓劲儿:"大宋朝旦夕可以拿下,朕要看一下,这最后的功劳会属于哪位壮士。朕可以负责任地告诉大家,朝廷是不吝惜爵位的。"

这是战前总动员,诸王和将领们血脉偾张,立功的时机到了。但是他们得去忽悠那些部将:"我们出来是为了什么?为了高官厚禄,为了封妻荫子,为了有更大的兀鲁思,为了……"

可以了,不用再说了,懂了。他们也得忽悠那些士兵:"在出发前,问一下你的前辈们,我们出来是为了什么?是为了金钱和美女,是为了有无数的牛羊,是为了……"

队伍杀向了合州。元帅纽璘率步兵五万、战船二百艘从成都出发,踩着成堆的尸体(当然,这尸体也有刚刚做过发财梦的自己人),接连攻下彭州(今四川彭山)、汉州(今四川广汉)、怀州(今四川金堂南)、简州(今四川简阳)、隆州(今四川仁寿),并封锁重庆江口。

蒙哥亲率北路军,仍然以汪田哥部为前锋,从阆州出发,连下运山、青居、大梁等山城,攻克相州(今四川南充)、遂宁(今重庆潼南),在年底到达大宋朝的军事要塞合州,并对其形成合围之势。

这时候战事还算顺利,虽然蒙古军死伤惨重,总算到达了合州地区。

合州位于嘉陵江、宕江、涪江三江汇合处。宋军在这里筑城,居高临下，控扼三江要塞，屏障巴蜀荆湖，随后又选形势险要处筑起了青居、大获、云顶、天生、大梁等十余城，屯兵聚粮，互相呼应，组成了以合州为中心的川中防御体系。

这时，合州守将是王坚、张钰，二人智勇兼备，加上兵精粮足，城防险固，二人迎着暴风雨，镇定指挥，奋力坚守，抗击着蒙古军的迅猛攻势，蒙古帝国十余万大军被死死拖在城下，将近一年。

这年二月蒙哥率诸军从鸡爪滩渡过渠汇，在石子山扎营。第二天，蒙哥亲自率领大军战于钓鱼城下。蒙古军攻一字城墙。一字城墙又叫横城墙，它的作用在于阻碍城外敌军运动，同时城内守军又可通过外城墙，运动到一字城墙拒敌，与外城墙形成夹角交叉攻击点。

钓鱼城的城南、城北各筑有一道一字城墙。

钓鱼城守军老将王坚知道部下看到蒙古军有几分胆寒，这位老先生也不示弱：就你们会做思想工作吗？讲这个，我们可是你们的祖师爷，他也来一个战前总动员：

弟兄们，四川是谁的？

大宋朝的。

好，回答正确。蒙古人用阴谋诡计，害死了我们的大帅余尚书，想不想报仇？

想！

知道谁是凶手吗？就是对面的总帅汪德臣，也叫汪田哥，敢揍他吗？

敢！

好勒，听号令，看我们的旗子，有箭弩炮弹尽管往他的身上招呼。杀掉一个蒙古兵赏一朵小红花，打死一个将官十朵红花，打死汪德臣，一百朵红花，封侯爵。

那打死了蒙古皇帝呢？

打死了蒙哥，让你做制置使。

好吧，看我们的。

这样，在王坚及副将张珏的协力指挥下，宋军击退了蒙古军一次又一次的进攻。

史料记载，蒙古军猛攻西门，失败了。这天，蒙古东道军史天泽率部也从荆襄到达钓鱼城参战。三月，蒙古军攻东新门、奇胜门和西门小堡，遭到了宋军顽强抵抗，蒙古军全部失利，损失惨重。

从四月起，大雷雨持续了二十天，两军只好停战，对垒相持。雨停后，蒙古军重点进攻护国门。当天夜里，蒙古军登上外城，与守城宋军展开激战，双方死伤惨重。《元史》称"杀宋兵甚众"，当然是为了表示蒙哥的英勇善战，但是最后蒙古军的攻势还是被宋军打退。

眼看一年过去了，一点进展没有，末哥等人建议，钓鱼城久攻不克，王师已疲，应当先撤出休整，以利再战。汪田哥、纽麟反对。蒙哥汗率军入蜀以来，所经沿途各山城寨堡，大多数因为大宋朝守将投降而轻易得手，这之前还没有碰上真正的惨烈的硬仗。因此，蒙古君臣有些轻敌。到了钓鱼山后，大汗想一鼓作气攻下钓鱼城，虽然屡攻不克，也不愿弃之而去。尽管蒙古军的攻城器具十分精良，但钓鱼城地势险峻，蒙古军无法发挥作用。

蒙古军千户董文蔚奉蒙哥汗之命，率所部邓州军攻城，董文蔚激励将士，挟云梯，冒飞石，在崇山峻岭上直抵城墙，对宋军"死缠烂打"。可是宋军也杀红了眼，寸步不让。

蒙哥看董文蔚所部伤亡惨重，被迫鸣金收兵。他的侄子董士元愤怒了，请旨代叔父攻城，于是他率所部登城，与宋军力战一下午，也是伤亡惨重，被迫撤出。

这都是正史记载，也包括其他一些国家的记载。这让一些人对大宋朝刮目相看。

这时钓鱼城吃紧，牵动着大宋朝那脆弱的小心脏。朝廷檄令大将吕文德率战舰千艘援合州，蒙哥汗不得不分兵截击。蒙哥汗知道吕文德是大宋悍将，只能安排史天泽截击，最后吕文德被史天泽击败，援军没有到达钓鱼城，但是减轻了守城的压力。

钓鱼城久攻不下，蒙哥汗命诸将"议进取之计"。大将术速忽里认为，现在我军已经是疲兵，一直相持在坚城之下对自己不利，不如留少量军队困扰，而主力沿大江水陆东下，与忽必烈等军会师，一举灭掉大宋。然而骄横自负的众将领却主张强攻坚城，反而认为术速忽里怯战。

其实也不全是这种想法，大家可以看一下地图，钓鱼城几乎控制着所有江面，这是一；二，如果顺江东下顺利了，那就一切皆迎刃而解，如果不顺利，或战败，蒙古军可是没有退路了。

蒙哥汗权衡利弊，没有采纳术速忽里的建议，决意继续攻城。但是被围攻达数月之久的钓鱼城依然物资充裕，守军看到蒙古兵一次次败北，士气更旺盛了。他们似乎不怕这些老对手了，不但不怕，还非常蔑视这些蒙古军。

历史记载，有一天，宋朝守军还和蒙古军开起了玩笑，也算是表达了一种蔑视。他们将重三十多斤的鲜鱼两尾及百余张面饼抛给城外蒙古军，并投书蒙古军，称粮草充足，即使再玩十年也没关系，你们想打钓鱼城的主意，门儿都没有，你们还有吃的吗？够吃吗？不够吃还有。这把蒙古大军气得鼻子都歪了，可是那也没办法。相比之下，蒙古军的境况就很糟了。

蒙古军久屯在这坚城之下，粮草补给困难，又值酷暑季节，蒙古人本来畏暑恶湿，加上水土不服，导致军中暑热、疟疾、霍乱等疾病流行，情况相当糟糕。根据以往的惯例，此时正是歇马的季节，今年却一反常态地和大宋朝死磕。

汪田哥看到这种情势，自己打破了多年的惯例，主张硬攻，想一鼓作气，攻下钓鱼城，结果伤亡惨重。他心下惭愧，趁着黑夜，率兵攻上外城马军寨，王坚率兵拒战。

天将亮时，下起雨来，蒙古军攻城云梯又被折断，被迫撤退。

第二天，出人意料的一幕出现了，汪田哥单人独骑来到钓鱼城下，想招降城中守军，大呼道："我汪田哥是也，来给你们找活路的（特来活汝）。

特来劝各位军将，开城迎降，不但能保住身家性命，还不失富贵。"城中回答的是连珠炮，射出的飞石击中汪田哥，汪田哥不久死于缙云山寺庙中。

蒙哥大汗听说汪田哥死讯，扼腕叹息，如失左右手。汪田哥之死，给蒙哥精神上以很大打击，钓鱼城久攻不下，使蒙哥不胜愤怒。这是主帅的大忌，这样会失去正确的判断力。

失去理智的蒙哥大汗亲自带队攻城，依史天泽之计，命令军士在东新门外筑台建楼，窥探城内虚实以便决战。

七月的一天，蒙哥汗亲临高台，向城内看去，并且现场指挥，向城内发炮。自从建了这个高台，宋军好久没有露面，着实让蒙古军得意了几天。今天作怪，城中不知从哪里一下子冒出好多抛石机，霎时间炮声隆隆，飞沙走石，蒙古军猝不及防，死伤惨重。

最不幸的是，蒙哥汗中飞石受伤，被抬回大营，崩了。史料记载，说蒙哥汗染病而死，蒙古军立即撤围北还。

蒙古军大举攻蜀后，宋朝对四川采取了大规模的救援行动，但增援钓鱼城的宋军为蒙古军所阻，始终不能进抵钓鱼城下。钓鱼城在孤立无援的情况下死死坚守，没让蒙古铁骑前进半步，令后人钦敬。

关于蒙哥汗的死，历史上争论了好多年。其实这没什么可争论的，笔者认为他就是被抛石机击中身亡，而且很快就崩了，而不是过了多日，崩于途中。我们试想，大汗如果是慢慢死去的，他一定会处理好一件大事，这是事关国运的大事，那就是接班人的问题。

当时长子班秃和次子阿速台都已经成家立业了，玉龙答失随叔叔旭烈兀西征。正常来说，一定会立下遗嘱传位。即使不传给儿子（高风亮节），传给弟弟，也得有旨意。

没有，什么都没有，可以说没留下只言片语。否则，他去世后，也不至于同室操戈，这是后话。

翻开史书看一下，大部分皇帝死后，对其评价都很高，即使这位皇帝生前一无是处。优点都是用放大镜放大，缺点就不必说了，可以忽略不计。

但是蒙哥其人确有过人之处，我们一起来看史书对蒙哥的评价："宪宗（后来上的封号）沉断寡言，不乐宴饮（唯一的一位），不好侈靡，虽后妃亦不许之过制（这和窝阔台父子正好相反，难得）。初，定宗朝，群臣擅权，政出多门，帝即位，凡有诏旨，必亲起草，更易数四，然后行之。御群臣甚严，尝曰：'尔辈每得朕奖谕之言，即志气骄逸。志气骄逸，而灾祸有不随至者乎？尔辈其戒之！'性喜畋猎，自谓遵祖宗之法，不蹈袭他国所为。然酷信巫觋、卜筮之术，凡行事必谨叩之，殆无虚日。"

喜欢打猎，当然，马背上的民族，用他自己的解释祖宗之法，立国之本。信巫术，大家觉得这人迷信，其实不然，大家都这样，信长生天，信卜筮，在当时这是无可厚非的。

对蒙哥大汗的评价褒贬不一。蒙古贵族觉得他形势左倾，太汉化了；汉人高官们觉得他太右倾，走不出漠北思维。

正因为这样，大蒙古帝国一点点中土化。不像其祖、其父、其兄时那么嗜杀，屠城基本没有了，但是非战争的大杀戮还是经常出现。

蒙哥汗就这样死了，这位一向能打的拳击冠军，被一直处于下风的赵昀不经意的一记勾拳击倒，再也没能爬起来。

那大汗这把椅子谁来坐，谁来管理这万里江山？先说一下他的家庭成员，另外几个系的就先不管他，单说拖雷系的。

四弟忽必烈（就按活着的排了）正在江淮伐宋；六弟旭烈兀带着蒙哥汗的儿子班秃、玉龙答失和怯的不花西征；七弟阿里不哥在首都和林留守。有人说，这是蒙哥汗有意安排的，想把宝座传给阿里不哥，这都是妄猜。阿里不哥不如另外几个弟兄能打，这是一；其二，蒙哥汗早就知道伐蜀时自己会死掉啊？不可能的事。大家别忘了，他还有一个小老弟，跟在自己身边的末哥。

这末哥不错，他对自己还是有自知之明的。当时就有人劝他登基，被他拒绝了。他不是嫡子，在宗王、那颜和汉人世侯心目中还是没有位置的，他也管理不了这偌大的帝国。末哥以大汗名义发布昭告，封存大汗的各种印鉴，用末哥和宗王们的印鉴暂时替代。留下史天泽统率蜀郡，派人急速给忽必烈去信，让他速回哈剌和林，他自己扶灵柩回和林。

看官们注意"急速"两个字，明白啦？你以为上次去见忽必烈白见啊？这是其一；还有一点，这末哥的老娘是忽必烈的乳母，这也算血浓于水。这两人的关系和别人自然不同，末哥早已意有所属了。

信使到达忽必烈大营时，忽必烈带领塔出、李璮、张弘范已经渡过大江，团团围定鄂州，博尔忽（不是四杰中的博尔忽）把江北的汉阳也围了起来，把王文统派往汉阳。

汉阳战场，大江之上，战舰往来，遮天蔽日。

忽必烈听到了噩耗，是不是也"昏厥、泣血"，史料上没有记载，不敢妄言。大家还是把大汗的遗物摆上，子聪大师主持，君臣们"哭临"一番。这时儒学大家们说话了，还是姚枢先说："先汗已经龙驭宾天，殿下还需节哀顺变，末哥王爷之意，臣等明白，现殿下须罢南征之兵，迅速北返，稳定朝局，免得朝廷失控。"众人附议。

第三十七回

有两个太阳

忽必烈当然听懂了这些亲信的话外音,他不着急,大汗仙去,谁还能与自己争汗位?他这时有些托大,毅然决然地说:"国家大事,不能因大汗仙去就废止,继续攻城。"

这才是识大体、顾大局,眼看大功告成,不能半途而废,大军继续攻打。可是这鄂州和汉阳都是城高池深,打了半个月,死伤无数,一点效果也没有。

这时襄阳的李曾伯一直尾随蒙古军,已经和后队接仗了。尤其让忽必烈头痛的是,吕文德在四川沿江而下,带着上千艘战舰,气势汹汹地东下援鄂,蒙古军将一看到那遮天蔽日的大旗上的"吕"字,几乎胆寒。这时该来的都来了,忽必烈的老婆也派人送信:阿里不哥在和林准备登基。

什么大体、大局的先放一下,赶快回去。大宋贾似道派使讲和,忽必烈留下人去议和,自己带队回到汉水以北。

谁知这时候又出事了。是兀良合台。

忽必烈令他来鄂州会合,他走到岳州,久攻不下,两军正处于胶着状态,宋方援兵到了,谁呀,又是吕文德。吕文德这时有股火气。他本来是溯江而上救援钓鱼城的,在重庆被史天泽堵住,损失了两百多艘战舰,刚想到鄂州报仇,忽必烈跑了。

这兀良合台不长眼睛,飞蛾扑火。吕文德马上派人增援岳州,打得兀良合台满地找牙,匆匆南撤。这又让贾似道捡了个便宜,他把蒙古军后队伏击了,斩杀一百七十人,向朝廷报捷。

忽必烈派兵去救,又给贾似道去信谴责,说他不讲信用,说好停战了,贾似道只好命人放过他们。兀良合台灰溜溜地从大理取道回到凉州。

忽必烈开始调兵遣将,当然,这次主要是耍嘴皮子,不是打仗。

忽必烈把俸盏派往末哥大营,协助末哥;

把侄子派往东蒙古,通知移相哥、忽刺忽儿和别里古台的孙子爪都。

有人看到笔者这句话,吃了一惊,这不是太祖的兄弟吗?总不至于还在世吧?那倒不至于,三年前去世了,去世时九十一岁。开始交代过,别里古台这人随遇而安,从来与世无争,是元朝建立以前历史上活得最长的贵族,没有之一。

忽必烈派使去西域宣示旭烈兀、合丹等诸王、那颜到和林召开忽里台,自己留下部队,轻装简从,杀回开平。

蒙哥汗的驾崩,确实使蒙古汗国受到了极大的损失。

其一,蒙古这场伐宋战争全面瓦解,进攻四川的蒙古军被迫撤军,护送蒙哥汗灵柩北还。

其二,忽必烈率东路军千辛万苦突破长江天险,包围了鄂州,为争夺汗位,也不得不撤军北返,整个伐宋战争功亏一篑。

其三,上文提到,旭烈兀的西征被迫停了下来,蒙哥汗二年(1252),旭烈兀发动了第三次西征,先后攻占今伊朗、伊拉克及叙利亚等阿拉伯半岛大片土地。

蒙哥汗十年(1260),埃及马木留克王朝趁着旭烈兀率主力东返,攻占叙利亚,杀怯的不花,结果蒙古军因寡不敌众而被埃及军队打败,几乎全军覆没,蒙古军始终未能打进非洲。蒙古的大规模扩张行动从此走向低潮。旭烈兀东返途中得到忽必烈和阿里不哥争位的消息，于是留在西亚，并宣布支持忽必烈，后来被忽必烈封为"伊利汗"（伊儿汗），西亚的伊利汗国从此建立。

蒙哥汗去世使忽必烈有机会登上汗位，实现他心目中的中华一统，更有利于中华文明的传播，有利于蒙古人接受中原文明。

蒙哥汗亲征时留镇漠北的阿里不哥，这时觉得机会来了，和众人研究自己的这些弟兄们，旭烈兀远在西域，鞭长莫及；末哥最有机会当大汗，但是他是庶出，民心、军心不附，他最大的劲敌是四哥忽必烈。

阿里不哥有两个死党，是阿蓝答儿、浑都海。大家都挺熟悉这两个人，尤其是阿蓝答儿，上文曾经提到过，他做过漠南钩考局主官。在他心里，杀死忽必烈有一百回了，两人在京兆地区结下的梁子，这辈子也难和解。

开始听说忽必烈准备继位，这阿蓝答儿准备跑路，这时大家都在拥戴阿里不哥，他心里升起了希望，比任何人都卖力。他给阿里不哥出主意，竭力诱使忽必烈回到漠北，好逼迫他就范，再名正言顺地登上大汗宝座。

忽必烈和谋臣们商量，大家意见也不统一。蒙古宗王和那颜们多数建议回到哈剌和林，通过忽里台大会，名正言顺（都想名正言顺）登上大汗宝座。

忽必烈和大家都知道这句的话外音，在开平登基，名不正，言不顺，有僭越之嫌。这时显示出汉人的智慧。子聪大师说："殿下，臣有话说。七王爷（指阿里不哥）久在漠北，封地又在左近，民心甚附，又是先皇留在和林坐纛之人，一旦召开忽里台，多数宗王、那颜会推举七王爷，请殿下三思。"

忽必烈点点头，沉思一会儿，目光投向了姚枢。

姚枢早已捕捉到了，赶忙说："殿下高风亮节，对汗位并无觊觎之心，臣等明白。可是殿下，孟子曰，民为重，君为轻，社稷次之。现在放眼天家众王，哪个能像殿下这样气量恢弘、博学多才、宅心仁厚？若殿下登基，则天家之幸，万民之幸也。"这一大堆话，乍一听都是废话。大家想，姚枢能说废话吗？这也是给这些大臣听呢。忽必烈并无觊觎之心，是大家看他"气量恢宏"，有人君气度拥戴的。大家一齐附和。

忽必烈非常满意，示意姚枢继续。

姚枢接着说："漠北不是殿下的兀鲁思，也非殿下所能掌控。而在漠南地区，我们拥有更大的优势与便利，能够控制和调动进入汉地的蒙古军及汉军世侯，这里又是殿下经营多年的中原地区，七王爷鞭长莫及。先皇驾崩，社稷不可一日无君，生民不可一日无主。殿下为生民、为社稷，宜早登大位，解民于倒悬，救社稷于水火。"

说完跪下山呼万岁，其他人都赶快跪下山呼舞蹈。张文谦拿出早已经准备好的劝表递上。姚枢的话可谓挠到了忽必烈的痒处，看张文谦又拿出劝进表，忽必烈心里有数了，这大汗位置稳稳的了。但是，还要等，心急吃不了热豆腐，一是等和林来往的使臣，二是，还要等诸王的劝进表和忽里台大会。

这段时间双方使臣往返，交涉不断，矛盾日趋激化。这年四月，移相哥、廉希宪拘禁阿里不哥派往燕京的心腹脱里赤，先发制人，在开平城召开忽里台，拥戴忽必烈登基。

在诸王、那颜、驸马和大臣们的三劝下，忽必烈宣布登基继位，年号中统，意思是中华正统。

老七啊，你就别争了，再争你可就是谋反了。

阿里不哥才不管你那些，你在漠南都敢登基，我在都城斡鲁朵有什么不敢。咱家的老爷子有规定，继位大汗必须在和林大斡鲁朵，我才是正统合法的继承人。

仅仅在忽必烈宣布登基一个月后，阿里不哥在和林召集留守漠北的诸王、那颜，召开忽里台大会，并在会上被拥立为大汗。出席大会的有察合台之子哈剌旭烈的寡妻兀鲁忽乃；察合台孙子阿鲁忽；窝阔台孙子尔赤和海都；术赤孙子忽里迷失和合剌察儿；蒙哥儿子阿速台和玉龙答失；塔察儿儿子乃马台；别里古台儿子罕秃鲁等。

大家看吧，大蒙古帝国出现了两个太阳（以后这情况也不少），出现了两大汗相抗衡的局面。

常言道"天无二日，民无二主"，怎么办？没办法了，只有打了。

站在阿里不哥一方的有影响的东道诸王似乎很少，但他从西道诸王那里获得的支持，又多于忽必烈。当时正在经营西亚的皇弟旭烈兀支持忽必烈，而替旭烈兀留守漠北兀鲁思的儿子药木忽儿，最初是支持阿里不哥的。

有的史书上说，当时的蒙古各大汗国中，钦察汗国、察合台汗国、窝阔台汗国都支持阿里不哥，西部宗王们认为只有阿里不哥才真正代表蒙古大汗的正统，唯有伊利汗国支持忽必烈。

其实不尽然。大家应该注意了，他们没有分那么清楚。父子都不一样，老子在漠南，儿子在漠北，或者反过来，兄弟，叔侄都是这样，你中有我，我中有你，也是让我们后来人长了见识。

笔者这里先说一下钦察汗国，也称金帐汗国。这时大汗是别儿哥了，拔都早在四年前就去世了，和他的堂兄蒙哥前后脚去见长生天了。

拔都去世后，有旨意传位给嫡子撒礼答。那时撒礼答在和林，暂时由拔都的老婆博剌克斤监国。可是撒礼答在赴钦察时死在了路上。拔都的老婆又下令由幼嫡子兀拉黑赤继位，很不幸，他也死在了路上。这时别儿哥到了萨莱城，博剌克斤召开了忽里台大会，大家推举别儿哥做大汗。

有史书记载，拔都的这两个儿子都是被别儿哥害死的。此事不见正史记载，不敢妄言。只是这小哥俩死得确实不明不白。别儿哥又重新建了都城，后人称别儿哥萨莱城（今伏尔加格勒）。蒙哥汗崩了，他在冷眼旁观着朝局，倒不是他对汗位有什么想法，而是看能不能浑水中摸到几条大鱼。

这别儿哥因为旭烈兀侮辱伊斯兰教，十分生气，联合埃及攻打自己的堂兄。其实这只是借口，主要原因有两个，一个是现在两个汗国已经接壤，是为了地盘，说得再具体些，就是为了争夺高加索地区；

第二个原因是旭烈兀支持忽必烈。别儿哥派使节去了开平，表示效忠忽必烈，但他同样也派使节去了和林。他真正拥护的是阿里不哥，而旭烈兀支持忽必烈，而且是旗帜鲜明地支持，看架势完全有可能出兵。

出于以上几个原因，别儿哥先发制人，对伊利汗国实施了打击，下文交代。

忽必烈承继大统，他的中华梦迈出了第一步，在他的心中，华夷一家，华夏一统，这只是他的一厢情愿，他现在的做派都已经引起了蒙古宗王和那颜们的不满。他们看忽必烈每天穿着汉服，说着汉话，身边一大堆汉人，有时还摇头晃脑地作诗，哪有一点蒙古王子的样子。

那么汉人呢，看他也不像是中原人。他想，只要我能登上大汗的宝座，还不是我自己说得算。他的梦的确不错，全国人民都支持，可有人不想让他实现这个梦。这个人就是他的弟弟，他同父同母的亲弟弟阿里不哥。他这时已经在和林登基了。

你别看忽必烈言之凿凿，可他弟弟的说辞更具煽动性。

阿里不哥给诸王发帖子说："大家都看到了，我四哥还像一个蒙古王子吗？他还是我父汗的儿子吗？漠南之地和中原地区是谁打下来的？是我们至高无上的太祖和伟大的父汗，他们带领大家，在长生天和祖宗的护佑下，打下来这万里江山，现在呢？都是那些汉儿在作威作福。这样下去，用不了几年，咱们祖宗打下来的江山就是人家汉人的了。我作为太祖的子孙，绝不能坐视不理。现在他又坏祖宗成法，僭越大位，图谋社稷。各处诸王、那颜们，擦亮你们的弯刀，拿起你们的弓箭，去惩罚这个不孝的子孙吧，长生天保佑你们。"

这些帖子也发给东蒙古地区和中原的诸王、那颜们。不得不承认，这不啻是一篇檄文，他抓住了蒙古贵族对忽必烈不满的心理，因而极具煽动性。

阿里不哥这么说，蒙古人爱听，大家都对阿里不哥竖起了大拇指，老七，你行，我们就相信你了，都拥戴你，没问题，只是弱弱地问一句："我们有啥好处吗？"

有，当然有。这下好了，蒙古汗国出现了两个太阳。从严格意义上讲，西域的察合台汗国也在半独立状态，还有域外的钦察汗国、窝阔台汗国和旭烈兀刚刚建立的伊利汗国。虽然都是半独立状态，好在这几个都算是帝国的属国。

他们所支持的也不一样，这虽然是内部矛盾，但是也无法调和，只有一个办法了，打吧。

第三十八回

矫诏杀都帅

　　他们的第一步,就是互相指责对方篡位,先在政治上取得先机,喊出自己继承的合法性。比嗓门,嗓门高也起到了一定作用。

　　比如忽必烈,他的这些小弟,大多数都是骚人巨儒,也都是政治高手。忽必烈知道,时不我待,一旦等和林准备就绪,这战争就不知道什么时候结束了。于是忽必烈和近臣们进行商议。

　　姚枢说:"陛下,叛军正在集结队伍,准备南下,关中之地首当其冲,函谷关自古就是兵家必争之地。浑都海本来就是叛王(这里指阿里不哥)的侍卫长,他一定会叛乱,他现在盘踞在六盘山,一旦攻克四川,关中震动,还在观望的宗王、那颜们一定会离我们而去,那样朝廷就被动了。"

　　忽必烈听后连连点头,也可能是"朝廷"这两个字他听着舒坦。

　　子聪大师接过话说:"陛下,姚大人所虑极是,但臣觉得此事还不算太严重,关中和陇东地区,皇上经营数年,民心甚附。当地驻军和屯田部队大多是皇上旧部,不会轻易地向叛军俯首称臣,只要朝廷派出钦差大臣,抚绥地方,晓以大义,大事定矣。"不愧为刘秉忠,老谋深算,大家都赞同。

张文谦奏道："启禀陛下，叛军已经开始攻城略地，朝廷还未昭告天下。古云，名不正则言不顺，言不顺则事不成，朝廷应当立刻下旨，昭告天下，历数叛王罪过，以正朝廷之名，壮我军威，以正义之师而击叛贼，天下响应，贼人无遁形之机，民人有同仇之气。望陛下圣裁。"

众臣附议。这时候他的老板才如大梦方醒，连说准奏，命令许衡、忽鲁不花和赛典赤起草诏书，昭告天下。这几位都是机枢重臣，分别是汉人、蒙古人和大食人，因为诏书要用三种文字。

接下来大家一致推举廉希宪和商挺巡抚汉中。这廉希宪在上文中出现了几次，他在大元朝是一个举足轻重的人物。

廉希宪是色目人，他们家世代在高昌为官。他的父亲布鲁海牙投奔蒙古后到中都、真定任职，逐渐地接触到汉文化，成了一个汉学迷。布鲁海牙升为燕南廉访使，就在这时，廉希宪出生了，就以"廉"字为姓，而且定为家族永志，取名希宪，字善甫。到了廉希宪这一辈，以汉学为主。

史上记载，廉希宪精通汉、蒙、回三种文字，手不释卷，熟读经史，深通儒术。后被忽必烈召见，奏对从容有度，谈吐不凡，忽必烈大喜，称他为"廉孟子"，让他随侍左右，参与机枢要务。忽必烈入主关中，任命他为京兆宣抚使，后来又随忽必烈伐宋。

当初在荆襄之地得到蒙哥汗去世的消息，是廉希宪的话起了关键作用，他说："殿下，先发制人，后发人制。天命不敢辞，人情不敢违。"看忽必烈有几分犹豫，又说："机会稍纵即逝，到时候追悔莫及啊（事机一失，万巧莫追）。"

先别说忽必烈的态度，廉希宪能说这样机密的话，可见他和忽必烈的关系了。

这次大家举荐他和商挺，因为他们都在那里主政过，和当时主持"钩考局"的阿蓝答儿有过交集。忽必烈委任廉希宪为京兆、四川道宣慰使出镇关中，特意赐给他一个金虎符（这是令符，不是万户佩戴的虎符），以便政令畅通。在当时，这是只有宗王、那颜和少量汉人世侯才能享受的待遇。

忽必烈还特意强调，"杀伐决断，凭卿裁决"，可"便宜行事"。

忽必烈也是拼了，可谓用人不疑、疑人不用，为什么会这样说？因为这时候大元朝的职官制度还没有完善，这个官职是地方军政的一把手，相当于后来的行省右丞相（元朝以右为尊），正一品。

这廉希宪也算是口含天宪，大权在握，一旦对老板有二心，投奔阿里不哥，那将是忽必烈的灭顶之灾。

廉希宪出发之前，子聪大师又面授机宜。廉希宪不敢耽搁，向忽必烈辞行后交换印信，和商挺披星戴月赶到京兆（今陕西西安）。这商挺也不是凡人，虽然是廉希宪的副手，但也已经五十多岁了，比廉希宪大了二十多岁，朝廷里几乎没有不尊敬他的，连忽必烈都以他的字孟卿来称呼他。

廉希宪平素也知道他的才华，不敢托大，有事必先请教。

这时刘太平在关中做统军万户，他早已得到了和林的旨意，当然不把两个书生放在眼里，他拒绝奉诏。

廉希宪檄令在关左的刘黑马和汪良臣（汪田哥的四弟）向函谷关靠拢。命人逮捕刘太平，并且连夜突审刘太平和他的部将，得知四川镇抚密儿火者已经准备好投奔阿里不哥，并且已经约好与六盘山的浑都海率军入川，向和林称臣。

眼下川陕由刘太平、刘黑马、汪良臣和密儿火者几人控制。刘太平已经伏法，刘黑马和汪良臣都表示支持开平。

问题就在这密儿火者，他是蒙古那颜，是川陕蒙古军、探马赤军的实际掌控者。如果他和六盘山的浑都海联合叛乱，控制了川陕，连接漠北，那战争就胜负已分了，这天下就是阿里不哥的了。

商挺这人思维敏捷，处事冷静。在荆襄撤军时，廉希宪就知道他是怎样一个人了。那时大伙都在商量四下派出使者，布置防务，和宋朝谈判，唯有这商挺，找到张文谦，就说了一句话："速速告诉殿下，封印信。"

张文谦知道此事的重要性，赶快告诉忽必烈，忽必烈惊出一身冷汗，赶紧下令封存原有印信，只使用忽必烈军中印信。

这件事让好脾气的忽必烈很不高兴，他把幕僚们都骂了一顿，就连平时他最信任的刘秉忠和姚枢也没能幸免，他对商挺大加褒奖。

那时廉希宪也暗叫惭愧。现在到了生死攸关的时刻，他虚心请教，商挺果断地说："杀掉密儿火者，夺兵符。"

廉希宪大吃一惊，说："那可是先皇器重的大将，又是蒙古'大根脚'（和太祖一起打天下的老兄弟的后人），我们都不是蒙古人，不奉旨杀他，那是谋大逆啊！何况我们又没有兵。"

商挺说："现在也考虑不了那么多了，将来一旦有事，就推到下官身上。"

廉希宪急了，说："难得孟卿大人如此担当，我还有什么顾虑呢？我是主官，一切由我承担就是。"

商挺点点头，说："那好，我们共同进退。汪良臣是蒙古人，大人以虎符视之，令其擒杀密儿火者，然后整备军队，迎战浑都海。"

廉希宪说："浑都海原来是叛王的侍卫长，他一定会死心塌地地效忠阿里不哥，我们下一步该如何动作？"

商挺说："大人，我们从叛军的角度来看，有上、中、下三策。浑都海率军直奔关中，抢占关右，此为上策；在六盘山按兵不动，等待朝廷和叛军两败俱伤再出击，对朝廷军队一击而中，此中策也；会师川陕部队，整装北归，此为下策。"

廉希宪点头称是，问道："大人猜测，这浑都海会采取哪一策？"

商挺轻蔑地笑了一下，说："下官认识浑都海，也曾经和他打过交道，无知的匹夫一个，肯定出下策。"

他看廉希宪似乎长舒了一口气，提醒道："但是这个密儿火者是一个思维缜密的人，他们一旦会师，浑都海得听密儿火者调遣，保不齐他们就会采取上策，目前杀掉密儿火者为第一要务。"

廉希宪同意，说："我连夜去汪良臣部（有的史书记载是去了刘黑马部）。"

当时已经很晚了，正下着大雨。廉希宪也不管这些了，事情摆在那里，刻不容缓。他命令亲兵带好火具，每人带两匹马，冒雨向函谷关进发。

到了汪良臣军营，廉希宪单刀直入："汪大帅，密儿火者阴谋叛乱，圣上有旨意，擒杀密儿火者。"拿出令符晃了一下。汪良臣也接到了和林的指令，由于他受末哥的影响，倾向于开平，想都没想。

汪良臣去请密儿火者，说廉希宪大人代圣上问话。密儿火者来到了汪良臣军营，没容廉希宪多想，汪良臣就把密儿火者的脑袋砍了，后来他想没想咱们不知道。

其实应该分析一下，密儿火者能坦然来到大营听忽必烈圣旨，说明他北投的意思并不坚决，可能首鼠两端，这时候加官晋爵或晓以大义也许会是另一种形势。

密儿火者的随从们本来也想闹一下，尤其是这佐贰，大帅待自己不薄，就这样不明不白地被砍了头。后来汪良臣强调这是圣旨，有违抗旨意者夷三族，这有一定的威慑作用，蒙古军和探马赤军都知道汪家四弟兄的威名，这是其一；第二点是关键，当时佐贰官慷慨陈词："不见圣旨就抓人，不经审判就砍头，我不服，哪个是朝廷？谁的旨意？多年来，我和大帅情同手足，我向大人要个说法。"说得义愤填膺，泗涕横流，如丧考妣。他的部下们都被他的凛然大义所感动。

这时廉希宪淡淡地说："不服是你的事，我是奉旨。而且还有一道旨意，你署理帅印，立功后正式接任。告诉你，耽误了正事我照样砍你的头。"

佐贰官愣了一下，脸上放出光来，但还是说了一句："朝廷也是太着急了，我们大帅……"

廉希宪打断了他："不用讲那么多，何去何从，痛快点，别磨叽！"

"这是朝廷圣旨，末将遵旨。"前后不过一刻钟，称呼就变了，佐贰官一口一个朝廷。廉希宪打一个拉一个。尤其是署理大帅，这是最关键的，大帅不死，你佐贰官能当老大吗？于是这佐贰出面安抚了大家。

但是有人安抚不了，谁啊？密儿火者的儿子们。他的儿子也分成了两派，他在漠北的儿子听到噩耗，干脆死心塌地地跟着阿里不哥了。可是他还有随军的两个儿子，这里咱们得说，蒙古有个规矩，"罪不及家人"，即便是近亲也没关系。

汪良臣让他这两个儿子照样当差。有的史书记载，这两个儿子不信是忽必烈的圣旨，跑到开平去问忽必烈，忽必烈替廉希宪打了掩护，这不可信。这两个儿子也不是傻子，反正是从军营里跑路了，还去什么开平！快往和林跑，为自己的父亲报仇啊。

不过，话又说回来，忽必烈确实知道了假传圣旨这件事，是廉希宪上了请罪折子亲自奏明的。

忽必烈不但没生气，还在回信中表扬了他，说将在外君命有所不受，临机决断，十分恰当，何罪之有！

我们想，这大汗也未必不生气，这例子一开，以后还了得？这是后话。

杀了密儿火者，稳定了川陕的局势。有人来报，浑都海已经在来函谷关的路上，忽然又转变方向，向北奔去。阿蓝答儿也越过了大漠，南下和浑都海会合。

廉希宪当机立断，檄令四川各部率军追击，忽必烈也派兵增援，挂帅的是合丹（窝阔台的儿子）。廉希宪命令援军向北邀击，堵住浑都海的归路。合丹在那里先开战了，正在难解难分之际，汪良臣和刘黑马率师赶到。北军大败，大多数士兵投降了，浑都海战败自杀，阿蓝答儿被合丹俘虏，押往开平，被忽必烈果断杀掉了。廉希宪大获全胜，但是四川却吃了败仗。

等一下，刚刚你还说大获全胜呢，怎么又吃了败仗？

列位看官们，四川可不是蒙古人的四川，四川的大半城池还在宋军手里。这老将王坚看着他们自相残杀，只盼着暴风雨来得更猛烈些。

看着看着，把这老将军的脾气看上来了。什么意思？这四川真成你们蒙古人的家啦？在我眼皮子底下要刀弄枪的，真把我大宋视为无物啦？你们真是不长记性，好了伤疤忘了疼，忘了满地找牙，逃跑的时候了，你们的大汗、主帅都是怎么死的？

这些大宋的将士们也气得嗷嗷叫，就等主帅发话了。这蒙古人的隔壁老王看军心可用，下令全线出击，蒙古铁骑这时候是真管用，骑马就跑，王坚夺回来十几个城池，夺得大批粮草物资。这叫鹬蚌相争、渔翁得利，廉希宪干瞪眼，气得脸都歪了。老王却笑了。

但是两个太阳的战争才刚刚开始。

第三十九回

大位归明主

为了斡鲁朵里的那把交椅，同父同母的弟兄正式挥起了弯刀。也为他们的后人开起了先河，做出了"榜样"，此后，这样的事一直伴随着皇位的更替，直到大元朝谢幕。

中统元年（1260）秋，阿里不哥兵分两路，大举南下。东路军由旭烈兀的儿子药木忽儿（父子不同心）、术赤的孙子合剌察儿统率，从和林跨过大漠南进。阿里不哥的左路军以宗王为帅，而且直接威胁汉地的政治经济中心燕京，因此忽必烈亲自领军邀击，以移相哥、合丹（不是窝阔台的儿子，是合赤温的孙子，请记住这个人）为前部先锋。

冬天，忽必烈所率大军到达昔木土脑儿，探马来报，阿里不哥的统军先锋合丹火儿赤已经在左边的山下扎下大营。姚枢提示忽必烈，兵贵神速，应当迅速攻击合丹火儿赤，忽必烈然之。下令诸王移相哥率师进攻，两军展开激战，火儿赤战败，损失近四千人，于是下令撤退。

过了两天，阿里不哥大军也到了，忽必烈下令全线出击。行军万户、平章政事塔察儿（不是诸王塔察儿，是偰盏）和合必赤等又分兵奋力攻击，阿里不哥大败，仓皇北逃。

忽必烈亲自统率各军在后面追赶，追赶了一百多里，阿里不哥手下大将阿脱带人投降忽必烈，阿里不哥向北逃走。忽必烈驻跸潮河川，令各路人马向和林进攻。阿里不哥退到和林，坚壁清野，想困死忽必烈军队。

可是忽必烈是谁啊？这是久经沙场的老将，还有那些汉人谋士，一些阴谋诡计当然不在话下。于是忽必烈下令三军立即攻城，不给阿里不哥以喘息的机会，只用了一周时间，阿里不哥全线崩溃，阿里不哥看难以继续立足于和林，匆匆退到由他继承的拖雷的分地吉利吉思。

忽必烈循帖里干道，顺利攻进和林。阿里不哥怕忽必烈乘胜追击，于是假意遣使求和，请求忽必烈宽宥自己。忽必烈和谋臣们商议，大家都觉得七王爷是缓兵之计。

子聪对忽必烈说："皇上，七王爷既有此意，请陛下立即下诏，令他到开平谢罪。"

姚枢奏道："在赴阙谢罪的同时，请皇上派官员去接受兵符，一是显示亲亲之义，二来也可以试探一下七王爷的诚心。"

于是，忽必烈下诏，由移相哥接替阿里不哥的军队指挥权，令阿里不哥火速到京城请罪。

阿里不哥当然是假意的，去开平，那我还能有命啊？四哥，你这小把戏去骗一下小孩子吧。于是阿里不哥向忽必烈上表谢罪，说他连日征战，马力不惯，待马力稍复，再赴阙谢罪。

忽必烈有些犹疑不定，还是同行的张文谦提醒道："陛下，我们都记得叛军刚刚起事时的檄文，可谓言之凿凿，说自己是正统，而陛下是夺嫡，刚刚一年过去，七王爷的行文完全变了。陛下把七王爷的请罪奏疏颁发天下，天下大事定矣。至于七王爷是否进京，何时进京，似乎已经不重要了。"忽必烈连连点头，大家也觉得张文谦分析得正确。这阿里不哥已经承认自己是谋逆，这就可以了，这足以证明忽必烈的登基是合法的。

忽必烈也还挂念着漠南地区和汉地，看这里没有什么大问题了，于是留下移相哥镇守漠北，自己率师返回开平。其实朝野上下都看得明白，阿里不哥只是缓兵之计。溃败的阿里不哥，在吉利吉思歇马，度过暑热。

中统二年（1261）秋天，阿里不哥元气稍稍恢复，又誓师东征。他事先遣使向诸王移相哥称要率众归降，让移相哥的亲弟弟作为使节，说得言之凿凿。

移相哥马上飞骑请旨，也没多加防备，阿里不哥突然发动袭击，突破外围防线。在和林双方展开大战，移相哥大军溃散，和林城再次失守。

这和林也太容易攻打了，一不小心就攻破。说对了，和林虽然是大斡鲁朵的所在地，是大蒙古帝国的都城，却没有城墙。

这是那时蒙古人建城的特点，后来在刘秉忠的强烈建议下，开平才筑起城墙。最令人沮丧的是，蒙古大军所到之处，攻下城池，第一件事就是拆墙。

忽必烈亲自率诸路汉军世侯和蒙古诸王所部再度北征，两军相遇在昔木土脑儿展开激战。合丹、塔察儿、合必赤率三路大军围住阿里不哥手下先锋兀艾剌，合必赤大败合丹火儿赤，北军胆寒，兀艾剌投降，南军占领了有利地形。

蒙哥的儿子阿速台率领的后继部队赶到支援，和阿里不哥合兵一处，声势复振，阿里不哥回军再战。他的右翼被合丹击败，左、中两翼丝毫不退，和忽必烈军鏖战，仍然不分胜负，各自鸣金收兵，引军后退。

这时和林还在阿里不哥手里，忽必烈留下诸王合丹等率军围攻和林，自己班师回到开平举行元旦朝会。忽必烈下严旨，不准有一粒米流向漠北，想困死阿里不哥。

中统三年（1262），据守和林的阿里不哥因粮饷不继，而由他派往察合台兀鲁思的阿鲁忽又拒绝听命，截留他征集的货物，因此移兵西讨阿鲁忽。

阿里不哥心里明白，他一旦挥兵西指，和林肯定守不住，加上和林物资极度匮乏，因此临行前令和林城宗王、那颜们，举城归降忽必烈军。阿里不哥西徙之后，忽必烈所部果然不战而收复和林。

中统三年（1262）冬，阿里不哥在击败阿鲁忽后驻营于阿力麻里（今新疆伊犁）。他肆行杀掠，伊犁河流域为之残破不堪。

中统四年（1263）春，阿力麻里闹饥荒，阿鲁忽又出兵邀击，阿里不哥军心愈涣散，很多都投降了阿鲁忽，海都也趁火打劫。

阿里不哥计出无奈，被迫向忽必烈投降。他被押解到开平后，几经周折，最后还是被他的四哥除掉了。长达四年的汗位争夺战结束了。

忽必烈在第一次北征时匆匆南返，没给出群臣任何理由。可能是第六感在起作用，他是真怕中原地区出问题。可山东出了问题，出了真的大问题。山东的土皇帝李璮造反了。

李璮不是一个酒囊饭袋，那也是身经百战的都帅，又是熟读兵书的儒将。看官还真别不信，他是一个能文能武的人才。他的父母李全和杨妙真，那都是顶尖的英雄。李璮在这乱世，能左右逢源，打出一片属于自己的天地，这水平是不是胜过了他的老子？

李全有枪有地盘，坐地还价，待价而沽，在蒙、金、宋几方周旋，在鸡蛋上跳舞，最后被大宋朝擒杀。

有的书记载，李璮是他们的养子，这纯属无中生有，他是李全的亲儿子，有着李全的基因，他有信心完成他老子没完成的光荣使命——鸡蛋上跳芭蕾舞。对他可以用一句话来概括："天下谁人不识君。"

李璮有几次上书修建益都城外的壕堑，朝廷不允。他又几次上书进攻宋朝，朝廷下旨抚慰，但所请不允。

过了一段时间，李璮请求派战将，增加士卒，渡过淮河去进攻宋朝，以利于派遣使者前去议和修好，皇上未予同意。李璮又报告，宋军犯境，他亲自率领将士迎战，击败宋军。皇上下诏给予奖赏，赐给李璮金符六面，银虎符四十面，用来奖赏将士。又有人汇报，李璮擅自派兵修建益都城外的壕堑。

李璮反意明显，难道朝廷就看不出来吗？当然看出来了，朝廷一直在严密地注视着他的一举一动，而且早就做好了应急预案。

其实朝廷对于这些汉人世侯并不是很放心，使用各种羁縻手段。在军队，从万户到百夫长，层层派出达鲁花赤；行政方面每一路、府、州、县都有达鲁花赤；各路都有蒙古军或探马赤军布防，名义是协防，实为监视；把世侯的嫡子调入京城，封官职、赐府邸，名为荣宠，其实是做了人质。

李璮的次子李彦简就在京城当差，其实就是人质。

李璮看到这乱世，相信自己能有所作为，当然这作为可不是一般的作为，用他老丈人王文统的话讲"其志不在小"。

这时蒙哥崩了，李彦简把在开平所见所闻都写信告诉了李璮。这李彦简会不会和王文统商量，史书没有记载。李彦简叫王文统外公，但其实王文统不是他的外公。李彦简是李璮正妻所生，王文统的女儿是侧室，李璮对朝廷的动向了如指掌。

大蒙古帝国出现了两个太阳，李璮很快就知道了，他敏锐地感觉到，时机已经成熟了。于是他就给河北的汉军世侯写信。信中也是言之凿凿，大蒙古帝国在中原蹂躏百姓，杀戮人民，我们应当联合起来。出乎李璮预料的是，除了太原路总管李毅奴哥、达鲁花赤戴曲薛以及邳州万户张邦直响应之外，再没有人回复只言片语。但也令他很欣慰，没有人告发他。

这时忽必烈在河北、山东调集兵马、筹集粮秣。李璮其实也接到了檄令，他以宋朝经常扰边为名，拒绝出兵。他手下有一位统军都帅，叫田昶，很有谋略，劝李璮，为了迷惑朝廷，应当派少量部队参加北征，李璮没有采纳。

有确切情报，忽必烈亲征漠北，李璮大喜，真乃天助我也。马上通知李彦简设计逃离开平。田昶献计说："大帅，为今之计，南和宋朝，西连河北，北征燕京。"

李璮的儿子李南山在平滦（今河北卢龙）做都总管，这个儿子才是王文统的亲外孙。李璮早已告诉他的儿子等候指令，指令一到，与河北留守世侯一同起兵，有不从者，征伐之。田昶还建议，让李彦简从开平回来后，作为使节出使大宋朝，然后作为人质留在临安。话没有明说，但也算明白，这李全父子，刚刚讲过，天下谁人不识君啊！啥时候讲过信用啊？

这计策可谓完美,如果李璮采纳了,那历史可能会重写。

可李璮是谁啊?他太刚愎自用了,我十几万人马,兵精粮足,归降大宋,宋理宗赵昀这老家伙,还不得乐得做梦都得笑醒了,还不得主动地送来粮秣和封赏啊。

把儿子拿去做人质,那不行,一方面显得我懦弱,有巴结之嫌。我才不巴结他呢。另一方面,他自己本心不诚,儿子去了还有命在?

田昶的北进建议,李璮也不置可否,他是下不了决心,是等待世侯们一起起兵北进。但是夺下济南是肯定的了,好在他的部将都愿意为他效死力。这也说明他是很有智慧的人。

他手下的文官中还有在这做达鲁花赤的李恒父子,李璮和李恒私交很好,又是同宗。他也知道李恒的悲惨遭遇。李恒是大夏国宗室后裔,蒙古攻大夏国,李恒的祖父李德任不屈战死,父亲李惟忠被蒙古宗王移相哥收养,官至达鲁花赤。李恒自幼聪颖,宗王移相哥的王妃疼爱他,把他收为养子。这移相哥是太祖的亲侄子,辈分高,功劳大,在蒙古帝国德高望重。这样李恒刚刚被任命为益都达鲁花赤,他儿子也随同。

我们试想一下,这李恒和大蒙古帝国那是血海深仇啊。李璮有他的打算,这是货真价实的天潢贵胄,登高一呼,大夏朝的遗老遗少们一定会支持,而且在山东半岛再没有掣肘。经过一次次试探,李璮最后把谋反之事和盘托出。

但是李恒没有明确表态,偷偷派人给移相哥送信。他虽然是夏朝宗室之后,但也是吃蒙古人的牛羊肉长大的,在他看来养育之恩大过天。李璮也不是傻子,看他没表态,心里不踏实,把他全方位地监视起来。

李璮有条不紊地计划着,谁知人算不如天算,忽必烈大汗带兵打到潮河川,待了几天,看着阿里不哥动静挺大,没有什么军事才能,诸王、那颜们也不是真的和他一条心,这胜利是迟早的事。

告诉移相哥:你们慢慢地陪老七玩,我们回开平了。这时他还不知道益都的消息。

第四十回

鸡蛋上跳舞

忽必烈到了开平才知道李彦简跑了，他异常震怒。这时他也已经接到阿里不哥战败求和的消息，马上命令河北汉军迅速回乡，以防不测。

而后把谋臣找来商议，忽必烈首先想到的是王文统，说起这王文统，也算是一个奇葩。当初是把他当作贾似道一样的能人推荐给忽必烈的，推荐人是子聪大师和姚枢等人。

从各方面来看，王文统确实不负众望，做得风生水起。

他设立十路宣抚司，发行元宝交钞，制定钞法；分立中书省左右三部，在官制上也颇有建树。他的官职一直做到了中书省平章政事，俗称二丞相。

可是他的一些理念和姚枢等人不同，尤其是他缺乏文采，这让几位大儒逐渐地疏远他。而且子聪大师还在皇帝面前抹黑他，说他不通文墨，说这话的还有张文谦。本来皇帝是打算让他入相的，因为这个原因，也打消了念头。

王文统也不是一个软柿子，他也做了有力的反击，把张文谦赶出朝廷。他虽然没办法撼动子聪大师，但他也有自己的办法。他上书皇帝，封姚枢为太子太师，窦默为太子太傅，许衡为太子太保，其实是明升暗降。姚枢不客气地怼了回去："现在朝廷连太子都没有，还需要什么太师啊？"这件事由于几人抵制才作罢，但是他们之间的矛盾也就公开了。

这次忽必烈真是怒了，问王文统："李璮作乱，这也不是一两天的事了（积有岁年），天下人都知道，说一下吧，你们打算怎么做？"

一句"你们"，将王文统定性了。王文统跪在忽必烈面前，失声痛哭，赌咒发誓自己根本不知情："陛下，老臣随陛下远征漠北，一些事情确实不了解，和李璮也好多年不曾联系。"

几位阁臣建议搜查他的府邸，搜查出益都的许多东西，只是没有书信一类的，最后，"功夫不负有心人"，大家都懂这句话的内涵。在他府上搜到几年前的一封信，上面有三个字"期甲子"。赶快拿给忽必烈看，忽必烈不太明白。子聪大师说："陛下博古通今，应该知道黄巾谋逆，就出于这个典故，'苍天已死，黄天当立，岁在甲子，天下大吉'。皇上，明年才是甲子年，老衲昏悖，不明白。"

还不明白！说得够明白了！将汉朝张角造反之事都提出来了，还说不明白！忽必烈听懂了，李璮、王文统想"当立"。可是明年才是甲子年，怎么今年就"当立"啦？

这时候皇帝是"最明白"的，他告诉几位近臣："各位爱卿，这很好懂，这不是看朝廷有事吗？朕又北征，河北诸位将帅随征，正可起事。宣王文统。"几位近臣鸡啄米似的点头，做出恍然大悟的样子，都用敬佩的眼神看着忽必烈。皇帝开心，很傲骄，很得意：怎么样？看你们这些大儒，关键时还是朕分析得到位吧！

儒臣们心里也开心，也傲骄，也得意：老板，不管您分析得是否到位，我们达到目的就好了。王大人，任你奸似鬼，也得喝了老娘的洗脚水。再说一句吧，对不住了。

这时王文统同志已经被拷打得伤痕累累了。忽必烈厉声问道："'期甲子'是怎么回事？"

王文统一脸茫然，不能不答，奏道："罪臣以为，李璮早有了反叛之心，只是因为罪臣在朝廷机枢，不敢立刻起兵。罪臣早想告知陛下，只是又遇见北部叛乱，加兵和林。等到甲子，还有几年。罪臣以为，这个意思是李璮想推迟到甲子年造反。"

我们看一下，这话说得有几分暧昧，笔者以为这王文统似乎并不知道李璮的事，充其量不过是：李璮在他面前讲过大逆不道的话，他没有报告给朝廷，如此而已。

忽必烈生气地打断了他："不要说了，你本是一个白身，朕简拔在侧，授你权柄，对你不薄，你为什么不思报答，反而要造反（何负而为此）？"

王文统还是哭，一句话也说不出来，最后挤出一句："臣罪当死。"

大家以为，他这是认罪了。忽必烈问几位大臣："王文统该当何罪？如何处置？"

当时在场的有姚枢、窦默、子聪大师和王鹗（下文专有介绍），还有老将张柔。窦默说："陛下，臣以为，为人臣者，不能有反叛之心，有这种心的人应处以极刑（人臣无将，将而必诛）。"这话说得也明白，只是有反心，并没有证据就是反叛了。

大家都说该杀。大家都是汉臣，心里明白，这件事在皇帝心里会起多大的波澜，搞不好以后自己在皇帝心里也没有分量了，都赶快撇清自己。张柔大声说："陛下，像这样的无君无父之人，应该千刀万剐。"忽必烈同意了，抄家，把王文统和他的两个儿子都杀了。但是笔者要告诉几位汉臣，你们的表演很拙劣，老板都看在眼里。

在这里笔者也要多说一句，这王文统死得冤，比窦娥还冤。

大家试想，他如果参与了，他还在那儿等着"千刀万剐"啊！早逃跑了。作为中书平章政事，想啥时候跑就啥时候跑，这是一；第二，王文统由一介布衣而登庙堂，做到从一品，位极人臣，还有必要随着姑爷冒险吗？是知情不报吗？也不一定。那时候大家在一起发发牢骚，也是正常的事。再回过头来看一下，真正接到李璮信的不在少数，哪个拿给了皇帝？冤枉啊！

王文统是死于汉法派和理财派的斗争中。

而且这种斗争一直持续到大元朝谢幕，这是后话。

李璮知道皇帝已经回驾开平，河北世侯也都在回来的路上。马上派人给李南山送信；接着向大宋派出使节，带着益都和涟水、海州军十万，户五十万归顺大宋。

真让田昶说对了，宋理宗赵昀和大臣们分析了李璮家族的诚信度，最后打分，不及格，于是对使者说，要想表现诚意，先把涟水和海州划过来。李璮暴跳如雷，好你个赵昀，等我平定中原，第一个去打你，我把你大宋打得满地找牙。

说是说，这时也顾不了那么多了，兵贵神速，于是李璮传檄天下，拥兵叛蒙。

这时朝廷已经得到了确切的消息。忽必烈正在和群臣商议进兵。

忽必烈问："李璮也是沙场老将，他应该怎样行动呢？"

姚枢说："李璮坐拥三齐大地，兵力不下十万人，现在我们都在开平，他迅速北上，把住居庸关，河北人心惶惶，定会被贼人利用。"

忽必烈点头称是："如此，燕京不保了。"

姚枢继续说："陛下，此乃上策。李璮与宋朝结盟，深沟高垒，四处出击，让我军疲于奔命，此为中策；出兵济南，约山东诸侯增援，必被皇上所擒，这是下策。"

忽必烈听明白了，这姚枢也知道李璮一定会联合汉军世侯，于是问道："李璮会用哪一策（今贼将安出）？"

姚枢轻蔑地笑了一下，斩钉截铁地说："出下策。"

忽必烈这时对姚枢还是言听计从，马上着手准备。命令归德万户、武卫军等部主力在滨州（今山东滨州）、棣州（今山东惠民）切断在平滦的李南山与山东的联系；

命令水军万户解成、张荣实，大名万户王文广，东平万户严忠范所部集结在东平。随后命令他们由北、南两路向济南靠拢，增援济南万户张宏，以便把李璮封锁在山东东路。朝廷随后发兵征剿。

这计划不可谓不完美，但是，李璮比援军抢先一步抵达济南。张宏守城军兵不到一千人，根本无法和李璮的几万大军抗衡，只好携祖父张荣弃城出奔。李璮轻松占领济南。

张宏在告变京师途中遇征讨李璮的蒙古军，干脆充当前锋回攻济南。

李璮称乱后立即传檄各路，结果只有太原路总管李毅奴哥，达鲁花赤戴曲薛以及邳州万户张邦直（张宏的叔叔）响应。其他人非但不起兵支持，而且多在朝廷督责之下带兵参加对他的围剿。

李璮把成功的赌注完全押在不切实际的空想上，结果一看各路大军压境，慌了神，马上派使者再去宋朝，答应先交割涟水和海州，这样大宋朝廷才出兵做接应状。

这一切田昶都看在眼里，心里极度失望。

宋朝下诏封李璮为保信宁武军节度使、督视京东河北等路军马、齐郡王。但是李璮起事后匆匆领兵北走益都、济南。说明他向大宋朝纳款是假的，还是玩弄他老子的把戏，在鸡蛋上跳舞，根本没有认真考虑过姚枢所说的"与宋连和，负固持久"的策略。

另一方面，李璮返回益都不久，立即进据济南；然后在济南停留两个多月，贻误战机，直到被蒙古大军团团围住。

可见李璮也根本没想奔袭燕京，拒蒙古军队于居庸关之外。他采取的，恰恰是姚枢所说的"下策"，即出兵济南，坐待山东诸侯应援。

史书记载，过了几月，朝廷"十七路人马"都开到了三齐大地，就连辽东和高丽军队也奉调助攻。董文炳先到了济南，命令军士树栅凿堑，围困济南。忽必烈还是不放心，四月，诏令右丞相史天泽专征山东，节制诸将。

史天泽与前线统帅宗王合必赤商定，深沟高垒，不急于攻打。

五月初，蒙古军又在原有围城工事基础上进一步构筑环城。到了这月中旬，济南被完全困死。跟着宗王合必赤的有一位年轻将领，刚刚二十四岁,别看他只有二十四岁,确是行军总管。这个人是哪个?下文交代。

史天泽重围之下的济南,士气逐渐低落下去。尤其是李璮的副手田昂,看出李璮胸无大志,在董文炳的感召下,以出城作战为名投降了蒙古军队,这对城内的军心冲击很大。

李璮心里明白,不能坐以待毙,一定要突围,突出一个算一个。于是他悄悄地组成一个二十人的敢死队。干吗?二十人能有什么用?这李璮久经战阵,发现东门围城的将帅是一个毛头小子,于是计划从此突围。

这二十人的任务就是在深夜潜出城去,偷偷地测量蒙古军所挖的壕堑,然后准备桥梯,夜间突围。李璮给这二十人每人一锭金子,命令部下准备好二十个美女,回来以后赏给这些壮士。这二十位壮士不辱使命,半夜悄悄缒出城去,趁着微弱的夜色,摸进壕堑,量好尺寸,幸好没人发现,这二十位壮士全身而退。

李璮大喜,重赏壮士。也分析了敌情,这说明东门外守军已经不太重视了,正好可以歼灭东门敌军,趁天黑全部突围。于是密令手下心腹军将,按量好的尺寸,整备桥梯,于第二天子时行动。

第二天晚上,军兵们都备好武器、粮秣,整装待命。先集合精兵五千人,饱餐战饭,人衔枚,脚缠软布,不举火把,架着云梯,迅速摸进壕堑,敌营一点动静也没有。

李璮躲在城门垛上,紧张得小心脏都要跳出来了,看到已经摸到了壕堑,长出了一口气,刚要下命令全体突围,突然传来一阵阵惨叫声,接着就是喊杀声。李璮一看,壕堑东侧是一片火把,把整个东门照得如同白昼。

李璮马上醒悟过来,是中了埋伏,赶紧下令关闭城门,上城墙作战。谁知喊杀声过后,一切又归于寂静,火把也熄灭了。过了一会儿,城墙下有人喊大帅,一看是自己人,马上把人吊上城来。这人是蒙古军特意放回来的,他把经过讲了一遍。

东门这个行军总管正是合必赤麾下二十四岁的张弘范,是张柔的第九子,他故意显出懈怠的样子迷惑叛军。头一天夜里,有人来报,城里有人出来,他马上悄悄地出营观看。看这些人没有逃跑的意思,而是走到壕堑边上,他心里明白了。告诉军士们尽管让他们去量,一点动静不要出,就像没人一样,这些人因此得以从容进出。看他们回去了,张弘范马上下令,把壕堑拓宽三尺,后半夜军士们悄悄地就把壕堑挖好了,这才是给敌人挖坑。堑壕里放置了铁菱(也叫铁蒺藜)和拒马枪。

第二天,张弘范带领军兵们早早就埋伏在壕堑东面。叛军几十个人抬着一个云梯,一齐接近壕堑,官长一声令下,一齐放云梯,嗖的一下,连人带梯一起掉了下去。张弘范下令举火,一阵弓箭猛射,壕堑两侧五千军兵,还没明白发生了什么就去见长生天了。这个办法是他老子张柔教他的,在以后的战争中他还要用的,这是后话。李璮气急败坏,这也把他的最后一线希望打没了。索性不做打算了。

史书记载,济南城粮饷日渐不支,于是"分军就食民家,发其盖藏以继"。全城军民士气全没了,李璮本人也情绪低落,"日复昏沉沉"。李璮观天象,一颗大星,光芒四射,从北向南而来,在城内大明湖坠落,震颤有声。李璮知道自己寿数已到,拈香而拜曰:"李璮死于此。"于是他坐在庭院中,剪去长胡子,吩咐众人出来,遣散家资,让他们各讨生路。

史天泽也看到了大星陨落,于是发出赏格,各路军将发疯般的攻向城门,此时济南城已经没有人把守了。

李璮知道城门已破,手持宝剑杀死了自己的老婆们,自己驾船到城内大明湖,一头扎进去,可惜因为水浅没被淹死,被蒙古军活捉。

第四十一回

各怀心腹事

李璮被擒后,立即被带到宗王合必赤帐前。史天泽向合必赤建言:"应该立刻杀掉他,以安定人心(宜即诛之,以安人心)。"

合必赤不同意,说:"你我既然是统兵元帅,怎么能鲁莽行事呢?还是先审一下吧。"

随即由史天泽、严忠范会同合必赤等人会审李璮。严忠范先问道:"你为什么做这大逆不道的事情(此是何等作)?"

李璮一语惊倒众人:"明明是你们和我约好的,到最后你们都尿了,一个也不来。"幸好合必赤听不懂汉话,当然,他也懒得管。

严忠范勃然大怒,说:"匹夫死到临头,不知悔过,却诬陷好人。"说着他,拿出佩刀在李璮的肋下刺了一刀。

史天泽摆摆手制止他,亲自问道:"你既然已经被我所擒,为什么见我不拜?"李璮怒目而视,一声不吭。

史天泽又问:"你起兵造反,皇上有什么地方亏待过你吗?"

李璮知早晚难逃一死,索性说个痛快:"你不用装糊涂,你有文书约俺起兵,为什么又失约,带兵攻城(何故背盟)?"这次轮到史天泽大怒,他命人砍去李璮两臂，李璮还是问那句话。于是他又被砍去两只脚，剖开肚皮，露出五脏，他还是骂声不绝。

严忠范又拿刀一块一块地割。这时有人不干了，谁？当然是合必赤，他想知道发生了什么事。史天泽也不解释，命令军士割下李璮首级。其实大家都看得明白，史天泽很担心，北方世侯之间在私下指摘朝政的事，李璮会更多地暴露出来，至于说到造反，史天泽当然不会参与。但是毕竟有诸王合必赤，一旦传到开平，自己还有命在吗？因此他一反"慎密谦退"的稳重作风，在军前擅自处死了李璮。

其实史天泽心里也清楚，这合必赤还不得把看到的一切奏报给皇上啊？即使不报，这忽必烈可是千古难遇的明主，想骗他，门儿都没有！

第二天，史天泽率军攻打益都，一到城下，早就有人打开城门投降，李璮之乱完全平息。那涟水和海州呢？在离京时史天泽就已经请过旨，忽必烈告诉他，如果宋朝撤了就进驻，否则不可轻启战端。

到了益都，史天泽反复琢磨皇上的这句话，忽必烈不是怕事的人，为什么会有这种想法？你想让宋朝自动退走或劝他们退出去，那无疑是与虎谋皮。他和幕僚们参详了几天，明白了。李璮和汉军世侯私下交通，皇上也是洞若观火，只是现在和阿里不哥的汗位争夺还没有最后落下帷幕，他不敢过分地追究这些事，怕把这些汉军世侯逼到宋朝的那一面。

显然，老大忽必烈不放心这些汉人，这笔账早晚会算的。

史天泽熟读史书，历史上君君臣臣，得善终的宰相能有几人？何况自己又是汉儿，又想到自己擅杀李璮，那将来秋后算账时，首当其冲的就是自己。于是他和幕僚们一起拟折子，以擅杀而自劾，诚恳地请求朝廷处分。他也想到了忽必烈此时的处境，如果和宋朝撕破脸皮，战端一启，南北开战，那后果不堪设想。他又想到了大宋朝，这边打得是如火如荼，他们倒是稳坐钓鱼台，隔山观虎斗。

还有郝经，史天泽辞行时，忽必烈特意叮嘱他，设法打听到郝经的消息，郝经带有特殊使命出使宋朝和谈，一去杳无消息。

忽必烈对郝经还是放心的，对他的道德文章十分倾心，他不会投敌，这是朝野上下的共识。是路上出了问题吗？和谈是宋朝的意思，难道他们又反悔啦？这不仅是朝廷的想法，笔者也有几分困惑。

史书记载是贾似道为了掩盖"鄂州大捷"的真相，不让郝经面圣，软禁了他，这是说不通的。贾似道先向忽必烈求和，这来了使者岂不正中下怀，何况宋理宗也是主和派，朝中的宰相丁大全也是主和派。

另一方面，这贾似道没有那么大的权力，他还不是宰相。有人说了，他姐姐是贵妃。你想多了，上文交代过，那是二十年前的事了。那到底为什么呢？

史天泽心里门儿清，这郝经啥事没有，现在一定在江南某个风景秀丽的地方，珍馐美味、吟诗作赋呢。作为汉人世侯，最不愿意看到的就是南北议和。如果议和成功，这些汉儿不鸟尽弓藏，也得解甲归田。正像鲁肃所说："车不过一乘，从不过数人，岂能面南称孤哉？"

王文统和郝经有矛盾，当然，王文统似乎和这些汉人大儒关系都不怎么样。这些大儒举荐了他，但是也齐心协力地除掉了他，真是"成也萧何，败也萧何"。

王文统最不愿意郝经立功，也不想议和，于是派人送信给李璮。李璮心领神会，当郝经到达济南时，李璮找人给他送去一封信，大意是阻止他，郝经没搭理他，把他的信直接派人送给了朝廷，继续南下。可惜忽必烈没有看到这封信。王文统的这些动作，朝廷的汉人世侯们都看在眼里，装聋作哑，并且在暗中帮他，这封信就是例子，其中也包括史天泽。

这李璮看郝经根本不吃这一套，生气了。不听劝，那好，我让你学一下苏武吧。那大宋朝会听他李璮的？当然不会，但是他有自己的办法。他暗中给关系不错的宋将送去私信，想尽一切办法阻止郝经。

我们都知道，宋朝的武官也大多数是主战派。李璮还有一个杀手锏：算着时间和路程，郝经应该到了，他命令自己的边军，对宋朝边境进行骚扰。两淮、荆襄之地也争相效仿，你郝经纵有苏秦、张仪一样的三寸不烂之舌，也无济于事。

贾似道先不干了，这是定城下之盟。老郝，本帅不难为你，给你找个好的去处，你慢慢消遣去，过几天我去和你喝一杯去。他真的就把郝经软禁起来了。

蒙古帝国的世侯们都笑了，任你奸似鬼，也得喝了老娘的洗脚水。

忽必烈如果看不到这一点，他就不是忽必烈。这又让他明白一个道理。

他要重新审视自己原有的政策。"非我族类，其心必殊"，这是小的时候耶律楚材教授《左传》的时候讲的，这是汉人们的话，有一定道理。趁老七退出和林这个机会，得进行大刀阔斧的改革，改革用谁啊？汉人用不得，用谁？

李璮叛乱牵涉到很多被委以文武要职的汉人亲信。中书平章王文统与李璮长期秘密交通，其实这倒未必，只是"有反状者累年"，忽必烈也没客气，要了他的脑袋。推荐过王文统的刘秉忠、张易、商挺、赵良弼等人，也都受到了忽必烈的怀疑。这几个人都出于公心吗？

他自己都忘了，是他下令找到"似贾似道一样的人才"，"与之对而喜"，进而让其"随侍左右"的。后来几人提醒忽必烈，王文统学识不够，还受到了他的申饬。

忽必烈对汉人开始猜忌起来。当时四川人费寅，因私人恩怨告廉希宪、商挺，说他们在京兆时有图谋不轨的九条罪状，并说赵良弼可以作证。忽必烈把他们从关中紧急召回，皇帝亲自审问赵良弼。赵良弼含泪回答说："二臣忠良，臣保证他们无异心，臣愿把心挖出来证明。"

皇帝的怀疑并未因此消除，他责骂赵良弼，甚至要割掉他的舌头。赵良弼誓死也不乱说，皇帝把他关进大牢，直到费寅因谋反而被杀掉，忽必烈的疑心才消除。

合必赤奏报了史天泽在济南的所作所为，尤其是城下之日就匆忙杀李璮灭口一事，虽然史天泽上了"擅杀自劾"的折子，但是都是一些杀人的借口。怎么办？忽必烈沉思了几天，绞尽脑汁，这事不能和任何人商量，只有和察必皇后商量，皇后只说了两个字："求稳"。

他明白了，装糊涂吧。

李璮与汉地世侯们私下交通，他心里是十分清楚的。在汗位争端还没有完全解决的情况下，一路穷追猛打追究各处世侯与李璮之乱的关系，可能把他们逼到公开与朝廷对抗的立场上去，这会给自己政权本身带来很大的危害。因此，忽必烈很快停止追究，下旨好言抚慰史天泽，解除对商挺、赵良弼的审查，在政治上继续优待各地世侯，以免迫使他们铤而走险。

子聪大师一针见血地指出，乱事之起，是由于诸侯权重，必须完善官制。史天泽上奏："兵事、民事的机权，不可以集中在一家手里。罢去诸侯兵权，请从臣家开始。"有史料记载，史氏子侄自己解除兵权者有十七人。

也有得到重赏的，这就好比发一次洪水，有的房子被冲了，那也有捞着檩子的。这李恒被李璮下狱，派人给移相哥送信，被解救出狱后忽必烈授他为淄莱路奥鲁总管，佩金符。奥鲁就是后勤保障序列，也是兵籍，负责征兵、和地方沟通。

再说忽必烈，他非常认可子聪大师的话。但改革官制用谁？他在自己的脑子里问了一百遍，也把朝廷中的所有蒙古人想了一遍，没有。哎，还是用汉人吧，只有用和尚了。

忽必烈第一件事就是令子聪大师还俗，看着子聪大师每天穿着僧衣在自己眼前晃悠，心里着实不舒服。再说忽必烈信奉的是藏传佛教，他已经下令让乌萨迦派教主八思巴进京了，忽必烈一家人都接受了大教主的喜金刚灌顶（下文专有交代）。另外，子聪的官职也没法封，现在朝野上下都叫他"聪书记"。当然了，这可不是现在的书记，而是供皇帝顾问的必阇赤，只是一个小官，可是这和尚却满不在乎。

还有一点，忽必烈不能拿到桌面上，和尚在藩邸跟随自己十几年，大事小事，阴谋阳谋几乎没有不参与的。那时候好办，他忽必烈只是一个亲王。现在他荣登九五，是天子，代天抚民，行的是光明大道，藩邸那些龌龊的、见不得阳光的东西必须清理干净。但是，总不能把和尚杀了吧，何况忽必烈还离不开他。

忽必烈想赐给他大宅子，在开平和燕京都有，里面一应俱全，连伺候他的美女都送了进去，可是这和尚一天也不去住。上朝时仍然穿着僧服，下朝时回到寺里。每天都是吃斋念佛，说话之前，必口宣佛号。后来忽必烈下了严旨，令其还俗，子聪大师不敢抗旨，只是依旧我行我素，来一个无声对抗。

忽必烈坐不住了，他把和尚召进宫来，先和他商量，谁知这和尚油盐不进。最后和尚干脆说了绝情话："皇上，臣多年来在陛下身边喋喋哓哓，总算有几项能符合皇上的心意，只是臣已经江郎才尽了，还望陛下赐老臣骸骨，暮鼓晨钟，终老山林。"

忽必烈非常生气，朕说一句你说十句，朕说还俗，你却说远遁尘世，什么意思？但忽必烈也不好说什么，他们又聊了一些政务，和尚跪安了。这子聪大师是谁啊。从皇上的话语中分明感受到一种不信任，这也是他乞赐骸骨的原因。他熟读史书，通晓百家经典，深知自古藩邸旧臣没有几个有好结果的，伴君如伴虎。忽必烈想到的，他当然都想到了，他知道自己的提议不会得到批复，这只是以退为进。这样不但能保命，还会实现自己的政治抱负。他的要求并不高，只要让他在朝中做一些事就可以了。

第四十二回

大师变太师

过了几天,翰林学士王鹗上了奏疏。这个王鹗虽官不高,可是一个大名人,是大金国正大元年(1224)的状元,现在已经七十多岁了,在朝中说话有一定分量。

他上的奏疏,忽必烈特意让承宣郎在大殿上读出来:"子聪大师在藩邸近二十年,参与帷幄之密谋,定社稷之大计,忠勤劳绩。朝廷应该大力褒奖他,应当赏他穿官服上朝,赐以高位,以示荣宠。"

这当然是圣意了,这一定也是经过中书省合议过的,由不得子聪大师不从,于是子聪大师上了谢恩折子,忽必烈大喜:"天下英雄入吾彀中矣(调侃,是李世民说天下学子的话)。"忽必烈马上降旨,赐子聪还姓,复原名刘侃,字秉忠,授光禄大夫,领中书省事,官居一品,位极人臣。接着,忽必烈又做了一个匪夷所思的决定,下旨赐婚,把刘秉忠(以后不能再叫和尚了)的老朋友窦默的女儿嫁给他,由礼部侍仪司全权主办。给你美女你不要,那好吧,皇帝赐婚,那是天大的荣宠,你不能不识抬举吧,再说拒绝就是抗旨。

刘秉忠的老丈人也很厉害,二人又是老朋友。看官们不要误会,二人是老朋友，但窦默大刘秉忠二十岁，此时刘秉忠也四十六岁了。

窦默开始也不同意，但皇帝赐婚不敢抗旨，他和姚枢私下说到这事。这倒不是他嫌弃刘秉忠年龄大，他年龄再大也没有夫人，女儿过门就是一品诰命，那是几辈子人修来的福气。窦默担心自己女儿守活寡，因为他太了解刘秉忠了，一直想做一个留名青史的完人。

笔者认为很可能不幸让他言中了。有人说了，不可能，《元史》记载，刘秉忠有一儿一女。这是事实。但是有明确记载，刘秉忠的儿子刘兰璋是他哥哥刘秉恕的儿子，是过继给刘秉忠的。至于女儿，没有太多的记载，从史料中的蛛丝马迹看，这也可能是窦氏领养或过继的女儿。

这子聪大师成了刘秉忠，"聪书记"大师变成了太师，不就是差这一"点"嘛！这么多年忍辱负重、暮鼓晨钟，不就是为了今天嘛！不就是为了能实现自己的政治抱负，为了名垂青史嘛！

在忽必烈即位前，刘秉忠就对忽必烈讲，不可草率登基，在形式上要超过前四位大汗，要立朝仪。这可不是耶律楚材立的朝仪了，是结合了汉族的登基仪式，祭祀天地、祖宗，行三跪九叩礼，行八佾舞（六十四人），伴天子乐，穿龙袍，戴衮冕，是为天子，代天牧民，教化万方。

文武百官全换成新式朝服，制定品级。忽必烈看着不错，也同意，只是怕时间来不及。大家明白，他怕阿里不哥抢先继位，那就被动了。

可是刘秉忠和王文统不那样想，坚定地说没问题。忽必烈喜欢这个仪式，这才是君临天下。短短一个月时间，万事齐备，成天子礼。国号为大蒙古帝国，忽必烈改称"朕"，称蒙哥汗为先皇，改元中统。

这个年号是刘秉忠取的，意思是中华一统，忽必烈也非常喜欢这个年号。他的大中华梦又前进了一步。接下来，刘秉忠改革宫中体制，把怯薛军变成真正的宫廷带刀侍卫。宫里增设太监衙门和女官衙门，设车驾司、巾帽局和织造局，专门负责车驾和宫内服装。

车驾司负责设计车辇，由蒙、汉、回三方人共同设计。皇上的车辇和中原的玉辂一样，和辽金也有相似之处。说出来吓各位一跳，忽必烈的车辂是象辂，在四个大象上面平放一个车辂，狩猎、出征时使用。由于这个原因，许多史籍资料记载忽必烈有象兵，其实这时的象就是宠物，也不是单单元朝有象。

最使刘秉忠头痛的是蒙古帝国的官制，可以这么说，全国的官制体系乱得像一团麻。官署随心所欲地设置，官名随心所欲地称呼。黄河流域一带，官制仿照宋朝；辽东地区和高丽还保留了大辽国的官制；河北一带以大金国官制为主；漠北还是那颜作为领主，其他人大多数都是驱口，这里还停滞在奴隶社会，而且有向南发展的趋势。

刘秉忠和王文统一起，重新制定官制。仿照隋唐，设置中书、尚书、门下三省。但是，当时任燕南宣抚使的高鸣（后来为侍御史）强烈反对，他说："现在我们的天下大于古代，事物也更加繁多，由一省裁决尚且有可能拖延，更何况由三省啊！（方今天下大于古而事益繁，取决一省，犹曰有壅，况三省乎！）"

在这里笔者多说一句，看官们莫烦。隋、唐设立三省也不是吃饱了撑的，而是总结前朝的经验教训，以免一家独大。这三省互相牵制、互为依存。

由中书省制定政令，由门下省评议，门下省有封驳的权力。如果门下省没意见，再返还给中书省，再由中书省移交尚书省，尚书省下达给六部或各行省（郡）执行。这样的优点是纠正和避免政治上的偏失，但是也确实如高鸣所说的导致效率低下。

高鸣这一石激起千层浪，在朝廷中掀起了一场大辩论。高鸣是一个执拗的人，坚持己见，他的一句话打动了老板忽必烈："政贵得人，不贵多官"，政府贵在有能人，而不在有太多的官员。忽必烈非常欣赏高鸣说的话，建立御史台后让他做了侍御史。于是只保留原来的中书省，这可不是原来的中书省了。

大蒙古帝国的官僚机构成型了。中央设中书省。设置中书令、右左丞相（以右为尊）、平章政事、右左丞和参知政事；

成立大抚军院（后改为枢密院），设置知院、同知、副使等，负责军事、国防；

御史台，设置御史大夫、御史中丞、侍御史和治书侍御史，负责纠劾、黜陟百官。

中书省下设左三部（吏部、户部和礼部），右三部（兵部、刑部和工部）。在朝廷内设置了寺、监、卫、府。这才是国家中央的样子。

地方上基本没有做太大的变动，就是把称呼统一了。先撤销了以前的各司，重新设立十道宣抚司，这给后来设置行省做好了铺垫；在下面设路，路下设州县，特殊地方设府。

从中央到地方，官制已经基本完备了。

要想成为前无古人、后无来者的一代雄主，只靠这些还是不行的。开平的皇宫虽然建得不错，可还是不足以显示天子的赫赫天威。

忽必烈有意在燕京建都。可是这燕京在一次次的战争后破损严重。最后刘秉忠请旨，在城外建城，得到忽必烈的支持，于是大规模的城市建设开始了。

还有一件关乎国运的大事：赋税政策。这是任何朝代都无法回避的问题，对其他朝代来说，这也不是什么难事，继承上一个朝代的制度，再加以改进就成了。可是这个大蒙古帝国却比较难办。

刘秉忠建议设立劝农司，以大唐的"租庸调制"为基础，改革税粮制度。在窝阔台时期，蒙古帝国实行了丁税和地税法，每个成丁，就是十六岁到六十岁的成年人，每人每年纳粮一石，半丁纳五升。但是一直没得到很好的落实，地方官吏看上司的脸色，有时横征暴敛。

忽必烈"龙潜藩邸"时，河北是失吉忽秃忽在做大断事官，他采用各种酷刑聚敛财富，民人几乎逃光了。还有一项，宗王、那颜们随便摊派。老百姓根本没法交够粮税，而且他们也不管老百姓的田地多寡，这就相当不讲理了。

此外还有科差，不是出役，是丝料或包银，定得也非常繁琐。此外交税粮时还要自掏腰包雇车,后来干脆就和粮食一起交了。比如运往行省衙门,每交一石粮食,就多交出一石差旅费,百姓负担极重。而那些贪官污吏上下其手,搜刮民财。

刘秉忠早就看到了这些积弊,和张文谦等几位大臣以地多寡征收赋税。每亩征收粮食三升,以户计算科差,五户一斤丝,也可以用其他代替。

国家的税收稳定了,大把的银子流向了藩库。可是仍然入不敷出,原因是大蒙古帝国的库存制度,家国不分。

大蒙古帝国自横扫漠北时,太祖就有许诺,"有福同享,有难同当",而且还写进了《大札撒》里。当然,这是指那些宗王、那颜,至于蒙古帝国的百姓,那就哪凉快哪待着去。这样一来,每年的赏赐就是一笔沉重的负担,建国之初才有几个人啊!可是几代人下来,这收入就跟不上了。

窝阔台时期,大胡子耶律楚材特意上书大汗,仿照中原大国,国库和内帑分开。他还特意在忽里台大会上讲了,华夏历朝历代国库和内帑都是分开的,皇宫的内帑库和户部的国库是两回事,每年由国库划拨内库多少钱粮那是有一定数量的,包括罚没和抄家得来的东西,都做了详细的规定。

比如说皇帝想赏人了,你以为你是皇帝就可以随便来啊,不行。赏人也分公和私。

赏赐皇族的人包括皇帝自己的儿子,如果不是因公赏赐,那对不起,您老人家自己掏腰包吧。不是说"溥天之下,莫非王土"吗?这不都是皇上他老人家的吗?皇帝富有四海啊。后面还有一句话,"率土之滨,莫非王臣",既然是皇帝的臣民,那朝廷的任务是什么,是养民。

耶律楚材曾经向宗王、那颜们讲了一通,简直是对牛弹琴。窝阔台就先不干了,对啊,"溥天之下,莫非王土",那就是由着我支配,想怎么用就怎么用,想赏谁就赏谁,一赏就是几万金,大手笔。大蒙古帝国几代大汗都是这么过来的。

刘秉忠看忽必烈雄才大略,一切都按中原朝廷一样立国。可是在这件事上,任你如何劝导,就是不行,雷打不动。这子聪大师也不是省油的灯,干脆闹起了情绪，连续十几天"托病不朝"。皇帝受不了了，别人可以不朝，子聪不行啊，这国朝新立，千头万绪，"不可一日无聪书记"。最后忽必烈只好退了一步，但只是退了一小步：各位宗王、那颜的赏赐定好数量，由国库承担。

皇帝想多赏一些，没问题，对不起了老板，你自己掏腰包吧，由内帑支付；还有，各行省的藩库没有户部印鉴和皇帝的圣旨，任何人不得染指，这总算给了和尚面子，也把地方的藩库保住了（未必，暂时保住了，后来照旧），免得和原来一样，各处宗王都向地方摊派。

就这样吧，大师我认了。

第四十三回

高手阿合马

可是这朝廷的钱粮捉襟见肘。看官们可以想一下,忽必烈登基短短四年不到,发生了几场大的战争。

和阿里不哥的汗位争夺战;

三齐大地平叛李璮;

和大宋朝不间断的战斗;

出兵征伐西北诸藩。

这银子淌水似的,哗哗地往外流。战争打的是啥?是钱粮。有人常说不够强大,那意思就是没有足够的钱粮,这里的钱粮是泛指,牵一发而动全身,人常说:"百战百胜不如一忍,万言万当不如一默。"就是这个道理。

闲言少叙,书归正传,这时候,好战的蒙古军队已经抢不到战利品了。

有人调侃过,朝野上下的儒家大师们,张口"修身齐家",闭口"存天理、灭人欲",就是不谈论"孔方兄",那不是大儒们应该谈论的,太庸俗。这也是忽必烈的想法,这些大儒们指望不上。

其实忽必烈错了,调侃的人也错了。

这些儒家"治国平天下"的理念就包括理财,只不过和他们的皇帝的想法不一样。忽必烈想装胖子，更想一口吃成一个胖子。而这些深谙治国之道的儒臣们讲求的是长治久安，说得难听些，是放长线钓大鱼。国家初立，百废待举，南方大宋朝虎视眈眈，弄不好适得其反。正如后来的朱皇上所说"初飞之鸟，不可拔其羽，新植之木，不可摇其根"。还有李世民常引用荀子的一句话"水能载舟，亦能覆舟"。

子聪大师提出的税赋还算适中，不疾不徐，不轻不重。他总结了历代的《食货志》，也符合藏富于民的儒家治国理财思想。

可是忽必烈不这样想，远水救不了近火，于是他四处搜罗理财高手，甚至幻想着能有一位像奥都剌合蛮这样的能臣。虽然那时大家对他十分不齿，但此一时彼一时了，即使最不齿的"扑买税"和"斡脱"，皇帝也认了。他知道，讲究理财，花剌子模人首屈一指。忽必烈在时刻搜寻着这个人。终于有一个人走进了他的视野。

这人就是阿合马。

阿合马的出生年不详，只知道他是花剌子模费纳喀忒人。看到没？和奥都剌合蛮、牙老瓦赤是同乡。阿合马原本是忽必烈皇后察必娘家的家奴，他的最大的特点是博览群书，而且过目不忘，精通多种语言，尤其擅长术数。察必皇后的父亲按陈那颜把他作为陪嫁送进了王府，让他做了管家。阿合马事无巨细，不怕琐碎，深得察必皇后信任。皇后经常给忽必烈吹枕边风，再加上忽必烈平时的观察，尤其在那次马亨和阿蓝答儿的争斗中，显出阿合马的精明和超人的智慧。

其实他做总管品级也不低了，他已不是王府总管了，而是天子家的大管家，在四品以上了。中统三年（1262），忽必烈下旨，让阿合马领中书省左右部，兼诸路转运使，一下子升到了正三品，而且是肥缺，手握财赋大权。他上任伊始，就开始大刀阔斧地整顿财税。

由子聪大师起草的，朝廷刚刚敲定的赋税政策他也不管了，这是史书上对他的评价。这样讲言过其实了。

阿合马也是以子聪大师的赋税政策作为基础，只是添补损益而已。他也提出官办铁矿、冶铁，这没问题，许多朝代都是如此。他又多加了一项，就是把持最后一道工序即成品这道工序：铁器专卖。

同时还出台了一些政策：不准私铸武器，其实就是铁器，包括菜刀、农具都不行，都实行官卖，这纯粹是与民争利。

我们可以想象，就这一项，那银子不得哗哗地进入皇帝的腰包啊！当然了，有漏下的，阿合马就悄悄地装在自己的衣袋里。理财嘛，也得公私兼顾，皇帝吃肉了，奴才喝汤就行了。忽必烈一看这黄澄澄的金子、白花花的银子，又惊又喜。阿合马啊，你这奴才还行，给主子我长脸，没让那些大儒们看你主子的笑话。好，继续。

于是忽必烈特意在朝会上夸奖阿合马，说他是"治世之能臣"。阿合马首战告捷，也非常高兴。

阿合马的第二把火烧向了茶盐。在这之前，茶盐市场非常混乱，私货泛滥，扰乱市场，百姓怨声载道，其实哪朝哪代都是这样。子聪大师和王文统等人还没来得及议到这里，阿合马先走了一步。他仿照唐宋设盐运和茶运官属，打击贩私者，成效显著，收入也不少。

第三步就是朝官员和大户们下手，平民百姓的税负已经很重了。于是他请旨下令进行经济普查、户口普查，这当然没问题，哪个朝代都这样，过几年就普查一次。

可是这次不一样，这普查还没过两年呢，更不同的是，他专门找来一些色目人做普查吏。专门普查大户人家的水田、旱地、平民佃户、驱口，将这些全部登记在案，按章纳税、出役。

一时间舆论大哗，闹得朝野上下鸡飞狗跳，告状的奏疏雪花般的飞进皇宫，连忽必烈也开始狐疑起来，对大臣们好言抚慰。看看到了年终，不得了，税收足足多出三分之一。

这做皇帝的还有什么狐疑的，谁爱闹谁闹去，什么聒噪声朕都听不见，他学起了哥哥蒙哥大汗：寡人有疾，寡人好货。

大家想一想那些蒙古宗王谁能受得了这个，还有那些汉官和世侯，当时也没有确定的科举制度（窝阔台时期有过一次，以后就停止了）。这些官僚大多数是世阀，都有良田千顷，牛马成群，使奴驱仆，多少代以来，从不征税、出役，现在倒好，不知道从哪儿冒出来一个阿合马。

这次不管是正是邪，是奸是忠，是蒙是汉，都是上下一心，上奏疏参他。由此看来，这阿合马贪贿是真的，说他是奸臣，恐怕就有问题了。可是在《元史》上就是把他列在奸臣一列。

除此以外，阿合马还有更能打动忽必烈的心的举措，他继续推行王文统的宝钞政策，发行纸币。

阿合马原意是铜钱和纸币一起发行。当时宋朝就是这样，有铜钱，也有交子和会子。阿合马上奏疏，详细地阐述了发行的办法、过程和要成立的有司衙门。他特意强调，用存储的银子来平抑铜钱，用足够数量的铜钱来平抑纸币。

用现在人的观点来看，这是正确的，也是非常可行的货币发行方式。

忽必烈把子聪大师和宰相张文谦、耶律铸（耶律楚材儿子）召进宫里一起参详。说来奇怪，只有耶律铸认为此法可行，而那两位汉人大儒反对铸铜钱。

有史料记载，是刘秉忠不同意，上奏皇帝："陛下，铜钱用于阳，纸币则用于阴。国朝龙兴漠北，土地幽阴，应该去阳而用阴，采用纸币。"他看耶律铸一脸的不屑，接着说："陛下，不用铜钱，此乃天道，应顺天而行。这样可保国运绵长，传续万代，望陛下写进典章，成为永制。"

至于子聪大师这话有没有，到底是怎么说的，已经无从考证，只是笔者感觉这种记载很荒谬。至于忽必烈，当然高兴。铜钱不好办，开采铜矿，还要冶炼，再铸成铜钱，还怕奸民趁机使诈，重新冶炼，防不胜防。相对而言，纸币好办多了，省事。这纸币就是银子，赚银子难，印银子还不容易吗？缺钱了就印，不缺钱高兴了也印，白天没时间，晚上就熬点夜也可以印。忽必烈大喝一声："印！"

就这么愉快地决定了。

笔者在这里多一句嘴，印吧，把万里江山印没了。其实这宝钞功劳全在王文统，下文还有专门介绍。

不管咋说，朝廷有了固定的收入，于是大赏阿合马，升他为平章政事兼领制国用使司。又过了几年，忽必烈明显感觉手头宽松多了，他采纳阿合马的建议，设立尚书省，罢了制国用使司。阿合马升为尚书省平章政事，成为名副其实的"理财宰相"。

设立尚书省，遭到了刘秉忠、张文谦等重臣强烈抵制，但是最后还是阿合马胜利了。这些重臣看根本斗不过他，没关系，找能斗过他的人。

谁能斗过他啊？皇上的儿子、国之储君——太子真金。真金是忽必烈的次子，由于长子夭折，因而人称嫡长子。他的师父是姚枢、窦默和王恂等儒学泰斗，他精通蒙、汉、回三种语言，深受汉学儒家思想熏陶。

中统三年（1262），忽必烈北征阿里不哥，刘秉忠提议，由真金坐镇中原，忽必烈采纳了他的建议，封真金为燕王，坐镇燕京，并领中书令印信。

蒙古帝国设置的中书令一职，只有窝阔台时期的耶律楚材担任过，后来成为储君的专职，虽然这也没有正式文件，却成了约定俗成。

真金领了中书令印信，虽没有正式册封，也算是默认的储君。他崇信儒术，对忽必烈实行的聚敛钱粮的政策很是不屑，尤其对阿合马的做法极为不齿。

当然，这时他只有二十多岁，他的好恶多数来自朝廷的儒臣们，他还不是太子，羽翼未丰，只能在暗中观察，找准机会，对阿合马奋力一击。这是后话。

忽必烈平了李璮叛乱，活捉了阿里不哥，阿合马又能弄点银子花花，这让他松了一口气。

第四十四回

藩属国闹腾

大宋朝先放一放，有和他算账的时候，"攘外必先安内"。现在急需要解决的是西部的几个汗国。在审讯阿里不哥附叛者时，忽必烈发现，这几个属国大多数在推波助澜，是时候敲打一下他们了。

旭烈兀不愧是自己的亲弟弟，支持哪一方，态度明朗。他旗帜鲜明地支持忽必烈，并把他的儿子派回开平帮助忽必烈。这是自己人，好兄弟，于是忽必烈派使节正式册封旭烈兀为伊利汗国大汗，授金册，当然，封的是王。将阿姆河以西直到埃及边境的波斯国土和该地蒙古、阿拉伯军民划归旭烈兀统治。

旭烈兀的兀鲁思东起阿姆河和印度河，西面包含有小亚细亚大部分地区，南抵波斯湾，北至高加索山。这是多大的封地啊。

钦察国的别儿哥，这小子令忽必烈讨厌。忽必烈和阿里不哥争夺汗位时，和林和开平他都派了使者，都在口头上表示拥护，还派出使者劝和。忽必烈心里很清楚，他在暗地里支持阿里不哥，但是这拿不到桌面上。不过有能拿到桌面上的东西：别儿哥杀掉自己的亲侄子篡夺汗位，又联合外人攻打伊利汗国。忽必烈作为合罕不能坐视不理，于是"遣使问责"。这别儿哥倒是老实，马上叫屈，为自己辩解，并请求忽必烈册封自己。忽必烈看他服软，现在朝廷的状况还不适合用兵，就册封他为大汗，为他们两家讲和。

上文提到过，旭烈兀屠杀报达居民，侮辱《古兰经》，激起了所有伊斯兰教徒的仇恨，也包括别儿哥家族。其实别儿哥和他哥哥一样，在汗位从窝阔台系转到拖雷系时，立了大功，是拖雷系的坚定维护者，是蒙哥汗的先锋大将。别儿哥大旭烈兀两岁，两人的关系还不错。

别儿哥杀害两位侄儿的事旭烈兀也听说了，至于是真是假也不好插手，毕竟是人家钦察国的家务事。

这别儿哥可不那么想，除了上文提到过的宗教问题，最主要的是地盘问题。钦察国地大物博、人口众多，胳膊粗，拳头硬，别儿哥又是兄长，于是经常派使者到伊利汗国指手画脚。这些旭烈兀都忍了。

问题在于高加索一带（今阿塞拜疆）。旭烈兀在那里驻军，设置达鲁花赤，进行着有效的管理。而别儿哥不止一次地指责旭烈兀越界，多次宣示主权，让旭烈兀撤出去。旭烈兀是个暴脾气，于是两家大打出手。在高加索一带打起了拉锯战，互有杀伤。

正打得难解难分之际，朝廷来人了，合罕（皇帝）忽必烈派人来给两家讲和，派的是耶律楚材的儿子耶律铸，好在都给面子。

耶律铸把两家大汗召集在一起划定边界，签字画押，这才息了干戈。但是双方大仗不打，小仗不断，面和心不和。旭烈兀回到波斯，把在波斯的所有钦察人都杀了。别儿哥也把在钦察国的波斯人也杀个干净。

旭烈兀去世了，继承人阿八哈又挑起事端，和在高加索地区驻守的钦察国大将那海打了一架，那海战败了，别儿哥亲自带兵来救，谁知在路上病重，去世了。他的儿子忙哥帖木儿继承汗位。

这忙哥帖木儿是个乖孩子，虽然已经"权摄国事"，但不称汗位，等蒙古帝国大汗册封。他先上书朝廷，待忽必烈的圣旨到了，册封后再登基。

是作秀，纯粹是作秀。但是对于忽必烈来说，这远在万里的藩属国，能作秀就够了。尤其是忽必烈和阿里不哥这几年的战争，使西部属国的地位悄悄地发生了变化，他们已经是事实独立的汗国。

因此说互相给面子就行了。

这里要说一下册封，册封是封他们为什么大汗吗？当然不是，开始时这些宗王都是单字王，是亲王，到了第二代以后就都是双字王，是郡王。有金册，有符牌，在蒙哥汗前，都是蒙文金册、符牌。自蒙哥汗以后，金册、符牌上有蒙汉两种文字。到了忽必烈登基后，金册上是蒙汉两种文字，符牌上就只有汉字了。现在在西方国家的一些博物馆里还能见到。

忽必烈在册封忙哥帖木儿时也附带了一个条件，把窝阔台兀鲁思的海都抓起来。派去的特使回报大汗，忙哥帖木儿慷慨陈词："请特使转奏合罕，合罕的旨意，臣铭记在心。祖训有云，有叛我大蒙古帝国者，人人得而诛之。臣先派人去请，如果他不从，臣一定会兴兵攻打，以彰天罚。"

忽必烈大喜，等待胜利的那一天。

笔者告诉你，你高兴得太早了，别说一个去国万里、实际独立的汗国，就是将在外，君命还有所不受呢。这倒不是忙哥帖木儿阳奉阴违，而是这个"通缉分子"海都实在狡猾。

上文已经提到过这位海都，是纯粹的窝阔台系。大家都知道，术赤和窝阔台矛盾重重啊，但是拔都又在窝阔台登基时助了一臂之力，在汗位转移时他也推波助澜，从那以后两系那是水火不容。

忽必烈的这种考虑无疑是正确的，让忙哥帖木儿抓海都似乎也合情合理。其实这位海都也是蛮可怜的。那时候太祖的四个嫡子，只有窝阔台没有大面积的兀鲁思，因为他是大汗，溥天之下，莫非王土，他不需要。后来乃马真后、贵由和海迷失都陆续封了几处封地，都是东一块、西一块，不成规模。而拔都和旭烈兀靠自己的拳头打下了自己的兀鲁思。

尤其是汗位到了拖雷系，蒙哥登基后，对窝阔台系的人给予残酷斗争、无情打击，打翻在地再踏上一只脚。海都侥幸活了下来，在海押立（今哈萨克斯坦境内）有一小块封地，没钱，没枪，只能做一个无职无权的宗王。

他回过头来看一下自己的家族，死的死，坐牢的坐牢，在外面有兀鲁思的也是分崩离析。这万里江山明明是自己的，却被他们巧取豪夺了，这江山迟早我要夺回来。

他把复位作为自己的终极目标。

然而，海都知道自己目前的处境，他强压住自己对拖雷系的仇恨，放下身段，扮猪吃虎。他的兀鲁思和钦察汗国接壤，他暂时放下仇恨和拔都的子孙们过从甚密，逐渐地获得了他们的信任。

在别儿哥时代，正在旭烈兀为高加索地区和伊利汗国大打出手时，海都极力支持别儿哥。在忽必烈和阿里不哥的汗位争夺战中，他始终和别儿哥步调一致，几乎以别儿哥马首是瞻。时间久了，别儿哥把他当成了自己人。

这些事，远在万里之外的忽必烈怎么能知道！

那时察合台汗国没有大汗，还是由乃马真合敦摄政，在忽必烈哥俩争夺汗位时，忽必烈派乌鲁克去继位，走在半路上让阿里不哥的军队给杀掉了。阿里不哥又不失时机地派出察合台的孙子阿鲁忽登基为汗，并提供必要的粮秣。阿里不哥是想用他来阻止伊利汗国和开平的联合，同时也可以防止忽必烈从西面攻击。

阿鲁忽以人格担保听话，绝对服从领导。可是他一登基，把这一切都忘到脑后去了。他要做的第一件事是夺回河中地区。这本来就是大汗封给窝阔台系的地盘，只是在蒙哥登基时，由于窝阔台系站错了队，才把河中地区转封给了钦察汗国。

别小看这块地盘，我们在这里科普一下所谓的河中地区。它在今天的乌兹别克斯坦和哈萨克斯坦西部，是位于今天的阿姆河、泽拉夫尚河和锡尔河交汇处的大平原，是正儿八经的农业区，沃野千里，谁都想攥在自己手里，可是别人也不愿放弃。

那好吧，咱们就用拳头来说话。

别儿哥在高加索和伊利汗国打着呢，没办法，急忙派人传令，由海都带领精兵五万到河中一带退敌。海都先胜利了。五万精兵啊，发财了。海都由一个不名一文的穷小子一下子成了富翁。

这时河中地区已经让阿鲁忽占领了。

没关系，察合台汗国有的是地盘，海都非常精明，带兵专门打和自己接壤的地方，扩充了大面积的地盘，也拥有了自己的武装，他成功地走出了第一步。

按说窝阔台系和察合台系走得最近，多少年来互相帮衬着，但是为了地盘，也顾不了那非常脆弱的友谊。别儿哥看海都日益坐大，是时候收回军队了，谁知他偏偏死在了征战的路上。

不得不说，这海都是长生天的宠儿。钦察汗国的继承人问题，海都可以参与了，忙哥帖木儿虽然不是他扶上位的，但是和他的支持是有关系的。

别儿哥死了，紧接着阿鲁忽也死了。接替阿鲁忽的是木八剌沙，不久也死了。忽必烈大汗派去了八剌，看官们应该还记得这个人，八剌遵照忽必烈的旨意，率军攻打海都。忙哥帖木儿一看机会来了，鹬蚌相争，渔翁得利，你们打着，我不奉陪了，海都你那五万精兵我也不要了，我要河中地区。于是忙哥帖木儿又点五万精兵，亲自领兵夺回了河中地区，这八剌吃了大亏，才重新反思。这样下去家底都得打光了，你倒是开心了，远在万里坐在龙椅上坐山观虎斗，不打了，坚决不打了。

海都早看到了这一点，建议休兵和谈。三家在阿姆河以东的塔剌思草原集会。海都说："我们在这里自相残杀，正中了朝廷的诡计，他们乐得看我们消耗，不费一兵一卒，慢慢地把我们吞噬。"接着讲述他的道理：我们都是老哥们儿了，打呀杀的，有意思吗？我们是敌人吗？波斯才是我们的敌人，朝廷才是我们最大的威胁，不就是一个河中地区嘛，有什么大不了的！

八剌和忙哥帖木儿看他说得轻松，于是请教，计将安出？海都说出了他的方案，很简单，他说：咱们三个一分不就完了嘛！

两人面面相觑，是简单，太简单了，可是这有你海都什么事啊？

海都又补充一句："如果你们觉得不行，那你们就接着打，不过，我也不会闲着。"

这是赤裸裸的威胁，这就像两个人在拔河，双方势均力敌，他只要稍一帮忙，另一方就粉身碎骨了。这两人无奈，八剌知道两国的边界还不知道咋样呢；忙哥帖木儿没有别的要求，把五万精兵还回来就好了，两人都答应了。

海都提议，三人结拜为生死弟兄，歃血为盟，共同抗击朝廷，一起打击伊利汗国。

这场争端总算告一段落，最大的受益者当然是海都，这河中地区离他的兀鲁思十万八千里呢，硬生生让他夺去一块，他赚得盆满钵盈。他们这一结拜，朝廷的麻烦来了，伊利汗国的新汗也有事干了。本来忽必烈还想理顺一下，谁知道是这个结局！

不管怎么说西域一带暂时太平，阔端的兀鲁思也没有闹事的迹象。忽必烈把阔端的姑爷派回乌思藏，正好可以到凉州考察一下。阔端的姑爷是谁啊？是萨迦班智达的侄子，还有一个是八思巴，上文提到过的。

第四十五回

内斗几时休

其实在八思巴成长的过程中，整个中华大地发生着剧烈变化，蒙古崛起，吐蕃也笼罩在蒙古铁骑的尘埃之下。

前文提到，萨迦班智达和两个侄儿恰那多吉和八思巴在凉州住了下来，八思巴继续跟着萨迦班智达学习佛教知识，而恰那多吉则穿上蒙古服装，学习蒙古语言。后来，恰那多吉娶了阔端之女，蒙藏贵族之间形成了姻亲关系。

蒙哥汗元年（1251），萨迦班智达在凉州幻化寺圆寂，年仅十七岁的八思巴成为萨迦派教主。

蒙哥汗三年（1253）夏天，忽必烈的军队征伐大理，到达阔端的兀鲁思六盘山一带。忽必烈请八思巴到军营一叙，这是八思巴第一次以教主身份会见忽必烈。

忽必烈先是询问了吐蕃历史和萨迦班智达的情况，随后话锋一转，表示要派人去吐蕃摊派兵差，收取珍宝。这下八思巴急了，连忙说："吐蕃只不过是边远小地方，地狭民困，请不要摊派兵差。"八思巴再三陈请，忽必烈充耳不闻。八思巴说："既然如此，吐蕃的僧人实在没有必要来到这里做客，请放我们回家吧。"

正当两人僵持不下时，大儒姚枢提醒忽必烈，吐蕃的势力不可小觑；另外，也不要小看这个年轻僧侣，八思巴在知识功德方面要比很多老僧强许多倍，应该将他留下。

第二天忽必烈与八思巴再次会谈。忽必烈问他："你的祖先有何功业？"

八思巴自豪地说："我的先辈曾被汉地、西夏、吐蕃等地的帝王封为王爷，并且奉为上师，故威望甚高。"

忽必烈不了解吐蕃的历史，听他这个乳臭未干的黄毛小子摆老资格，有些生气，就问："吐蕃何时有王？这与佛书所说不合，必是虚妄之言。"

八思巴就将吐蕃之王曾与汉地交战，吐蕃获胜，后又与汉地联姻，迎来公主的经过叙述一番，说佛书虽然不载，但有文书记载，查阅便知。

姚枢告诉忽必烈，这八思巴说的正是唐朝时松赞干布迎娶文成公主的故事，并找出《唐书》给忽必烈。忽必烈看了一会儿，发现这些在《唐书》里都有记载，只是后来唐朝和吐蕃的战争，八思巴一字未提，忽必烈心知肚明。

忽必烈又和八思巴谈了几次，真正感受到后生可畏。八思巴不论谈论经文还是历史，都引经据典，滔滔不绝，而所说的典故经过验证都是真的。

于是忽必烈对八思巴转变了态度，想请求他传授喜金刚灌顶（藏传佛教、密宗的一种仪式）。只是战事倥偬，不能停留太久，所以礼请八思巴去开平。八思巴愉快地接受了邀请。

忽必烈征伐大理大获全胜，封地延伸到关中一带，这引起他皇兄的忌惮，忽必烈在家里大兴土木，完成了开平王府的建造。这时八思巴应召谒见忽必烈。忽必烈此时对他的态度已经由倨傲转为恭敬，简直是仰之弥高啊，他恳求八思巴传授喜金刚灌顶。

但八思巴提出一个条件："受灌顶之后，上师坐上座，而弟子要以身体礼拜，听从上师之言语，不违上师之心愿。"

忽必烈觉得这条件太苛刻了，不肯接受。这时忽必烈的皇后察必出来打圆场："人少的时候，上师可以坐上座。但当王子、驸马、官员、臣民聚会时，殿下坐上座。"

就这样，忽必烈以八思巴为上师，奠定了后来元朝以藏传佛教为国教，设立帝师制度的基础。

当时忽必烈夫妇及其子女共二十多人，先后在八思巴面前受密宗灌顶。忽必烈也投桃报李，向八思巴奉献财宝作为灌顶的供养。

国师也需要这些吗？当然需要！教主也好，大师也罢，总得食人间烟火。

当时大蒙古帝国对佛教、道教等不同派别的宗教，能够比较公平地对待，也包容各种教派。蒙哥大汗和他的爷爷一样，相信佛教学说，对道教学说不以为然，但是对他们的法门却非常痴迷。这僧道两家势同水火，他们之间常发生辩论事件。蒙哥为了解决这件事，命令忽必烈主持辩论大会判定两派优劣，其实就是给弟弟找点事做，省得他每天闲得发慌。

史书记载，蒙哥汗八年（1258）在开平的宫殿隆重举行了佛道两家辩论大会，两派各十七人参加，佛教方以少林寺为首组成，道教方是由几家联合组成的，史书上记得比较模糊。

八思巴以观摩者的身份出席，但在辩论中道教以《史记》为论据驳斥佛教正统，佛教方一时无以应对，此时八思巴引用道教的论据进行阐述，指出道教方的论据自相矛盾。

最后，在官方明显偏袒佛教的情况下，辩论以道教一方承认自己辩论失败而告终，十七名道士削发为僧，一些道观也随之改造成佛教寺院。

中统元年（1260），忽必烈继任蒙古汗位，立即封八思巴为国师，赐玉印。八思巴成了真正的全国佛教领袖，这时他才二十六岁。

忽必烈登基后，考虑到青藏高原交通不便，对政府管理、军队后勤供应、商旅往来等都造成严重影响，决定建设通往吐蕃的驿站。在八思巴的支持下，朝廷建了一条从青海通往萨迦地区的驿站。

八思巴则向吐蕃佛教界颁了法旨，要求全力配合建设。此后，从青海到萨迦，一共建了二十七个大驿站，保障了往来畅通。

这是正史记载，可信度极高。

至元元年（1264），忽必烈定燕京为大都，改年号为至元，设置了管理全国佛教的专门机构总制院（后改名为宣政院），又命八思巴以国师的身份兼管总制院事。封八思巴的弟弟恰那多吉为白兰王，命兄弟俩返回萨迦地区，完成建立吐蕃行政体制的任务。

这时候的蒙古帝国已经逐渐地步入了正轨。众君臣们时刻不忘，国家仍未统一，臣民们仍需努力。因为大宋朝还在有滋有味地活着。

那么这时候的大宋朝，应该趁蒙古帝国多事之际，励精图治，再造山河。这是我们想的。然而大宋朝看北边邻居忙得焦头烂额，无暇南顾，高兴得忘乎所以，真是纸醉金迷，歌舞升平。

> 山外青山楼外楼，
> 西湖歌舞几时休？
> 暖风熏得游人醉，
> 直把杭州作汴州。

这是林升所作，太贴切了，太形象了。

这宋理宗赵昀越老越昏，刚刚亲政时的豪情壮志早已经随风而去了。看一下地图，小朝廷还有多大的面积，只有东南几省，连华中地区都被蒙古大军打得支离破碎，更别说四川地区。

可是朝野上下却还在和主战派过不去。要说大宋朝的官员们都是糊涂蛋也不客观，我们提到了那么多武将都是铁骨铮铮的英雄。其实还有一位是蒙哥汗时期的董槐。

董槐字廷植，在史书上关于他的记载很多。他少年时喜欢读兵书，尤其喜欢读孙武和诸葛亮的兵书，立志长大后要做像诸葛武侯和孙长卿一样的军事家。他终日谈论兵事，不知疲倦。谈得正高兴，被他老子骂了一顿：

"你不努力读书，每天只会口出狂言，胸无点墨，骄傲自大，你这辈子也成不了他们那样的人。"而且不止一次地骂，终于骂醒了梦中人。从那以后，董槐闭门读书，适当地也研习兵法，终于考中进士。在蒙哥汗五年（1255）他做到了右丞相兼枢密使。这时他军政大权集于一身，正好可以施展抱负。他清楚地看到，北方强国虎视眈眈，大宋朝岌岌可危，可是朝廷还是奸臣当道，讳谈抗战。长此以往，亡国那是迟早的事。

第一步，内修政理。于是他唯才是举，选贤抑庸，整肃纲纪，压制朝中奸佞之辈，奖赏忠正大臣，朝中一时风清气正；

接下来整顿军事，充实边防。因此在抵御蒙古帝国的进攻中，忠臣死士前赴后继，慷慨悲壮，为国尽忠者比比皆是，保住了宋朝的半壁江山。

可是宋朝的老毛病由来已久，是顽疾。吃下几服药能稍微减轻病痛，不过几天又犯病了，几百年来从来没去过根。

赵昀看四川、两淮和京襄地区打得都不错，骄傲了，认为自己治国有方，反而开始听信谗言，怀疑董槐。

翻开史书，只要是立朝就会有忠臣和奸臣。自古忠奸难辨，英明的君主因势利导，各得其用。

在大宋朝，忠臣斗不过奸臣，不是忠臣的政治智慧不行，是在忠奸两派的天平上，奸臣这一边多了一个砝码，这个砝码还相当有分量。

大家明白了，这个砝码是皇帝。

那么和董槐过不去的是谁呢？大多数人会说，贾似道。笔者告诉你，这次你真错了，董槐的所作所为，贾似道很佩服，也不折不扣地去执行。

这次是比贾似道官更大的人，丁大全。读过《宋史》的人都知道，他也是在《宋史》上被列为奸臣。当董槐做得风生水起之时，丁大全还没有入相。丁大全可不是传言中的那样一无是处，他也是进士出身，处理政务也很有一套。在官场几十年，一步步升到殿中侍御史，一做就是六年。

他原来做事低调，可是做了这个职位后，广施恩惠，交通大臣，在朝中口碑不错。他的做法正好和董槐相反。董槐整肃纲纪遭到了许多人的抵制，大伙都这么活着，你怎么那么清高，鹤立鸡群吗？好吧，我们就是群鸡，一起围斗你，接招吧。

他们找到了领头的"鸡"——丁大全。

说句实话，丁大全和董槐还真没有什么大矛盾。丁大全当了几年侍御史，想做宰相，被董槐挡住了去路，丁大全进京后也没什么建树，政绩平平，压不过董槐。

他脸上那双鹰一样的眼睛一直在暗中观望朝局，看出了门道，感情这宰相在朝中更不得人心；还有一点，这董槐分明不是吾辈中人。不要犹豫了，出招吧，必须一击而中，不然死无葬身之地。于是他在朝中更多地培植党羽，由大太监董宋臣引荐，和阎贵妃结成死党。他唆使自己的党羽，尤其是以董宋臣为首的内侍在皇帝面前诋毁董槐，再加上阎贵妃的枕边风，三人成虎。

宋理宗对董槐逐渐地失去了信任，关键时刻，丁大全鼓动御史上奏疏参董槐，没关系，随便参，有的参，没有的也照参不误。那这些上奏疏的人不怕获罪吗？不怕，历朝历代御史、科道可以风闻奏事，错了没关系。别看都是七品芝麻官，一般人是惹不起他们的。

如果皇帝都留中了，那说明，皇帝还是信任董槐的，可是让董槐失望的是，皇帝只留中了一部分。董槐知道有麻烦了，于是也上了一道"自劾"奏疏，然后托病不朝，这下给了丁大全机会。机不可失，时不再来，再优柔寡断，那真的就会死得很难看。

他利用殿中侍御史的特殊身份亲自给皇帝递了一道奏疏，指责董槐以权谋私，权压群臣，蒙蔽圣聪，甚至说董槐图谋不轨。

而后弹劾董槐的奏疏雪花般的飞向通进司（通政司）。这就是墙倒众人推，不由宋理宗不信。宋理宗赵昀果然生气了，想下令捉拿董槐。

可笑又令人惊讶的是，这丁大全还没有接到旨意，只是董宋臣找人带话："皇上看到这些奏疏很生气，后果很严重，要下旨捉拿董槐。"丁大全竟然带兵包围了相府，扬言奉旨捉拿董槐。硬生生地把董槐带到了大理寺。

这就非常过分了，还没有定罪的官员是不能移交司法部门的，得先到御史台，看他是否触犯刑律，才能移交。丁大全这倒省事了，一步到位。

大理寺卿没接到圣旨，不敢设公堂，只是把董槐礼请到会客室陪着，过了一夜，这寺卿陪了一夜，圣旨也没到。

咱们先不说后果，这丁大全也真够拼的，这分明是矫诏，是会被灭族的。

丁大全可没有那么傻，他这是有恃无恐，他已经从董宋臣那里得到了实信，皇帝要抓董槐，这是一；另外，自己这一闹腾，别人看着宰相真要倒台了，那才叫"群情激愤"呢。想和董槐撇清关系的都得上奏疏，由不得皇帝不管。

还有最重要的一点，这奏疏递上去，反馈回来需要好几天，夜长梦多，索性拼一把。

我们在影视剧里看到某某大臣在大殿上，亲手拿着奏折（明朝之前都叫奏疏）递上去，然后皇帝命令太监大声读出来，然后讨论。这都是影视情节的需要。上奏折可不是闹着玩的，那是有着严格程序的。首先是对上奏疏的大臣的品级做了严格规定，不是哪个官员想上就上的，级别不够的只能让自己的上司代上。上疏的官员，先打好草稿，然后誊写在朝廷特制的奏折上，一式两份。草稿可以幕僚写，折子的誊写必须是官员本人，如果是幕僚捉刀代写，那可是"大不敬"。誊写后送到通进司（通政司），把两份奏疏盖章，自己留下一份，上交一份，留下回执，通进司官员送给宰辅。宰辅看过给出意见，再由皇帝圈阅，最后在百官中宣布。

如果是大事或涉及大政，皇帝要开小会讨论，上疏的官员一同出席，手里拿着奏疏的副本参与讨论。如果送到通进司五天后不见动静，上疏的官员有权追问。如果有特殊情况不公布了（就是上文提到的留中），皇帝要对通进司说明情况，否则会戴上一顶"皇帝怠政"这不大不小的帽子，被修起居注的官员记录在起居注里。

我们在这里普及了一下奏折（奏疏），这显然是丁大全故意为之。说也奇怪，宋理宗真就没怪罪丁大全，这里阎贵妃起了决定性作用。

你丁大全没罪，那就是董槐有罪，总不会说皇帝有罪吧！当时皇上看到丁大全的奏疏，生气归生气，冷静下来一看，也都是查无实据的罪名，干脆和了一下稀泥。也不怪罪丁大全假传圣旨，也不真抓董槐，干脆撤掉董槐宰相和枢密使之职，另行任用。

这可苦了一个人——大理寺卿，他陪了董槐一夜，最后董槐无罪，他哪方面都不敢得罪，说了许多小话儿，将董槐礼送出大理寺。其实一点都不怪人家寺卿。

丁大全得到了朝野上下一致拥护，西风压倒了东风，赵昀案几上的奏疏，都是为丁大全歌功颂德的。再加上阎贵妃的枕边风，丁大全如愿以偿地坐上了宰相的宝座，政府一把手，一人之下，万人之上。

只是这"时令不好风雨来得骤"，他主政不久，鄂州被围，他怕皇帝起用董槐，干脆扣住各处报急的战报，直到兀良合台攻入湖南境内，宋理宗这个老糊涂虫才知道。于是他罢免了丁大全，由贾似道接替。

为什么笔者要加上这段，因为这段历史被人们张冠李戴了，都算在了贾似道的头上，包括《宋史》。但是自这以后，最不齿丁大全为人的贾似道也步入其后尘。

但是一朝天子一朝臣，丁大全毕竟有阎贵妃，贾似道能力再强，想入阁也是办不到的。丁大全死后不久，宋理宗赵昀也崩了，贾似道的春天终于来了。

第四十六回

追求大一统

　　宋度宗赵禥继位了。告诉大家，这个宋度宗是个傻子，而且还不是赵昀的亲儿子，是荣王赵与芮过继来的，是赵昀的侄子。

　　赵禥先天不足，也属于大难不死。他的老妈在荣王府只是一个丫鬟。后来她有了身孕，荣王妃打翻了醋坛子，逼着她打胎，找御医配了几服打胎药服了，可惜没管用，这孩子还是来到了人间，只是受药物影响，天生弱智。

　　这宋度宗特别像晋惠帝司马衷，"官私蛤蟆""何不食肉糜"这样的经典笑话传了上千年。这样的人当皇帝的结局可想而知了，晋惠帝自己落了一个被毒杀的结局，大晋朝也出了一个"八王之乱"，最后分崩离析。

　　过了几百年，又出了一个傻子皇帝，那是不是历史有这样惊人的巧合呢？有人会问了，大宋朝宗室历经几百年，遍及中华大地，就非得找个傻子当皇帝？人家司马衷是嫡长子，没办法，这是过继的，反正过继一回，找一个精明的皇帝岂不更好？说的是，只是朝廷倒是好了，权臣贾似道就不好了。

　　丁大全事发被免职，贾似道做了丞相、枢密使，作为政府一把手，当然不想扶上一个像李世民一样的皇帝，那还有自己什么事啊？扶一个傻子做皇帝，他贾似道就是无冕之王。

当时宋理宗立赵禥为太子时，确实有许多人反对，权臣中也不乏老成谋国之人，当时右丞相吴潜就极力反对。其实吴潜和贾似道两个人平时就有矛盾（当然这种情况下没有矛盾很少见），于是贾似道趁机向糊涂的宋理宗奏上一本，诬陷吴潜"离间骨肉""心怀异志"，宋理宗把吴潜赶出了朝廷。这边扶上来一个傻子皇帝，打理这万里江山。别看这宋度宗当朝理政一窍不通，可吃喝玩乐比起他的老子来，那是有过之无不及。这下好了，上行下效。

宰相贾似道也变着花样地享乐。朝野上下贪贿成风、腐化堕落、贪图享乐。常言道："上天欲使其灭亡，必先使其疯狂"。

大宋正在闹腾，而北面的大蒙古帝国，出了一个千年难遇的英明之主忽必烈，他们在励精图治、磨刀霍霍，看到大宋朝武备废弛，机会来了。就这样，他们这两个对手要打拳击了，看一看，瞧一瞧，他们俩是一个重量级别的吗？

忽必烈已经摆平了内部矛盾，在子聪大师，叫错了，这时已经是刘秉忠了，朝廷在他的一次次改革中，各项事业取得了辉煌成就，开始为伐宋做准备。

这时候的大蒙古帝国，对大宋朝已经有了全新的认识，在两国多次征战中，认识到大宋朝的国力和军力，也不敢轻言战事，尤其是一些老将，被宋朝军队打怕了。

宋朝虽然偏安江左，但忽必烈的中华一统的宏伟目标还没有真正实现。只是这大宋朝不好惹，打不着狐狸，再惹一身臊，丢城失地，西部诸王趁机反叛，大蒙古帝国可就国将不国了。

而刘秉忠却力劝忽必烈伐宋，看皇帝总是犹疑不定，他建言道："陛下，请下旨令南京路宣抚使刘整进京，陛下可当面垂询。"忽必烈然之，于是宣刘整见驾。

看官们一定会问，为什么要问刘整，他是何方神圣，能得到刘秉忠和忽必烈如此器重？这位哥们儿又是一个大宋朝降将，他字武仲，邓州穰城（今河南邓州）人。

史料记载，刘整沉毅有智谋，善骑射。他的主帅赵方临死之前，对儿子赵葵说："刘整才气横溢，但长有反骨。汝辈不能用，宜杀之，勿留为异日患。"

赵葵没有按照父亲的嘱咐行事，因为刘整是孟珙手下的勇将，在军中颇具盛名，人称"赛存孝"，意思是他比唐朝末年的李存孝厉害。这李存孝是后唐太祖李克用的义子，排行第十三，人称"十三太保"。李存孝孔武有力，传说他曾单身杀虎，并且单手拎起死虎扔出去很远。

这"赛存孝"刘整在蒙哥汗四年（1254）随李曾伯入蜀，屡建战功，升任泸州知府兼潼川路安抚副使，但是和主将吕文德不和。

按理说吕文德和刘整职衔相差悬殊，吕文德没有必要和他一般见识，吕文德也不会那么小肚鸡肠。笔者觉得这问题出在刘整身上。

大家读一下《宋史》，赵方可不是凡人，对他儿子的嘱咐绝不会空穴来风。刘整和同僚俞兴有矛盾，吕文德偏袒俞兴，又趁机把四川制置使的官职给了俞兴（以俞兴与整有隙，使之制置四川以图整）。

刘整一出谋划策就被否定，一有功劳则被隐瞒不报（所画策辄摈沮，有功辄掩而不白）。

为什么会这样？史料上也说得明白。刘整是北方人，随孟家军东征西讨，后又随李曾伯进入四川，许多南方将领都曾是他的部下。因此，吕文德心里不满（整以北方人扞西边有功，南方诸将皆出其下，吕文德忌之）。

原因说得明白，忌之，是怕他升官压过自己吗？当然不是，上文提过，两人的职级差了好大一截呢！和赵方想的一样，怕他率众投敌，那大宋朝的国防就算完全暴露在强敌之下了。

大家看明白了，这刘整天生是一个长着反骨的人，是魏延似的人物。

最后刘整被朝野上下排挤得活不下去了，被迫投降了。既怪俞兴，也怪吕文德，还怪贾似道，最后怪到宋理宗那里了。这是刘整在为自己投敌叛国找借口，《宋史》是元朝修的，当然要美化这样的"功臣"了。

这是刘整第二次觐见忽必烈了。第一次觐见时他就提出攻打宋朝。前文曾经提到过这些叛将，一旦归降，唯恐得不到新东家的信任，知无不言，言无不尽，把自己原来老东家的底子全部曝光。

那时忽必烈刚刚登基，和漠北阿里不哥在争大汗的位子，无暇南顾。再一点刚刚提到的，这些蒙古帝国的骄兵悍将让大宋朝打怕了，不敢正视东南了。

这次不同了，把刘整宣进京城就是商量伐宋大事，刘整自己也非常清楚。事先刘秉忠找过他，把皇帝的意思告诉他了。忽必烈问道："刘爱卿，你久在南国，对宋朝边备都了解。你说句实话，现在可以伐宋吗？"

刘整这才明白，感情这叱咤风云的忽必烈是对大宋朝心存畏惧。在刘整看来，这蒙古铁骑还不是想打谁就打谁，要不然自己跟他混什么？他心里也有几分不满，上次明明都说过的，怎么都忘了，还是没把我当成自己人。他不敢露出不满，赶快回答："回陛下的话，敌国重要将领都已经辞世，活着的也都赋闲在家，新君继位几年来，只知道歌舞享乐，伐宋正是时机。"

忽必烈点头称是，又问道："朕目睹了这几十年的蒙宋战争，各有胜负。想蒙古铁骑所向披靡，为何奈何不得这宋朝？"

刘整回道："陛下，前几次伐宋，有两处不当。第一，就是求胜心切，把宋朝当成了西域诸国，以致败北。第二，选择的攻击地点不对。"

忽必烈是一个大军事家，这两个原因都击中要害，他饶有兴趣地说："请道其详。"

刘整看挠到了新老板的痒处，越发卖弄，说："我朝与宋朝相持在两淮、襄汉以及川中一线上。淮东多水网，不利于我军骑兵作战；淮西据淮水，宋朝在此屯有重兵，与淮东相呼应；臣久在川蜀地区，宋军凭借所筑山城顽强固守，我军实在难以得手。"讲到这里他停了下来，忽必烈命人拿来地图，刘整又接着说："宋朝防线长几千里，像一条蜿蜒的长蛇，确是固若金汤。但是，陛下请看，襄汉地区像是长蛇的腹部，是这个防线的软肋。现在襄阳、樊城孤立地暴露在我军前沿。如果我军攻下襄阳，鄂州就失去了屏障。鄂州不守，宋朝的千里防线就会被从中突破，首尾截成两段。向西使川蜀与朝廷失去联系，向东则有顺江之势，向南使得湖湘门户洞开。以臣愚见，应先攻下襄、樊之地。"

忽必烈有几分失望，这都是上次伐宋时议过的，可是师出无功，这不是老生常谈吗？

刘整看出了忽必烈的意思，接着说："陛下，刚刚臣讲过，前次伐宋，急功近利，只求速战，被黑炭头（指的是吕文德）看出破绽，他们以逸待劳，我军才无功而返。以臣之愚见，一个'困'字，用困死襄阳的战术。首先切断襄阳与汉东地区的联系，在襄阳城东的白河口、鹿门山筑堡；堵住襄阳粮道，令南北不相通；学习宋军，在岘山、虎头山筑一字城，做久困之计；加筑新城与汉江之西，以对两城成合围之事；切断汉水西向的交通，立栅灌子滩以绝东流的通道。这样一来，水上交通也被封锁。这样一来，少则三年，多则五载，敌军不攻自破。"

忽必烈大喜，说："此计甚妙，能攻下襄樊地区，十年朕也能等得。朕问你，现在宋朝还有哪些能征惯战之将？"

刘整回道："回陛下，敌朝在用将方面确实有独到之处，虽然武将不受重视，但是以老带新一直是敌朝传统。现在有李庭芝、李曾伯、张世杰、夏贵等悍将，最能打的还是吕家军，尤其是吕文德这个黑炭头。"

忽必烈笑了，说："看起来你对这位上司成见不小啊。"

刘整赔笑道："陛下明鉴，这吕文德就是一个樵夫，识字不多，这打仗却是与生俱来的，神出鬼没，用他自己的话说，一生不曾遇过敌手。"忽必烈不置可否地笑了一下，脸色逐渐凝重起来。

过了几天，朝廷召开军事会议。忽必烈身穿皮弁服，头戴笠子帽，坐在高高的龙椅上，一脸的疲惫。

几天来他和刘秉忠、张文谦等一些文官也在探讨这伐宋之事，大家意见不能统一，大多数人都是想用老办法，三路出击。这次参与讨论的除这两位文官外，都是武将，其中包括几位宗王，伯颜、阿术、史天泽、张柔和张弘略、张弘范父子，再加上刘整。忽必烈让刘整把他的战略意图讲了一遍。

大家都是身经百战的老将，觉得可行，伯颜和阿术也没提出反对意见，尤其是四川，没有人想再走蒙哥大汗和汪田哥的老路，没有人提进兵四川。但是少年新贵张弘范提出了质疑："陛下，臣也赞同，刘将军的战略不可谓不完美，只是这也太把南朝视作无物了。我们就在他们眼皮子底下舞刀弄枪的，他们能坐视不理吗？"

这个问题提得好。这就好比说老鼠如果能知道猫什么时候来，那就安全了。有的老鼠提议给猫挂上铃铛，老鼠们都拍手赞成。可是问题来了，谁去挂这个铃铛，能挂上吗？谁去办这些差事，能办成吗？宋军都是瞎子吗？这时大臣把目光都投向了刘整。说实话，蒙古贵族最讨厌的就是降将，也包括这些汉军世侯，尽管他们也是降将，而且不一定降了几家。

刘整早就胸有成竹，正可卖弄一下，就怕没人问呢。他也不看众人，很傲气地甩了一下头，说："陛下，臣早已经想好了，还得在黑炭头身上下功夫。大家都知道，他出身微贱，没见过大世面，又穷怕了，特别喜欢黄白物，只要我们有足够的诱饵，鱼儿一定会上钩的。"

阿术一看刘整那上扬的嘴角就不舒服，打断他的话说："刘将军，吕文德贪财好货，这也不是他一个人这样，这是你们朝廷的通病。但是这么多年，你们哪个将帅收过敌国的钱财？这事不可能做到。请陛下三思。"

一口一个你们，把刘整气的，真想出去和他真刀真枪地比试比试。但是他不敢，这是贵族，是兀良合台的儿子，是能征惯战的大将。刘整看皇帝示意自己，接着，也看出了大家对自己不屑的眼神，他撇了一下嘴角，说："陛下，吕文德其人，臣还是了解的。他现在已经老了，一些事都由陈文彬打理，派人和陈文彬接洽，在襄阳城外设立榷场（市场），民人互利，吕文德一定会答应的。"

忽必烈同意了他的建议，力排众议，下圣旨：封刘整为征南都元帅，和阿术、史天泽去京湖地区，兴兵伐宋，追求中华大一统。